Alles Mythos!
20 populäre Irrtümer über das Mittelalter

Karin Schneider-Ferber

Alles Mythos!

20 populäre Irrtümer über das Mittelalter

Bibliografische Information der Deutschen Nationalbibliothek
Die Deutsche Nationalbibliothek verzeichnet diese Publikation in der Deutschen
Nationalbibliografie; detaillierte bibliografische Daten sind im Internet über
http://dnb.d-nb.de abrufbar.

Umschlaggestaltung: init, Büro für Gestaltung, Bielefeld, unter Verwendung einer
Abbildung von picture-alliance/akg-images (Szene aus dem Film „Ivanhoe –
Der schwarze Ritter").

2. Auflage 2011
© 2009 Konrad Theiss Verlag GmbH, Stuttgart
Alle Rechte vorbehalten
Satz und Gestaltung: Satz & mehr, R. Günl, Besigheim
Druck und Bindung: CPI – Ebner & Spiegel, Ulm
Fachberatung: PD Dr. Kay Peter Jankrift
Korrektorat: Thomas Theise

ISBN: 978-3-8062-2237-1

Besuchen Sie uns im Internet: www.theiss.de

Inhalt

Einleitung

„Faszination" und „Schrecken" – mit diesen beiden Schlagwörtern könnte man unser heutiges Verständnis vom Mittelalter umschreiben. Faszination, weil uns die Epoche zwischen 500 und 1500 immer wieder in ihrer Fremdartigkeit und Exotik überrascht und dennoch in ihren Bann zieht. Wir denken an hohe Burgen und schöne Edelfräulein, träumen von Minnedienst und Vasallentum, glauben an die vielzitierte „Ritterlichkeit" der Mächtigen gegenüber den Schwächeren der Gesellschaft. Bewundernd sehen wir auf eine Zeit, in der scheinbar die Welt noch „in Ordnung" war.

Andererseits können wir uns nur schwer vorstellen, wie das alltägliche Leben hinter den festen Mauern einer Burg ablief und mit welchen Entbehrungen und Beschwerlichkeiten die Menschen in den Dörfern und Städten zu Füßen der Herrschersitze zurechtkommen mussten. Kaum mehr nachvollziehbar ist, welches Entsetzen die ungezähmte Natur bei den Zeitgenossen bewirkte, die ständig von Missernten, Hungersnöten und Epidemien bedroht waren, und welcher Enthusiasmus sie trieb, genau in diese Wildnis zu ziehen, um als bäuerliche Kolonisten oder fromme Mönche die Ödnis zu kultivieren. Mit Befremden reagieren wir vor allem auf die religiöse Inbrunst dieser Epoche, die leidenschaftlich und kompromisslos den rechten Weg zu Gott suchte und häufig genug auf Abwegen landete. Denn was soll man schon halten von Mönchsrittern, die mit dem Schwert in der Hand nach Jerusalem zogen, um die heiligen Stätten des Christentums von der Herrschaft der Muslime zu befreien? Und was soll man über ein Papsttum denken, das mit Feuereifer zu den Kreuzzügen aufrief und die Teilnehmer mit Sündenablässen und Jenseitsverheißungen lockte? Hier beginnt der „Schrecken" des Mittelalters, der mit religiösem Wahn, Inquisition, Hexenverbrennung und brutaler Folter gleichgesetzt wird, obwohl viele dieser Exzesse erst in der Neuzeit ihre volle Entfaltung fanden. Die Unduldsamkeit der Epoche gegenüber Andersdenkenden und Andersgläubigen erscheint in der Rückschau als primitiv und barbarisch, sodass man gerne vom „finsteren" Mittelalter spricht.

Zwischen den Antipoden „Faszination" und „Schrecken" hat sich eine Reihe von Irrtümern und Vorurteilen über das schillernde Jahrtausend zwischen Antike und Neuzeit eingeschlichen. Die romantisch-verklärte Sicht auf das Mittelalter hat mit der Realität ebenso wenig zu tun wie das heilige Erschauern über seine negativen Seiten. Das Mittelalter ist nicht einfach da, sondern es wurde und wird immer neu geschaffen aus der Perspektive der späteren Jahrhunderte. So entwickelte jede Generation ihre eigenen Vorstellungen vom Mittelalter: Während die Humanisten es gemessen an den hohen Idealen der Antike mit Abscheu und Entsetzten als eine Zeit der Rückständigkeit betrachteten, sahen die Romantiker unter dem Eindruck der napoleonischen Befreiungskriege in ihm die „gute alte Zeit" der Kaiserherrschaft und der nationalen Größe. Heute fällt der Umgang mit der Epoche differenzierter aus, doch auch wir betrachten die Vergangenheit durch eine Brille von eigenen Wertvorstellungen, von Wünschen und Sehnsüchten. Selbst wir haben nur eine leise Ahnung davon, was das Mittelalter in all seiner Vielschichtigkeit und Widersprüchlichkeit ausmacht.

Lässt man den Schleier allzu überbordender Interpretation einmal fallen, tritt uns das Mittelalter als eine geistig rege und überaus innovationsfreudige Zeit entgegen. Viele Grundlagen, die unser modernes Leben prägen, stammen aus der Ära der Ritter und Mönche. Arbeitsteilung und beginnende Technisierung, Internationalisierung des Handels und zunehmende Bürokratisierung des Lebens sowie kommerzielles Denken und persönliches Gewinnstreben kündigen sich in dieser Epoche bereits an und nehmen viele spätere Entwicklungen vorweg. Gerade die mittelalterlichen Städte mit ihrer besonderen Rechtsstellung avancierten zu einem Experimentierfeld für zahlreiche wirtschaftliche und soziale Fragen. Schon damals stöhnten die

Menschen über die zunehmende Arbeitslosigkeit durch den Einsatz von Maschinen, klagten über den unberechenbaren Preisverfall oder Preisanstieg durch die erste „Globalisierungsphase" des Handels und machten sich Gedanken, wie das Heer der Armen durch die Solidargemeinschaft aufgefangen werden könnte. Manche Debatten, die wir heute führen, wurden schon im Mittelalter angedacht, so die Heranziehung von Fürsorgeempfängern zu gemeinnützigen Tätigkeiten, die obrigkeitliche Regulierung und Kontrolle eines als allzu marktradikal empfundenen Wirtschaftslebens oder die öffentliche Aufsicht über das Apotheken- und Medizinalwesen. Auch die Mindestlohn-Diskussion hat ihre frühen Vorläufer im Mittelalter, als man mit großer Leidenschaft über die Frage nach der richtigen Aufteilung der Steuern und Abgaben, nach dem „gerechten" Lohn und dem „gerechten" Preis stritt. Bauern- und Handwerkeraufstände, die sich wie ein roter Faden durch die mittelalterliche Geschichte ziehen, beweisen, mit welch großem Engagement man um eine ausgeglichenere Gesellschaftsordnung kämpfte. Streiks und Arbeitsniederlegungen waren schon damals gängige Methoden des Arbeitskampfes, die modernen Gewerkschaften könnten es nicht besser machen. Zumindest in den größeren Städten und Gemeinden gelang es „Otto Normalverbraucher", sich über die Beteiligung der Zünfte am Stadtregiment Gehör zu verschaffen und politisch zu artikulieren. Die Zunft- und Ratsgremien wurden so nicht nur zu Keimzellen der kommunalen Selbstverwaltung, sondern auch zu Nährböden für die Entstehung einer weltlich-bürgerlichen Elite, von der bis heute das Funktionieren eines jeden Gemeinwesens abhängig ist.

Für den kleinen sozialen Aufstieg waren die Menschen schon recht früh bereit, Mühen und Arbeit zu investieren. Ob der Bauer, der seine angestammte Scholle verließ, um in Kolonisationsgebieten neu anzufangen, oder der Fernhandelskaufmann, der sich in weit entfernte Regionen begab, um seinen Profit zu machen, oder der Steinmetz, der sein Wissen von Baustelle zu Baustelle trug – sie alle zeigten sich flexibel und risikobereit in der Hoffnung, die eigene Lebenssituation und die ihrer Nachkommen zu verbessern. Die Überwindung langer Distanzen war dabei nicht abhängig vom Zustand der Verkehrswege oder von den Transportmöglichkeiten, sondern vollzog sich in erster Linie im eigenen Kopf. Die geistige Dumpfheit und Enge, die man dem Mittelalter gerne nachsagte, lässt sich in dieser Hinsicht nicht nachweisen. Aufbruchsstimmung, Neugierde und die Bereitschaft, neue Horizonte zu erschließen, prägten in hohem Maße das geistige Klima der Zeit. Zu einem wesentlichen Moment des sozialen Aufstiegs wurde, nicht anders als heute, die Bildung. Der Besuch einer bedeutenden Dom- oder Kathedralschule oder einer Universität ebnete den Weg zu einem öffentlichen Amt in städtischen oder fürstlichen Diensten, wenn auch längst nicht alle Studenten einen Abschluss schafften. Die Diskussionsfreude an Schulen und Universitäten brachte schließlich neue Denkansätze hervor, die sich vom Primat der Theologie lösten und den experimentellen Naturwissenschaften allmählich den Weg ebneten. Ohne die Universitäten mitsamt ihrer Forschungs- und Lehrfreiheit wäre unsere moderne Welt gar nicht zu denken. Ihrem offenen Erkenntnisstreben ist es zu verdanken, dass das Mittelalter eben gerade nicht in seiner „mittelalterlichen Finsternis" verharrte.

Gelehrte und Professoren rekrutierten sich überwiegend aus dem Klerikerstand, sodass die Kirche am geistigen Aufbruch ihrer Zeit ihren guten Anteil hatte. Kleriker beschäftigten sich nicht allein mit Theologie, sondern auch mit naturwissenschaftlichen Studien, mit Recht und Philosophie. Sie beobachteten die Gestirne, Pflanzen, Mineralien, setzten sich mit optischen Phänomenen und mathematischen Formeln auseinander. Dies ist die andere, unbekanntere Seite der Kirche, die man ansonsten eher mit Ketzerverfolgung und einer abstrusen Dämonenlehre in Verbindung bringt. Nur auf den ersten Blick erscheint die Kirche in ihrem Denken als rückständig und engstirnig, auf den zweiten legt sie eine überraschende Offenheit den Wissenschaften gegenüber an den Tag und zeigt das ehrliche Bemühen, den Glauben mit Hilfe der Vernunft zu untermauern. Die Kirche bot mit ihrer alternativen Lebensführung einen Gegenentwurf zum weltlichen Dasein, den viele Menschen als anziehend empfanden. In den Klöstern blühten Bildung und Kultur, wurden Musik und Dichtung gepflegt. Mit ihrem Bemühen, den allgemeinen Frieden in der „Gottesfriedensbewegung" zu sichern sowie die eigenen Reihen mit Hilfe zahlreicher Reform- und Armutsbewegungen zu erneuern, gab die Kirche ihrer Zeit immer wieder wesentliche Impulse.

Werfen wir also einmal einen Blick auf die überraschenden Facetten des Mittelalters, lassen wir uns verzaubern von ihren modernen und vielschichtigen Bezügen. 20 populäre Irrtümer werden in diesem Buch aufgegriffen, um an ihnen zu zeigen, dass die Epoche mehr zu bieten hat als Folterkeller und Scheiterhaufen. Wenn wir unvoreingenommen an diese Zeit herantreten, kommen wir ihren Menschen, wie sie aus einer Vielzahl von Quellen zu uns sprechen, ein klein wenig näher und spüren, dass sie uns gar nicht so fremd sind. Der Ritter auf seiner Burg, der Mönch in seinem Kloster, der Bürger in seiner Stadt, der Kaiser hoch zu Ross – sie hinterließen eine Welt, die uns nachhaltig prägte und die näherer Betrachtung wert ist.

Das Mittelalter war finster, und die Menschen waren dumm und ungebildet

Auf dem Kapitol zu Rom wurde wieder einmal Geschichte geschrieben: Unter dem lauten Beifall des Volkes, unter Trompetenklang und Jubelgeschrei brach sich an Ostern 1341 in einer feierlichen Zeremonie zum ersten Mal die Vorstellung von einem Mittelalter Bahn. An jenem denkwürdigen 8. April stieg der gefeierte italienische Dichter und Geschichtsschreiber Francesco Petrarca selbstbewusst und nicht ohne Eitelkeit die Stufen zum Senatspalast empor, um in einem Festakt nach dem Vorbild der antiken Dichterkrönungen für seine Verdienste um die Poesie als Auszeichnung die Lorbeerkrone zu erhalten. An dem Ort, an dem 1200 Jahre zuvor letztmals ein römischer Dichter mit dem Lorbeer gekrönt worden war, empfing der Wegbereiter der Renaissance aus den Händen des römischen Senators Orso dell´ Anguillara den symbolträchtigen Kranz und hauchte damit einer antiken Tradition wieder Leben ein. Der frisch mit dem „Delphischen Gewinde" Bekrönte vergaß deshalb auch nicht, in seiner Festrede den „heiligen Namen Vergils" zu beschwören, sah er sich doch selbst in der Nachfolge seines viel bewunderten römischen Vorbilds.

Die Krönung zum „poeta laureatus" war für Petrarca mehr als nur Folklore, er verband mit ihr ein kulturelles Programm, das den Menschen in unmittelbarem Rückgriff auf die Antike zu höheren sittlichen Weihen führen wollte. Die Erneuerung der römischen Kultur in Sprache, Kunst und Moralphilosophie sollte das Individuum zu einem verantwortungsbewussten, umfassend gebildeten und politisch handelnden Wesen machen und dadurch auf eine höhere Stufe des Daseins hieven. Damit war jedoch gleichzeitig eine Abwertung verbunden, nämlich eine Geringschätzung genau jener Zeit, die Petrarca unmittelbar vor Augen lag und die sich nicht ganz so stark an der Antike orientiert hatte wie von den Jüngern des Cicero gewünscht, nämlich des Mittelalters. Hoch auf seinem Dichterdenkmal entrückt, empfand Petrarca für die jüngste Vergangenheit nur Verachtung. Er sah sie als eine störende Unterbrechung zwischen der ruhmreichen Antike und der sie wiederentdeckenden Renaissance, eine Zwischenzeit also, in der grobe und ungebildete Barbaren herrschten, die mit ihrem windigen Küchenlatein alle Liebhaber der lateinischen Sprache verschreckten und mit ihrem himmelsstrebenden Baustil der Gotik alle Regeln der idealen Proportion sprengten. Petrarca nahm als erster das hässliche Wort vom „finsteren Mittelalter" in den Mund, und seitdem hat die Epoche ihr negatives Image weg.

Bis heute hat sich in den Köpfen die Vorstellung vom „dunklen" Mittelalter gehalten, einer Epoche, in der religiöser Wahn, rückständiges Denken und menschenverachtende Grausamkeit herrschten. Gerne bemüht man den Begriff „mittelalterlich", um Zustände zu kennzeichnen, die unseren modernen Ansprüchen zuwiderlaufen. Machen wir irgendwo Anzeichen von Folter, Anarchie und Willkür aus, sprechen wir von einem Rückfall ins Mittelalter, erscheint uns eine Sache als altmodisch oder überholt, diffamieren wir sie als mittelalterlich. Die Epochenbezeichnung mutierte dadurch zu einem negativ besetzten Schlagwort, geeignet, alles Abscheuliche oder Dunkel-Geheimnisvolle zu disqualifizieren. Dabei ist das Mittelalter streng genommen nichts anderes als die Kopfgeburt einiger humanistisch gebildeter Intellektueller. Gemessen an den Maßstäben der Antike erschienen ihnen die aus den Wirren der Völkerwanderungszeit hervorgegangenen mittelalterlichen Reiche als grob und ungehobelt. Welten schienen zwischen den formvollendeten Marmorfiguren der Griechen und Römer und den ersten, ungelenken Buchmalereien der irischen Mönche zu liegen, Meilen trennten die imposanten Reste römischer Architektur von den simplen Fachwerkbauten der mittelalterlichen Städte, ein tiefer Graben klaffte zwischen dem belesenen und sprachgewandten Gelehrten der Renaissance und dem in seinem geschlossenen Weltbild verharrenden Scholastiker. Und wer einmal die kühnen Visionen eines Leonardo da Vinci auf dem Papier gesehen hatte, dem galt selbst die ausgeklügelte Technik einer Wassermühle als einfalls- und bedeutungslos. Der Eindruck vom finster-barbarischen Zeitalter verfestigte sich, als die gerade erst entstehende Zunft der Historiker dazu überging, die Periodisierung der Geschichte in drei große Zeitabschnitte vorzunehmen und dabei das Mittelalter als Epochenbegriff einführte. Zwischen Altertum und Neuzeit schob man das nicht ganz ernst genommene „Mittel"-Alter als eine Ära des Übergangs, sozusagen als ein zu vernachlässigendes Vorspiel zur fortschrittsfreudigen Moderne. Diese Gliederung setzte der Philologe, Historiker und Geograf Christoph Cellarius (geb. 1638) aus Zeitz im 17. Jahrhundert durch. Der erste Professor der Geschichte an der Universität Halle führte die Dreiteilung für die Universalgeschichte ein und sah in den Jahren um 1500 die große Wende hin zur Neuzeit, ausgelöst durch den Ausbruch der Reformation und die Erfindung des Buchdrucks. Durch die Verknüpfung von Vorgängen aus der Politik-, der Bildungs- und der Kirchengeschichte schuf Cellarius eine ebenso griffige wie folgenreiche Periodengrenze: Das Mittelalter als historische Epoche nahm seinen Lauf. Seit dem 18. Jahrhundert trugen selbst die gelehrtesten Leute die Mär vom „finsteren Mittelalter" fort, auch der belesene Geheimrat von Goethe erschauerte im Anblick des „eingeschränkten, düstern Pfaffenschauplatz des medii aevi".

Der nachhaltig schlechte Ruf der Epoche verstellte lange den Blick auf die wirkliche Bedeutung des Jahrtausends zwischen 500 und 1500. Erst die Ergebnisse der Mittelalterforschung der jüngsten Vergangenheit, ergänzt um die Erkenntnisse der noch in den Kinderschuhen steckenden Mittelalter-Archäologie, zeigten ein anderes Bild dieses ebenso faszinierenden wie für die europäische Geschichte prägenden Millenniums. Keinesfalls waren die Menschen damals dumm, faul und brutal. Ganz im Gegenteil: Entfernt man die dicke Staubschicht der archivalischen Quellen, treten die Menschen des Mittelalters als äußerst neugierige, kreative, bildungshungrige und risikobereite Zeitgenossen hervor. Was sie aus der antiken Tradition vorfanden, übernahmen sie gerne, doch blickten sie über ihr Schulbuchwissen rasch hinaus und betraten bereitwillig geistiges Neuland. Zu den hartnäckigsten Mythen über das Mittelalter gehört die Annahme, man hätte in dieser Zeit geglaubt, die Erde sei eine Scheibe. Seit den wegweisenden Studien des Romanisten Reinhard Krüger ist eindeutig bewiesen, dass kein ernst zu nehmender Gelehrter aus Spätantike und Mittelalter die Kugelgestalt der Erde je bestritten hat. Schon die alten Griechen gingen von einer kugelförmigen Gestalt der Erde aus, und dieses Wissen rettete sich trotz des politischen Zusammenbruchs des Römischen Weltreiches über die Spätantike hinaus. Der Kirchenvater Augustinus (geb. 354) wäre empört gewesen, hätte man ihm die Theorie von der Scheibenform der Erde unterbreitet. Er vertrat ganz selbstverständlich die Ansicht, dass die Erde wie ein dicker großer Ball im Mittelpunkt des Weltalls schwebe. Über die Schriften des heilig gesprochenen Kirchenvaters wie über die lateinischen Übersetzungen der griechischen Philosophen gelangte diese Erkenntnis auf direktem Weg ins Mittelalter. Nacheinander wurden die Schriften des Denkers Platon, des Geografen Ptolemäus und des Allround-Genies Aristoteles ins Lateinische übersetzt. Und so konnten mit großer Selbstsicherheit die Gelehrten des Mittelalters – vom Enzyklopädisten Isidor von Sevilla über den Angelsachsen Beda Venerabilis bis hin zum größten Kirchenlehrer aller Zeiten, Thomas von Aquin – die Kugelgestalt der Erde verkünden. Diese Ansicht setzte sich auch im breiten Volk früh durch, seitdem schon der angelsächsische König Alfred der Große um 850 seine Gefolgsleute darüber aufgeklärt hatte, die Erde sei so kugelrund wie ein Schildbuckel. Und auch in Spanien, dem Wirkungsort des heiligen Bischofs Isidor, pfiffen es die Spatzen von den Dächern – die Erde ist rund wie ein Ball! An allen europäischen Universitäten wurde im Astronomieunterricht die Kugelgestalt der Erde gelehrt. Der Astronom und Mathematiker Johannes de Sacrobosco, seit 1220 Professor an der berühmten Universität von Paris, schuf mit seinem Werk „Sphaera mundi" den dafür geeigneten Grundlagentext. Die im Spätmittelalter enorm verbreitete und als Pflichtlektüre in der Artistenfakultät gelesene Schrift ging von einer im Mittelpunkt des Firmaments stehenden Erdkugel aus, um die sich die Himmelskugel drehe. Erst mit Kopernikus, der vom geozentrischen Weltbild abrückte und die Sonne in den Mittelpunkt des Universums rückte, setzte die Diffamierung der Altvorderen ein. Denn Kopernikus (geb. 1473) berief sich, um seine Kritiker als besonders unglaubwürdig erscheinen zu lassen, ausgerechnet auf jenen spätantiken Kirchenvater, der die Erde als Scheibe bezeichnet hatte. Doch Lactantius, so sein Name, hatte so gut wie keine Anhänger, und seine Meinung war nie zur offiziellen Lehrmeinung geworden. Neben ihm gab es nicht einmal eine Handvoll Gewährsleute, die die Kugelform der Erde bestritten. Doch der kleine Trick des Kopernikus, der im Vorwort zu seinem Hauptwerk „Von der Umdrehung der Weltkörper" 1543 den vergessenen Lactantius als Ausweis der Borniertheit zitierte, zeigte Wirkung: Im Zeitalter des Buchdrucks fand die Schmähung des mittelalterlichen Wissensstandes weite Verbreitung und wurde bis in die heutige Zeit tradiert. Als humoristischen Leckerbissen präsentierte der amerikanische Schriftsteller Washington Irving 1828 die Legende von jenen kleingeistigen spanischen Wissenschaftlern, die die Entdeckungsfahrten des Kolumbus angeblich mit dem Argument torpedierten, sein Schiff könne vom unteren Rand der Erdscheibe unmöglich wieder nach oben fahren – ein Ammenmärchen, an das im Mittelalter ganz gewiss niemand glaubte.

Dass die Furcht, von der Erdscheibe zu fallen, nicht sonderlich ausgeprägt war, beweist auch die Bereitschaft der Menschen, sich aufs offene Meer zu wagen und neue Ufer zu erkunden. Schon recht früh setzten erste Entdeckungsfahrten ein, mit denen man seinen geistigen Horizont erweitern wollte. Die seetüchtigen Wikinger eroberten sich schon im 9. Jahrhundert die Inselwelt des stürmischen Nordatlantiks. Ausgehend von ihren Heimatgebieten in Skandinavien schoben sie sich unaufhaltsam nach Nordwesten vor, bis sie schließlich um das Jahr 1000 die Küsten Nordamerikas erreichten. Die ersten Inseln, die sie auf ihrem abenteuerlichen Trip ins Ungewisse erreichten, waren die Orkney- und die Shetlandinseln, die Hebriden und die Färöer. Etwa ab 870 besiedelten Auswanderer aus Norwegen die Insel Island. Dabei mussten sie zur Kenntnis nehmen, dass sie beileibe nicht die

ersten und einzigen waren, die den gefährlichen Weg übers Meer angetreten hatten. Irische Mönche waren bereits vor ihnen auf den Färö-
ern und auf Island gelandet. Auf der Suche nach Abgeschiedenheit
und Weltentsagung wagten sich diese frommen Männer in winzigen,
leichten Lederbooten, den Curraghs, auf den wilden Ozean. In der
Legende von der Seefahrt des heiligen Brendan (6. Jahrhundert) verdichteten sich die Erfahrungen der paddelnden Mönche in einem fantastischen Reisebericht. Brendan soll mit 12 Gefährten von Irland aus
aufgebrochen sein, um das Paradies zu suchen, und dabei eine Menge
Inseln erkundet haben, Inseln mit Schafen, Vulkanen und üppigen
Apfelbäumen. Was an dem Bericht Wahrheit und Erfindung ist, lässt
sich kaum mehr ausmachen, doch dürften in ihn die Erlebnisse wirklich unternommener Seefahrten eingeflossen sein.

Die weitaus besser belegten Wikinger dagegen gelangten um 982
nach Grönland und ließen sich dort einige Jahre später häuslich nieder, um Land- und Weidewirtschaft zu betreiben. Erst eine Klimaver-
schlechterung und Konflikte mit den Inuit vertrieben sie ab dem 14.
Jahrhundert von dort. Immer noch nicht gänzlich geklärt ist die Frage, weshalb die Wikinger überhaupt auf Entdeckungsfahrten gingen.
Überbevölkerung, schlechte Ernährungslage, politische Wirren allein können es nicht gewesen sein, die die Menschen zu ihren abenteuerlichen Fahrten trieben. Eine gehörige Portion Abenteuerlust
und rastlose Neugier dürften wohl dazugekommen sein. Warum
sonst hätte sich Leif Eriksson um die Jahrtausendwende von dem
gewiss nicht überbesiedelten Grönland aus aufgemacht, um erneut
auf Landsuche zu gehen? Es war der Bericht des Kaufmanns Bjarni
Herjulfsson, der auf seiner Fahrt von Island nach Grönland vom Kurs
abgekommen war und im dichten Nebel die Küste eines bewaldeten
Landstreifens ausgemacht hatte, der Leifs Entdeckerdrang weckte.
Tatsächlich gelang Leif „dem Glücklichen" das Kunststück, etwa 320
Kilometer westlich von Grönland auf Amerika zu stoßen, genauer
gesagt auf die Küsten von Labrador, Baffinland und Neufundland.
Der „wahre" Entdecker Amerikas wurde als solcher jedoch nie gewür-
digt, der Versuch einer Besiedelung Neufundlands schlug fehl, und
das Abenteuer geriet in Vergessenheit, sodass Kolumbus später den

Lorbeer der Entdeckung des neuen Kontinents für sich allein in Anspruch nehmen konnte.

Auf den Spuren der Wikinger wandelten in den folgenden Jahrhunderten noch recht viele Seefahrer, auch wenn sich der Schauplatz des Geschehens nach Süden verlagerte. So machten sich 1291 die Gebrüder Ugolino und Guido Vivaldi von Genua aus mit zwei Galeeren in Richtung Westen auf, um nach Indien zu segeln. Ausgestattet mit ausreichend Proviant und Wasser und unter dem geistlichen Beistand zweier Minoritenbrüder passierten die Schiffe mit rund 300 Mann Besatzung die Meerenge von Gibraltar und landeten auf den Kanarischen Inseln, um frische Nahrung zu laden. Eine nördlich von Lanzarote gelegene unbewohnte Insel wird mit den Brüdern Vivaldi in Verbindung gebracht. Doch über den weiteren Verbleib der Seefahrer ist nichts bekannt. „Es ist keine sichere Kunde mehr von ihnen zu uns gelangt", klagte ein Genueser Chronist. „Der Herr aber möge sie behüten." Der Sohn eines der Vivaldi-Brüder startete später eine erfolglose Suchaktion in Ostafrika, doch berichteten noch Mitte des 15. Jahrhunderts genuesische Seefahrer, Nachfahren von Überlebenden der Expedition an der Mündung des Gambia-Flusses gesichtet zu haben. Die Kanarischen Inseln, die die Phönizier bereits in der Antike entdeckt hatten, wurden erst 1312 von dem Genueser Adligen Lanzaroto Malocello „offiziell" wiederentdeckt. Nach ihm wurde die Insel Lanzarote, auf der er bis etwa 1330 lebte, benannt. Eine portugiesische Expedition von 1341 brachte erste konkretere Erkenntnisse über die Inseln. Mit den Kanaren dürften auch die Passatwinde, die weiter nach Westen führten, den mittelalterlichen Seefahrern nicht mehr unbekannt gewesen sein.

Den Höhepunkt der frühen Seefahrt vor Kolumbus setzte jedoch der portugiesische Prinz Heinrich der Seefahrer (geb. 1394). Er förderte eine Reihe von Seefahrten ins Unbekannte, nicht nur um den arabischen Handel mit Gewürzen, Gold und Elfenbein zu umgehen und ein Bündnis mit dem legendären Priesterkönig Johannes, den man irgendwo in Afrika vermutete, zu schmieden, sondern auch aus Neugierde. An seinem Hof scharte er Gelehrte, Kartografen, Astronomen und Schiffsbauer um sich, die alle neuen Erkenntnisse sammelten und bündelten. Der Erfolg blieb nicht aus. Heinrichs Seeleute entdeckten Madeira und die Azoren, leiteten ihre Besiedelung ein und segelten entlang der westafrikanischen Küste weit nach Süden. Ein eigens dafür gebauter Schiffstyp, die Karavelle, sowie hervorragende Kenntnisse der Kartografie waren dazu vonnöten. Die portugiesischen Matrosen umschifften meisterhaft das schwierige Kap Bojador vor der westlichen Sahara, befuhren den Senegal-Fluss und entdeckten schließlich den Gambia-Fluss, den sie wagemutig etwa 97 Kilometer flussaufwärts befuhren. Der Vorstoß zur Guinea-Küste und die Entdeckung und Besiedelung der Kapverden bildeten weitere Höhepunkte der Unternehmungen. Bei Heinrichs Tod 1460 waren schließlich mehr als 2000 Seemeilen afrikanische Küste erkundet.

Sowohl die Seefahrten als auch die Fernhandelsreisen der Kaufleute über Land veränderten allmählich das Weltbild des Mittelalters. Der überaus farbige Reisebericht des venezianischen Kaufmanns Marco Polo (geb. 1254) quer durch Asien an den Mongolenhof wurde interessiert aufgenommen, wenn man auch nicht bereit war, alle Details zu glauben. Auf der 1375 entstandenen Katalanischen Weltkarte des Abraham Cresques aus Palma de Mallorca haben die Ergebnisse der Marco-Polo-Reise jedoch bereits ihren Niederschlag gefunden. Der sogenannte „Katalanische Atlas" war ein Meilenstein in der Geschichte der Kartografie, nahm er doch alle damals verfügbaren Informationen über das Aussehen der Welt in sich auf. Der jüdische Kartenzeichner Cresques, Mitglied der berühmten mallorquinischen Schule der Kartografie, fertigte die Weltkarte im Auftrag Peters IV. von Aragon für den französischen König an und zog für das große Werk die modernsten katalanischen und italienischen Seekarten sowie die Berichte europäischer und arabischer Reisender heran. Überraschend genau zeigte er die Küstenlinie Europas, aber auch für Nordafrika trug er viele stimmige Details wie beispielsweise das Atlas-Gebirge ein. Die Orte entlang der Seidenstraße, die China und Persien miteinander verband, wusste der gelehrte Kartenzeichner ebenfalls schon sehr korrekt zu platzieren. Erstmals zeigte er den indischen Subkontinent realitätsgetreu als Halbinsel. Die Erweiterung des Weltbildes schlug sich in zahlreichen ab Ende des 13. Jahrhunderts erscheinenden Portulankarten nieder, die von den Seefahrern auf hoher See zur Orientierung benutzt wurden. Die zunehmende Bedeutung des Seehandels machte es notwendig, den Küstenverlauf einzelner Gebiete und die dazugehörigen Häfen möglichst genau festzuhalten. Die Kartenzeichner benutzten dazu die Informationen, die sie von einheimischen Fischern und Kapitänen kleinerer Küstenhandelsschiffe erhielten, und fertigten, zumindest was das Mittelmeer und die Region um das Schwarze Meer betraf, recht genaue Karten an. Eine darauf eingezeichnete Kompassrose und ein System von Rhumbenlinien ermöglichten es dem Schiffsnavigator, den eigenen Kurs zu berechnen. Die vorherrschenden Winde markierte man in verschiedenen Farben: Schwarz die Hauptwinde, Grün die Halbwinde, Rot die Viertelwinde. Mit Hilfe des magnetischen Kompasses, den Europa Ende des 12. Jahrhundert über die muslimische Welt kennen lernte, konnten die Seeleute damit bereits recht sicher über die Ozeane segeln.

Wissbegierde und die Lust am Neuen standen auch Pate für das schönste Geschenk, das die mittelalterliche Welt der Neuzeit hinterließ: die Universitäten. Die Freude am freien Gedankenaustausch führte im 12. Jahrhundert zuerst in Bologna, Paris und Oxford zu einem Zusammenschluss von Gelehrten und Scholaren, die ihre Studien zunächst noch auf offenen Plätzen oder in Privaträumen betrieben. Vom Papst oder Kaiser privilegiert, genossen diese Korporationen Lehrfreiheit und Selbstverwaltungsrechte und wurden so zu den Keimzellen der späteren Universitäten. Keiner lokalen Macht unterworfen, entwickelten sich die neuen Lehranstalten zu den bedeutendsten Bildungszentren des Mittelalters. Sie waren von Anfang an europäisch organisiert. Sowohl die Professoren- als auch die Studentenschaft kam aus aller Herren Länder, sodass erstmals ein internationaler Wissensaustausch über alle Ländergrenzen und Regionen hinweg zustande kam. Wer an der Sorbonne sein Studium begonnen hatte, konnte es problemlos in Padua, Salerno oder Salamanca fortsetzen und nach dem Abschluss in Toulouse, Cambridge oder Sevilla unterrichten. Für die deutschen Studenten entstanden ab der zweiten Hälfte des 14. Jahrhunderts Einrichtungen in Prag, Wien und Heidelberg. Bis zum Ende des 15. Jahrhunderts blickte Europa auf eine insgesamt 75 Institutionen umfassende Universitätslandschaft, an der man fundierte Kenntnisse in Theologie, Rechtswissenschaften und Medizin erwerben konnte. Dem eigentlichen Hauptstudium vorgeschaltet war ein mehrjähriges Grundstudium in grammatischen, mathematischen und philosophischen Fächern, wobei insbesondere die Schriften des griechischen Philosophen Aristoteles rezipiert wurden. Bis zum Erwerb eines Doktortitels konnten zehn Jahre und mehr vergehen, sodass die Studenten in dieser Zeit ein oft recht karges Leben führen mussten. Zur Finanzierung des eigenen Lebensunterhaltes traten hohe Studien- und Abschlussgebühren, die Kosten für die Anschaffung von Büchern und Schreibmaterial sowie die teuren Reisen an fremde Universitäten, denn es war üblich, den Studienort mindestens einmal zu wechseln. Selbstverständliche Voraussetzung für die Aufnahme eines Studiums war die fließende Beherrschung des Lateinischen, der universalen Gelehrtensprache. Trotz dieser hohen Hürden brauchten die Universitäten über Nachwuchssorgen nicht zu klagen. Bildungshungrige junge Menschen gab es zuhauf. Sie nutzten die Chancen, die sich aus der Demokratisierung des Wissens ergaben, denn die Universitäten standen allen Begabten – Adligen wie Nichtadligen, Laien wie Klerikern – offen. Zum ersten Mal zeichnete sich damit die europäische Bildungslandschaft ab, die wir heute kennen und deren Grundzüge Hochschulautonomie, Forschungsfreiheit und Zugangsfreiheit heißen.

Die Humanisten spotteten später gerne über die Engstirnigkeit der Scholastiker, die ihrer Meinung nach nur die alten Autoritäten kritiklos nachbeteten und sich mit spitzfindigen Fragestellungen begnügten. Doch die Menschen des Mittelalters bekamen Zugang zum Wissen nur über den Umweg der antiken Literatur. „Wir sind Zwerge, die auf den Schultern von Riesen sitzen. Wir können mehr und weiter sehen als diese, nicht, weil wir einen schärferen Blick oder eine stattlicherere Gestalt besitzen, sondern weil deren Größe bewirkt, dass wir gehoben und getragen werden", so beschrieb Bernhard von Chartres zu Beginn des 12. Jahrhunderts den Umstand, erst einmal das aus der Antike stammende Grundwissen aufarbeiten zu müssen, bevor eigene Denkansätze überhaupt möglich waren. An den Kloster- und

Domschulen, aber auch an den neuen Universitäten las und lernte man zunächst die Schriften der alten Griechen und Römer, bevor man Eigenständiges zu denken wagte. Auswendiglernen und Abschreiben waren die gängigen Methoden des Schulalltags, und man kann sich gut vorstellen, dass eine gewisse Eintönigkeit diesen Unterricht prägte. Der Magister auf seinem Katheter trug einen Abschnitt aus einem bestimmten Lehrbuch vor, seine Studenten schrieben eifrig mit – den berüchtigten Frontalunterricht gab es schon im Mittelalter. Doch über das reine Memorieren alter Texte gingen Lehrer wie Schüler bald hinaus. Die Professoren verfassten Kommentare und Glossen zu dem Gelesenen und fassten ihr Wissen in umfangreichen Enzyklopädien und Sentenzensammlungen zusammen. Dabei gerieten auch die Kernsätze der Altvorderen ins Visier der Gelehrten. Man merkte, dass es Widersprüche in den Aussagen der Autoritäten gab und versuchte diese zu benennen und zu lösen.

Die „disputatio", die Diskussion zweier widerstreitender Meinungen, nahm breiten Raum im universitären Leben ein. In öffentlichen Streitgesprächen traten Studenten und Magister gegeneinander an und stellten ihre rhetorische und intellektuelle Begabung unter Beweis. Nach These und Antithese brachte schließlich eine abschließende Synthese die Entscheidung im Meinungsstreit. Auch wenn sich manche Fragestellungen ziemlich hanebüchen ausnahmen – man diskutierte etwa die Frage, ob Jesus Christus einen Geldbeutel besessen hatte oder nicht – schulten sie doch das eigenständige Denken und das folgerichtige Argumentieren. Der Spott der Humanisten traf so gesehen die Falschen. Denn ohne die Gedankenexperimente der Scholastiker wäre unsere moderne Form des Denkens gar nicht möglich geworden. Sie, die Gehirnakrobaten des Mittelalters, ebneten der exakten Überprüfung von Hypothesen, wie sie für alle Naturwissenschaften erforderlich ist, den Weg. Das Wagnis, sich auf die eigenen Verstandesgaben zu verlassen und übernommene Wahrheiten kritisch zu hinterfragen, begann in den Hörsälen der mittelalterlichen Universitäten. Der Wissensdurst der Scholastiker, der im 15. Jahrhundert zu einem raschen Anstieg des naturwissenschaftlichen und technischen Interesses führte, wurde für den Aufstieg Europas in der frühen Neuzeit maßgeblich. Jakob Burckhardt, der große Kulturhistoriker des 19. Jahrhunderts, attestierte den Menschen des Mittelalters eine „ruhelose Energie, die äußere Welt zu erforschen und ihre Bestimmung, aber auch sich selbst". Dieses Urteil erwies sich als treffender als das Spottlied Petrarcas und seiner Genossen.

IRRTUM 2:

Der mächtige Kaiser herrschte unumschränkt über das Abendland

Welch ein Spektakel in der Peterskirche zu Rom an diesem 2. Februar 962: Mitten in der Kirche, genau über dem Grab des heiligen Apostels Petrus, kniet der sächsische Herrscherspross König Otto I., tief versunken im Gebet. Er weiß, dieser Moment wird der Höhepunkt seines Lebens sein. Dann nimmt Papst Johannes XII. eine prunkvolle Krone in die Hand und drückt sie dem Knieenden, begleitet von liturgischen Hymnen, sanft aufs Haupt. Als sich der Sachse nach Salbung und Krönung in seinem schweren Prunkornat wieder erhebt, darf er sich unter den Akklamationsrufen des römischen Volkes seines Triumphes sicher sein – er ist nun Kaiser und damit ranghöchster Monarch im westlichen Abendland, eine Ehre, die außer ihm sonst keiner für sich verbuchen kann.

Welche Faszination ging doch von dieser schimmernden Kaiserkrone aus. Zwischen den Jahren 800 und 1519 ließen sich insgesamt dreißig gekrönte Häupter mit dieser kaum fassbaren Aura des Sakralen zusätzlich überhöhen. Die Auszeichnung durch den Bischof von Rom, als Nachfolger des Apostels Petrus geistliches Oberhaupt der westlichen Christenheit, verlieh der weltlichen Herrschaft des Königtums religiöse Legitimation. Gleichzeitig weckte die Berufung auf das längst untergegangene Weltreich der Römer Sehnsüchte nach einer imaginären Universalherrschaft. Ach, das wäre schön gewesen: Einmal herrschen wie die antiken Imperatoren! Ausgestattet mit diktatorischen Vollmachten, umjubelt von den römischen Massen, residierend auf einem der sagenumwobenen sieben Hügel Roms – diesen

Traum hegten so gut wie alle Herrscher des Mittelalters. Welchen Ruhm bot doch der altehrwürdige und alles überragende Titel „Imperator Augustus" und „Kaiser der Römer"! Doch vom Glanz der Antike fiel für die Herrscher des Hochmittelalters allenfalls noch die Patina ab. Denn so sehr der Mythos „Rom" auch lockte, die Welt hatte sich seit dem Untergang des römischen Weltreichs drastisch gewandelt. Auf dem Schachbrett der Macht standen nicht mehr Volk und Senat von Rom als bestimmende Faktoren, sondern die landbesitzenden Großvasallen des deutschen Königs, der Papst als Verleiher des Kaisertitels und die selbstbewussten Adelsgeschlechter Roms mit ihrem Hang zur Rebellion.

Ein Realist wie der Geschichtsschreiber Brun von Querfurt erkannte bereits um die Jahrtausendwende messerscharf, dass sich die deutschen Könige mit ihrer Italienpolitik nur Scherereien einhandelten. „Er mühte sich zwecklos ab", schrieb er über die hochfliegenden Herrschaftspläne Kaiser Ottos III., „den erstorbenen Glanz des altersmorschen Rom aufs Neue zu beleben." Die deutschen Gefolgsleute des Kaisers seien verschnupft gewesen ob Ottos diffuser Rombegeisterung und die Italiener hätten nichts als Untreue im Sinn gehabt. In der Tat war es ein mühseliges Geschäft, Kaiser zu sein. Denn ein realer Machtzuwachs war mit dem Erwerb der Kaiserkrone nicht verbunden. Die Italienpolitik verstrickte die hohen Herren aus dem Norden nur tief in die inneritalienischen Händel und in die kirchlichen Angelegenheiten, was zur tödlichen Falle werden konnte. Wer Kaiser werden wollte, brauchte daher ein gutes Nervenkostüm, eine solide Machtbasis im Reich und nicht zuletzt eine große Portion Glück, um sich in diesem Machtpoker durchzusetzen.

Wer wählte den Kaiser? Zuallererst einmal jene heimischen Fürsten, die den deutschen König kürten. Sie waren sozusagen die Asse im Spiel um die Kaiserkrone. Bis zum Ende des Mittelalters nahmen die Großvasallen des Reiches ihr Recht auf die Königswahl wahr und verteidigten es hartnäckig mit Klauen und Zähnen. Der König des „Heiligen Römischen Reiches", so der seit Mitte des 13. Jahrhunderts übliche Titel für das vielschichtige, aus dem ehemals ostfränkischen Reichsteil hervorgegangene und um Burgund und Norditalien erweiterte Gebilde im Herzen Europas, regierte auf Grund der freien Zustimmung seiner Lehnsmänner als ein „Gleicher unter Gleichen". Diese auf persönliche Bindungen beruhende Herrschaftsordnung ging von vornherein zu Lasten der Zentralmacht. Sie machte es nötig, dass sich der König ständig seiner Vasallen versichern und sie durch die Vergabe von Land und Privilegien bei Laune halten musste. Von einer unabhängigen, souveränen Herrschaft des Königs im Reich konnte gar keine Rede sein, obwohl es immer wieder Ansätze von Seiten des Königtums gab, die selbstbewussten Herrschaften unter die eigene Knute zu zwingen.

König Otto I., den man später den „Großen" nannte, machte es vor: Die Feierlichkeiten zu seiner Königskrönung in Aachen im Sommer 936 nutzte er zu einer beispiellosen Machtdemonstration. Der 24-Jährige ließ sich beim Krönungsmahl von den Fürsten seines Reiches bedienen. Herzog Giselbert von Lothringen wartete als Kämmerer auf, Eberhard von Franken als Truchsess, der bayerische Herzog Arnulf versah als Marschall seine Pflichten, und Hermann von Schwaben betätigte sich als Mundschenk. Ein schönes Bild, doch nicht viel mehr als bloße Propaganda. Denn zum Dienen fühlte sich keiner der hohen Herren auf Dauer berufen. Als Otto I. kurz darauf einige unbequeme politische Entscheidungen traf, gingen seine Großvasallen im Bund mit einigen unzufriedenen Mitgliedern des Ottonen-Clans auf die Barrikaden und zettelten Aufstände an, die den jungen König an den Rand der Katastrophe brachten. Erst nach vielen blutigen Schlachten konnte er sich in der Herrschaft behaupten. Nicht viel besser erging es seinem späteren Nachfolger aus dem Geschlecht der Staufer, Friedrich Barbarossa. Auch er stürzte in eine tödliche Auseinandersetzung mit einem seiner Großvasallen, dem mächtigen Welfenherzog Heinrich dem Löwen, der als Herzog von Sachsen und Bayern eine wesentlich breitere Machtbasis besaß als der in Schwaben begüterte Stauferkönig. Kniefällig soll Barbarossa 1176 bei einer persönlichen Unterredung am Comer See den Welfen um militärische Unterstützung für seinen Kampf gegen die oberitalienischen Städte gebeten haben, eine Szene, die Kaiserin Beatrix als äußerste Demütigung empfand.

Gerade für ihre Italienpolitik benötigten die Monarchen die Unterstützung ihrer Gefolgsleute in besonderem Maße. Die Züge über die Alpen waren kostspielige und risikoreiche Unternehmen, die eine lange Abwesenheit der Vasallen von ihren heimischen Gütern mit sich brachten. Und was gab es für sie schon zu holen in Italien? Sie schlugen sich für eine fremde Krone, von der sie selbst nichts hatten. Der Ausbau ihrer eigenen Territorien lag ihnen da viel näher, und so ließen sie sich ihre Unterstützung denn auch teuer bezahlen. Heinrich der Löwe präsentierte bei besagter Unterredung am Comer See seinem König auch gleich die Rechnung: Er hatte es auf die reichen Silbergruben der Reichsstadt Goslar abgesehen. Wie Teppichhändler schacherten die Reichsfürsten im Laufe der Jahrhunderte um Rechte und Privilegien, bis sie eine solide Landesherrschaft aufgebaut hatten. Friedrich Barbarossas Enkel, Kaiser Friedrich II., bestätigte ihnen 1232 offiziell weitreichende Hoheitsrechte in ihren Herrschaftsgebieten. „Ein jeder Fürst habe freien Gebrauch seiner Freiheiten, Gerichtsbefugnisse, Grafschaften und Zehnten, nach den Gewohnheitsrechten seines Landes, sie seien sein Eigentum oder ein Lehen." Damit war eine zukunftsträchtige Entwicklung eingeleitet. Denn auf Grund ihrer Vollmachten gelang es den Fürsten, unabhängige Landesherrschaften aufzubauen und sich zu mächtigen Territorialherren aufzuschwingen.

Die „Goldene Bulle" von 1356, das bedeutendste Verfassungsdokument des Spätmittelalters, beschränkte den Kreis der Königswähler schließlich auf jene sieben mächtigen Territorialherren, deren Stellung eng mit den Erzämtern des Reiches verbunden war. Zum illustren Kreis der Kurfürsten zählten die drei Erzbischöfe von Mainz, Köln und Trier, die traditionellerweise als Erzkanzler für Deutschland, Italien und Burgund amtierten, der Herzog von Sachsen, der die Würde eines Erzmarschalls innehatte, der Markgraf von Brandenburg in seiner Eigenschaft als Erzkämmerer, der Pfalzgraf bei Rhein, der seit alters das Amt des Erztruchsesses versah, und der König von Böhmen als Erzmundschenk. Sie sollten in einem genau festgelegten Wahlmodus nach dem Mehrheitsprinzip den neuen König küren. Als Wahlort wurde Frankfurt am Main auserkoren, als Krönungsort war

Aachen vorgesehen. So schloss sich der Bogen schon zur Zeit Ottos des Großen, als dieser beim Krönungsmahl eben diese sieben herausragenden Vasallen in den Dienst des Königtums einzuspannen gedachte. Mochte Otto noch gehofft haben, sie der Macht der Krone unterordnen zu können, so zeigte die Zukunft eine ganz andere Entwicklung.

Der Drang nach Italien und die daraus entstehenden Belastungen wie die lange Abwesenheit der Könige von Deutschland haben langfristig betrachtet das Königtum geschwächt und die Fürstenmacht gestärkt. Die Kurfürsten nahmen für sich sogar das Recht in Anspruch, einen „unfähigen" König wieder abzusetzen, wie es der Sohn Karls IV., Wenzel, genannt der „Faule", erleben musste. Er wurde im Jahr 1400 als „unnütz", „untätig" und „ungeschickt" per Fürstenspruch einfach seines Amtes enthoben. Kaiserglanz hin oder her – der Lack war ab, wenn es um handfeste Realpolitik ging. Die Kurfürsten fühlten sich seit dem Spätmittelalter als die wahren „Säulen des Reiches", die gemeinsam mit dem König die Regierungsgeschäfte führten. Kaiser Karl IV. musste sie in der „Goldenen Bulle" weiter privilegieren, ihnen die Erblichkeit und Unteilbarkeit ihrer Kurfürstentümer sowie das Recht der Primogenitur, der Nachfolge des erstgeborenen Sohnes, zusichern. Von solchen komfortablen Zuständen konnten die Könige selbst indes nur träumen. Sie erreichten im Reich nie jene Machtstellung, die ihre Vasallen in den Fürstentümern innehatten, schon gar nicht die Erblichkeit der Königswürde innerhalb einer Dynastie. Nur in ihrer Eigenschaft als Landesherren war es ihnen möglich, eine wahrhaft „königliche" Stellung zu ergattern – eine Möglichkeit, von der später vor allem die Habsburger Gebrauch machten.

Im Vergleich zu seinen mächtigen Magnaten nahm sich der deutsche König fast wie ein armes Hascherl aus. Jedesmal, wenn er einen Romzug plante, musste er feilschen gehen, und wenn er seinen Sohn zum Nachfolger küren lassen wollte, das Portemonnaie öffnen. Anders als seine Amtskollegen in Frankreich oder England konnte er nie seine Macht zentralisieren, sich in einer festen Residenz niederlassen und sich auf feste Einnahmen aus dem Reich verlassen. Er war ein Herrscher mit leeren Taschen, dem nichts anderes übrig blieb, als rastlos durch die Lande zu reisen, um bei seinen Großen gut Wetter zu machen. Mit Kind und Kegel, Hofleuten und Verwaltungsbeamten, Reichskleinodien und Staatsschatz zog der Monarch von Pfalz zu Pfalz, von Stadt zu Stadt. Je nachdem, wo die Eigengüter einer Dynastie lagen, bildeten sich verschiedene Schwerpunkte heraus. Die Ottonen bevorzugten die Herzogtümer Sachsen, Franken und Lothringen als Aufenthaltsorte, darunter besonders die Städte Magdeburg, Quedlinburg, Ingelheim, Köln und Aachen, die Salier hielten sich lieber in Bayern, Schwaben oder dem Elsass auf, die Staufer pendelten zwischen Mainz, Würzburg und Nürnberg hin und her und errichteten neue Pfalzen in Kaiserslautern, Wimpfen oder Eger. Der Luxemburger Karl IV. liebte Prag und Nürnberg, und den Habsburger Maximilian I. nannte man gar scherzhaft den „Bürgermeister von Augsburg", weil er sich so gerne in der Stadt seines Bankiers Jakob Fugger aufhielt.

Die Reiserei ging nicht nur dem König und seinem Hof gewaltig auf die Nerven, sondern auch all jenen, die sie aufnehmen mussten. Das waren in der Regel die königlichen Pfalzen, zunehmend aber auch die Reichsabteien und Bischofssitze, die zur Aufnahme und Verpflegung des Hofes verpflichtet waren. Welch große Belastungen dabei auf die Gastgeber zukommen konnten, verdeutlicht eine Nachricht über den Bedarf des ottonischen Hofes: Demnach verzehrte die feierlaunige Festgesellschaft Ottos des Großen an einem Tag tausend Schweine und Schafe, zehn Fuder Wein und ebensoviel Bier, tausend Malter Getreide, acht Ochsen und ungezählte Hühner und Ferkel samt Fischen, Eiern und Gemüse. Auch wenn dies ein Ausnahmefall gewesen sein mag, so lässt sich daran doch ablesen, welche Schwierigkeiten es mit sich brachte, den König und seinen Hofstaat standesgemäß durchzufüttern. Denn Festessen waren schließlich auch Akte der Repräsentation, bei denen keinesfalls gespart werden durfte. Die ungebetenen Gäste verabschiedete man daher am besten recht schnell wieder, sodass der König meist nicht länger als ein paar Tage oder Wochen an einem Ort weilte. Pech für die Gastgeber, wenn er dann auch noch Schulden hinterließ wie Kaiser Maximilian I. , der sich beständig in Geldnöten befand und bei seiner Abreise schon mal seine abgehalfterte Ehefrau als Pfand für seine Schulden hinterließ …

Der Mangel an regelmäßigen Einnahmen blieb stets das größte Problem der königlich Gesalbten. Es gab kein stehendes Reichsheer, keine allgemeine Steuer, keine verbrieften Reichsrechte, auf die sie hätten zurückgreifen können. Maximilian I. unternahm 1495 einen Versuch, einen „Gemeinen Pfennig", eine allgemeine Reichssteuer, einzuführen, scheiterte damit aber kläglich. Wenn er Geld wollte, musste er seine Stände fragen. Zu den verlässlichsten Stützen der Königsherrschaft im Reich zählten in der Regel die Kirche und die aufstrebenden Städte, die sich vom König Friedenswahrung und Friedenssicherung erhofften und ein Gegengewicht zu den selbstbewusst und eigennützig auftretenden Adelsgeschlechtern boten. Nicht umsonst stiegen Bischofsstädte wie Mainz oder Augsburg oder mächtige Reichsstädte wie Nürnberg zeitweise zu heimlichen „Zentralen" des Reiches auf.

War schon das Regieren auf Reichsebene ein schweres Geschäft, so verkomplizierte sich die Lage noch, wenn der König die Kaiserkrone anstrebte. Hatte er endlich einmal alle Vasallen hinter sich geschart und für einen Romzug eingespannt, war noch lange nichts gewonnen. Denn nun trat jene Figur auf den Plan, der die Rolle eines Jokers im Kronen-Poker zukam: der Papst. Als Nachfolger des heiligen Apostels Petrus hielt er das Exklusivrecht an der Kaiserkrönung. Begründet wurde dieser Anspruch mit der folgenschweren Tat Papst Leos III., der am Weihnachtstag des Jahres 800 dem Frankenherrscher Karl dem Großen in der Peterskirche die Krone aufs Haupt gesetzt hatte. Schon beim Übergang der Königsmacht von der Dynastie der Merowinger auf die Karolinger Mitte des 8. Jahrhunderts hatte das Papsttum eine tragende Rolle gespielt und die karolingischen Hausmeier dazu ermuntert, die Macht im Reich zu übernehmen. Der Ansturm der Langobarden in Italien ließ die Päpste – von den in Byzanz residierenden oströmischen Kaisern alleingelassen – nach anderen Partnern Ausschau halten, die sie in dem dynamischen Geschlecht der Karolinger nördlich der Alpen fanden. So nahm sich das Papsttum das Recht heraus, einen neuen Schutzherrn für das bedrohte Rom zu berufen und das in den Wirren der Völkerwanderungszeit untergangene westliche Kaisertum zu erneuern. Es reservierte sich dafür die weltliche Herrschaft über den damals freilich noch recht kleinen Kirchenstaat.

Der Frankenherrscher Karl witterte bereits die päpstlichen Ansprüche, die sich aus der Kaiserkrönung ergaben, und zeigte sich über den Akt in der Peterskirche gar nicht begeistert. Doch einmal in die Welt gesetzt, waren die Rechte des Petrus-Nachfolgers nicht mehr so leicht zu beschneiden. „Der Papst macht den Kaiser" – dieser Grundsatz galt seit dem denkwürdigen Weihnachtstag des Jahres 800. Nach einer Periode des Verfalls unter den späten Karolingern erneuerte Otto der Große 962 die Kaiserwürde und brachte diese dadurch dauerhaft an das deutsche Königtum. Der Kaiserkrönung gingen in der Regel komplizierte Verhandlungen voraus, denn die Päpste waren zwar durchaus an einem machtvollen Schutzherrn interessiert, der ihnen ihre Widersacher in Italien vom Leibe hielt, doch einen allzu dominanten Herrn wollten sie sich auch nicht ins Haus holen. So lange die gekrönten Häupter gegen Langobarden, Normannen oder aufmüpfige italienische Magnaten kämpften, waren sie willkommen, so bald sie sich aber in Angelegenheiten der Kirche einmischten oder die weltliche Herrschaft des Papstes bedrohten, wurden sie zu tödlichen Rivalen. Schon Otto der Große musste vor seiner Kaiserkrönung in einem Vertrag, dem sogenannten „Ottonianum", einer prachtvollen Purpururkunde, den päpstlichen Besitz garantieren. Dafür leistete ihm der Papst ein Treueversprechen und räumte für die Zukunft den Kaisern ein gewisses Mitspracherecht bei der Papstwahl ein.

Misstrauen und Argwohn prägten das Verhältnis der beiden höchsten Repräsentanten der Christenheit von Anfang an. Neidisch wachten beide Seiten auch über ihren ideellen Vorrang. Machtvolle Kaiser wie der Salier Heinrich III. setzten Päpste nach Gutdünken ein und ab, wie sie es auch mit ihren Reichsbischöfen taten, selbstbewusste Päpste wie Gregor VII. betonten dagegen den Vorrang der geistlichen vor der weltlichen Macht. Gegenseitige Absetzungen, Exkommunikationen und Bannflüche begleiteten die Auseinandersetzungen, die die abendländische Christenheit zutiefst spalteten. Die Demütigung Heinrichs IV. im Gang nach Canossa im Jahr 1077 führte als spektakulärer Höhepunkt des Machtkampfs zwischen Kaiser-

und Papsttum zu einem gewaltigen Ansehensverlust des Königtums. Stundenlang harrte Heinrich mitten im Winter im Büßergewand vor der oberitalienischen Burg Canossa aus, um sich vom Bannfluch Gregors VII. zu lösen. Aus dem Ringen des Investiturstreits ging das Papsttum letztendlich gestärkt hervor, gelang es ihm doch, den Einfluss der Krone auf die Besetzung der Bistümer und Abteien, die zu den stärksten Stützen der königlichen Gewalt im Reich zählten, zu begrenzen.

Von ihrer Italienpolitik ablassen wollten die deutschen Könige dennoch nicht. Die schimmernde Aura eines sakral überhöhten Kaisertums lockte sie nach wie vor nach Rom, obwohl sie dort auch weiterhin keine barmherzigen Jünger auf dem Stuhle Petri antrafen, sondern äußerst machtbewusste Persönlichkeiten. Das Papsttum postulierte im Hochmittelalter eine Art Universalherrschaft über die katholische Christenheit und untermauerte diese mit einem handfesten Ausbau des Kirchenstaates in Italien. Umso schärfer traten die Interessengegensätze mit den Stauferkaisern hervor, die ihre Macht über Norditalien ebenfalls auszubauen trachteten, versprachen doch die reichen lombardischen Städte fette Steuereinnahmen. Als über eine Heiratsverbindung auch noch das normannische Königreich Sizilien an die Staufer zu fallen drohte, war für den Papst die Grenze des Erträglichen erreicht. Der Kirchenstaat war von Nord und Süd von der kaiserlichen Macht umklammert – eine Horrorvision für den Apostelfürsten. Wiederum flogen die Bannflüche vom Tiber gen Norden. Dabei nahmen sich die Päpste nun auch das Recht heraus, in die deutsche Königswahl einzugreifen. Bei Doppelwahlen – so sah es jedenfalls Papst Innozenz III. – habe der Papst als Führer der Christenheit das Recht, den geeignetsten Kandidaten auszusuchen. Selbstverständlich bestätigte Innozenz III. 1202 einen staufischen Gegenkandidaten. Gerissen wie er war, hatte er auch gleich das passende Gleichnis dafür parat: Wie der Schöpfer zwei große Lichter an den Himmel gesetzt habe, so gebe es am Firmament der Christenheit zwei hohe Würden, die geistliche und die weltliche Gewalt. Und wie der Mond sein Licht von der Sonne erhalte, so habe die königliche Gewalt ihren Glanz eben von der Kirche! Die priesterliche Autorität, so errechneten brave Parteigänger des Papstes, sei dementsprechend exakt 6644-mal größer als die königliche. Mit diesem dominanten Anspruch ging das Papsttum in den „Endkampf" mit den Staufern. Wiederum folgten hässliche Szenen und eine wahre Propagandaschlacht, in der sich die Parteien wechselseitig als „Antichrist", „Natternbrut" oder „Bestien" schmähten.

Doch damit hatten auch die Päpste ihren moralischen Kredit überzogen. Allmählich fragte man sich nördlich der Alpen, ob man überhaupt einen Papst als Königs- und Kaisermacher brauchte. Eine günstige Gelegenheit, diesen Primat in Frage zu stellen, ergab sich, als das Papsttum im 14. Jahrhundert in die Krise und unter den Einfluss des französischen Königs geriet. Die Übersiedelung der Päpste nach Avignon machte eine Kaiserkrönung in Rom ohnehin nur durch Vertreter möglich, und eine Reihe strittiger Papstwahlen ließ an der Rechtmäßigkeit eines jeden Papstes zweifeln. Da ergriffen die Fürsten in seltener Einmütigkeit mit ihrem gebannten Kaiser Ludwig dem Bayern die Initiative. In einem Rechtsspruch erklärten die in Rhense am Mittelrhein versammelten Kurfürsten 1338, dass sie allein zur Königswahl berechtigt seien und dem von ihnen gekürten Kandidaten auch ohne päpstliche Approbation die volle Herrschaftsgewalt zustünde. Kaiser Ludwig IV. legte in einem wenige Tage später erlassenen Kaisergesetz noch eins drauf: Der von den Kurfürsten gewählte König besitze kraft seiner Wahl sofort auch die kaiserliche Würde, der Papst habe weder ein Anerkennungs- noch ein Bestätigungsrecht und kröne den Erwählten lediglich nachträglich in einer symbolischen Handlung. Diese Rechtsauffassung ging später auch in die „Goldene Bulle" ein, die festsetzte, dass der zum König gesetzte Fürst gleichzeitig „erwählter römischer Kaiser" sei. Von einem Papst war gar nicht mehr die Rede – der Joker wurde stillschweigend aus dem Spiel genommen. Das bedeutete, dass aufwändige Romfahrten unterbleiben konnten. Zwar bemühte man sich auch weiterhin um die Kaiserkrone, doch im Laufe der Zeit wurde sie immer weniger wichtig. Als letzter Prätendent ließ sich der Habsburger Friedrich III. 1452 in Rom durch den Papst zum Kaiser krönen. Sein Sohn und Nachfolger Maximilian I. verzichtete dagegen auf einen Romzug und begnügte sich mit dem Titel eines „erwählten

Kaisers". Sein Enkel Karl V. schaffte es nur noch bis nach Bologna, wo Papst Clemens VII. 1530 nun wirklich zum allerletzten Mal eine Kaiserkrone vergab. Die Würde hatte endgültig ihren Glanz verloren. Dass die Habsburger ab dem Spätmittelalter die Königskrone für Jahrhunderte für ihre eigene Familie reservieren und das Reich alles in allem recht erfolgreich regieren konnten, lag nicht an der imaginären Würde des Kaisertums, sondern an ihrer geschickten Hausmachtpolitik, durch die sie ihre Machtbasis im Reich verbreiterten. Über Heirat und Erbgang ergatterten sie die Kronen Ungarns, Böhmens und Spaniens – eine Hausmacht, die sich sehen lassen konnte.

Während der Besitz der Kaiserkrone schon reichsintern kaum Vorteile brachte, so ließ sich mit ihr auch außenpolitisch kaum Kredit bekommen. Sicher, im Zeremoniell blieb der Kaiser der ranghöchste Monarch des westlichen Abendlandes, doch sein Vorrang brachte ihm keine realpolitischen Vorteile ein. In Frankreich und England gelang es der Zentralmacht viel früher und viel stärker, die Weichen in Richtung eines effektiv verwalteten „modernen" Nationalstaats zu legen. Seit dem 13. Jahrhundert gab es dort bereits Parlamente als ständische Mitspracheorgane, zentrale Verwaltungs- und Finanzbehörden sowie eine feste Hauptstadt mit Königsresidenz und Hofhaltung. In Paris und London konnte man über den benachbarten „Reisekaiser" eigentlich nur müde lächeln. Den Einfluss der Großvasallen und die finanziellen Ansprüche der Kurie hatte man seit dem Spätmittelalter ganz gut im Griff. Von einem schwachen Kaiser brauchte man sich also nicht ins Geschäft reden zu lassen. „Wer hat denn die Deutschen zu Richtern über die Völker bestellt? Wer hat den plumpen und ungebärdigen Menschen diesen Einfluss gegeben, dass sie nach Gutdünken den Führer über die Häupter der Menschensöhne bestimmen?", fragte ziemlich erbost der gelehrte Bischof Johann von Salisbury im Jahr 1160. Gerade zu einem Zeitpunkt, als die staufische Kaiserideologie zu Höhenflügen ansetzte und Universalherrschaftsträume schmiedete, fragten kritische Stimmen aus den westlichen Nachbarländern einmal nach, worauf sich der kaiserliche Vorrang denn überhaupt gründete. Auf den Zufall und den Papst, konnte man ihnen antworten. Und das war machtpolitisch betrachtet zu wenig, um handfeste Vorteile aus dem Kaisertum zu ziehen. Der französische König Philipp der Schöne holte 1309 das Papsttum unter seine Kuratel nach Avignon und entzog es damit dem kaiserlichen Zugriff. Rom mitsamt seiner schimmernden Krone blieb dem deutschen Königtum für eine ganze Weile entrückt. Wer sich trotzdem krönen lassen wollte, musste mit einem päpstlichen Legaten oder einem Gegenpapst vorliebnehmen. Eigene Ambitionen auf die Kaiserkrone zeigten jedoch weder der französische noch der englische König – kein einziger von ihnen strebte bis zum Spätmittelalter eine Krönung an oder reiste gar nach Rom. Die Patina auf der Krone schien diesen machthungrigen Herren wohl zu dick.

Aber auch jene, die noch am meisten von der Anwesenheit und von der militärischen Stärke des Kaisers hätten profitieren können, die Italiener und die Römer, zeigten sich über die Präsenz der Deutschen in ihrem Land wenig begeistert. Die reichen norditalienischen Städte sahen ihren Reichtum schon in kaiserlichen Kassen landen, und die italienischen Magnaten hießen den Kaiser nur willkommen, wenn es ihren eigenen Interessen nützlich schien. Auch das stadtrömische Patriziat zeigte sich nicht geneigt, die wichtige Bischofs- und Papstwahl in ihrer Stadt aus der Hand zu geben. Als Nachfahren des legendären Duos „Volk und Senat von Rom" glaubten sie Einfluss auf die Wahl des Stadtoberhauptes nehmen zu dürfen. Auch wenn sie in dem Machtspiel um die Kaiserkrone nur die Rolle der „Bauern" einnahmen, machten sie den kaiserlichen Herren das Leben schwer. So ging kaum eine Kaiserkrönung ohne Kämpfe mit den aufmüpfigen Römern ab. Schon Otto I. musste kurz nach seiner Kaiserkrönung blutige Gefechte austragen, weil Papst Johannes XII. mit Hilfe der Stadtrömer gegen ihn konspirierte. Auch sein Enkel Otto III. wütete grauenhaft in Rom, um seinen kaisertreuen eigenen Papst gegen den Widerstand der Stadtbevölkerung durchzusetzen. Auf den Zinnen der Engelsburg ließ er 13 seiner prominentesten Gegner aus dem Stadtadel öffentlich enthaupten und den von ihnen favorisierten Papst Johannes XVI. nackt und verstümmelt, rücklings auf einem Esel reitend, durch die Straßen Roms jagen. Freunde macht man sich anders.

Auch Friedrich Barbarossas Krönungsmahl ging nicht ohne Querelen über die Bühne. Ein Aufstand republikanisch gesinnter Römer beendete das Mahl abrupt. Über die Jahrhunderte wiederholte sich eigentlich immer das gleiche Spiel: Kaum war der Kaiser in seine Heimat jenseits der Alpen zurückgekehrt, brach seine Herrschaft in Italien wie ein Kartenhaus zusammen. Nur seine persönliche Präsenz und die Sprache seiner Waffen sicherten ihm seinen Einfluss auf der Apenninenhalbinsel. In die politischen Auseinandersetzungen mischten sich zunehmend auch „nationale" Misstöne: Die Deutschen, so die Vorwürfe hochmittelalterlicher italienischer Geschichtsschreiber, seien weinselig, ausschweifend, reizbar und grausam. Sie hätten anstößige Manieren, seien schwer von Begriff und alles in allem einfach „unerträglich".

Unwidersprochen konnte das römische Kaisertum auch deswegen nicht sein, weil es in Byzanz eine gewichtige Konkurrenz gab: den Kaiser des ehemals östlichen Reichsteils des antiken Imperiums. Dieser reklamierte für sich, der wahre Nachfolger der antiken Imperatoren zu sein – und eigentlich war er es auch. Denn seit der verwaltungsbedingten Aufteilung des riesigen römischen Imperiums in der Spätantike saß am Bosporus ein Kaiser, der sich in der Nachfolge Konstantins des Großen und darüber hinaus der antiken Cäsaren fühlen durfte und daher gehörig die Nase über den Parvenü aus dem Westen rümpfte. Schon Karl der Große hatte alle Hände voll zu tun, die Gemüter der „Griechen", die wegen seiner Kaisererhebung in Wallung geraten waren, zu beruhigen. Byzanz akzeptierte schließlich den Neuling aus dem Westen, weil es ihn nicht verhindern konnte, doch als ebenbürtig empfand man ihn dennoch nicht. Als Otto I. um eine Braut für seinen Sohn Otto II. warb, schickte ihm der byzantinische Kaiser Johannes I. Tzimiskes nicht die gewünschte „purpurgeborene" Prinzessin, sondern nur eine nahe Verwandte, die später als Kaiserin und Sachwalterin des Reiches so geschickt agierende Theophanu. Kulturell bestand ein weiter Abstand zwischen dem das römische Erbe bewahrenden Byzanz und dem aus dem Schmelztiegel der Völkerwanderungszeit hervorgegangenen westlichen Reich. So gab es für den römischen Kaiser auch hier nicht wirklich etwas zu punkten. Was bei all den Anfechtungen und Misshelligkeiten, die die Kaiserwürde mit sich brachte, blieb, war die Aura Roms. Wenn Kaiser Otto III. von seinem neu erbauten Palast auf dem Palatin seinen Blick über die kolossalen Ruinen Roms schweifen ließ, mochte er von imperialer Herrschaft träumen, doch er übersah, dass die Zeugen vergangener Größe eben nur noch Torsi waren.

IRRTUM 3:

König und Adel lebten in Saus und Braus, während das einfache Volk erbärmlich darbte

„D urch Reichtum sind die Bauern in unserer Gegend und in manchen Teilen Deutschlands üppig und übermütig geworden. Ich kenne Bauern, die bei der Hochzeit von Söhnen oder Töchtern oder bei Kindtaufen so viel Aufwand machen, dass man dafür ein Haus und ein Ackergütchen nebst einem kleinen Weinberg kaufen könnte. Sie sind in ihrem Reichtum oft wahrhaft verschwenderisch in Nahrung und Kleidung und trinken kostbare Weine", empörte sich der Humanist und Theologe Jacob Wimpfeling im 15. Jahrhundert über die Bauern seiner elsässischen Heimat. Ja, es gab ihn: Den kleinen sozialen Aufstieg in bescheidenem Rahmen, den Großbauern in seinem Dorf, dessen Tafel reicher gedeckt war als die der anderen, den kleinen Handwerkersohn, der sein Glück in der Stadt suchte und fand, der Unfreie, der im treuen Dienst an seinem Herrn als Ministeriale seinen Aufstieg machte oder das Arme-Leute-Kind, das in den Reihen der Kirche die Karriereleiter nach oben kletterte. Die vielen kleinen Geschichten, die das Leben schrieb, zeigen eine allmähliche Verbesserung der Lebensverhältnisse im Verlauf des Mittelalters, und zwar nicht nur für die oberen Schichten, sondern tendenziell für alle. Zwar waren die Stände – Adel, Klerus, Bauern – streng voneinander geschieden und durch die Geburt vorgegeben, doch innerhalb seines Standes konnte jeder sein Glück versuchen. Ein wohlhabender Bauer und ein armer Ritter unterschieden sich dann in ihrer Lebensweise gar nicht mehr so stark voneinander, und ein reicher Kaufmann in seinem komfortabel ausgestatteten Stadtpalais konnte über die miserablen Wohnverhältnisse auf einer zugigen Burg hinter vorgehaltener Hand nur lachen.

Vielleicht hatten die Bauern ja recht, und Petrus war an allem schuld. Dem Mann, dem man die Schlüsselgewalt über das Himmelreich nachsagte, wies der Volksglaube auch eine gehörige Portion Verantwortung für das Wettergeschehen zu. Und das Klima begann sich im Zeitraum vom 10. bis zum 13. Jahrhundert zu Gunsten der Menschen zu ändern – es wurde ganz allmählich wärmer. Diese Klimaerwärmung, die im Hochmittelalter ihren Höhepunkt fand und danach wieder durch eine deutlich kühlere Witterung abgelöst wurde, schuf erst die Voraussetzungen für das, was man als „Blüte des Mittelalters" kennt: bessere Ernten, den Rückgang gravierender Hungersnöte und Epidemien sowie ein stetiges Bevölkerungswachstum im Hochmittelalter, bevor im 14. Jahrhundert die Menschen von neuen Katastrophen wie Missernten und dem Ausbruch der Pest heimgesucht wurden. Man schätzt, dass sich die europäische Bevölkerung zwischen 1000 und der Mitte des 14. Jahrhunderts fast verdoppelte, von etwa 38,5 auf 73,5 Millionen. Davon lebten nahezu 90 Prozent als Bauern auf dem Land. Mildes Klima und Bevölkerungswachstum lösten zusammen eine kleine „Agrarrevolution" aus. Denn um alle hungrigen Mäuler satt zu bekommen, musste sich der „kleine Mann" auf seiner Scholle etwas einfallen lassen, um neue landwirtschaftliche Flächen zu erschließen und die Ernteerträge zu steigern. Und wie sich zeigen sollte, waren die Bauern äußerst erfindungsreich. Das Hochmittelalter ist die große Zeit des Landausbaus. Allerorten brachen Gruppen von Menschen mit Hacke, Pflug und Beil auf, um Wälder zu roden, Moore zu entwässern, Sümpfe trocken zu legen und Wiesen urbar zu machen. Weite Flächen bebaubaren Landes gab es in den weniger dicht besiedelten Gebieten jenseits der Elbe, in den Weiten Osteuropas, im Süden der Iberischen Halbinsel, im Norden Großbritanniens oder in den Gebirgstälern des Apennins und der Alpen. Die schwere Rodungsarbeit lohnte sich für die Bauern in vielfacher Hinsicht: Sie fanden nicht nur fruchtbare Böden fern der Heimat vor, sondern bekamen von ihren weltlichen und geistlichen Grundherren auch Vorrechte zugestanden. So erhielten sie das Neuland meist zu günstigen Bedingungen in Erbpacht übertragen, waren für einige Jahre von der Abgabenlast befreit und konnten die persönliche Unfreiheit abschütteln. Manche Dörfer kamen sogar in den Genuss einer regelrechten bäuerlichen Selbstverwaltung. Von der Rodungstätigkeit dieser Zeit zeugen heute noch viele deutsche Ortsnamen mit den Endungen -reuth, -rode, -greuth oder -ried. Wer also mobil war und das Risiko einging, sein angestammtes Dorf zu verlassen, der hatte Chancen, in der Ferne seinen kleinen Aufstieg zu machen. Dies hatte wiederum Rückwirkungen auf die Daheimgebliebenen. Denn wer die Möglichkeit zum Auswandern hatte, konnte die Preise für seine Arbeit erhöhen. So mussten auch im Altsiedelland die Grundherren Abgaben und Frondienste senken, um ihre Bauern zum Bleiben zu bewegen.

Tüchtige Bauern konnten zudem vom Wandel der Herrschaftsstrukturen auf dem Lande profitieren, der im Hochmittelalter einsetzte. Denn angesichts des Arbeitskräftemangels und des Übergangs zur Geldwirtschaft lohnte es sich für die Großgrundbesitzer aus Adel und Kirche immer weniger, Land in eigener Regie zu bewirtschaften, wie das seit dem Frühmittelalter üblich gewesen war. Traditionellerweise saß der Grundbesitzer auf seinem zentralen Fronhof inmitten seiner Äcker und Felder und bestellte einen Teil seines Landes, das sogenannte Salland oder Herrenland, mit Hilfe abhängiger Höriger. Meist vergab er nur wenige, weiter entfernt liegende Parzellen an selbstständig wirtschaftende, zu Abgaben und Frondiensten auf dem Herrenhof verpflichtete Bauern. Nun gingen die Grundherren dazu über, ihr gesamtes Land an Bauern zu vergeben und dafür Abgaben – zunächst Naturalien, später Geld – zu kassieren. Dadurch reduzierten sich die ungeliebten Frondienste, die die Bauern zuvor auf dem Herrenland zu leisten hatten, von selbst, und die persönliche Bindung an den Grundherrn begann sich zu lockern. Die Unterschiede zwischen persönlich freien und unfreien Bauern, die es im Frühmittelalter noch gegeben hatte, verwischten allmählich, an ihre Stelle trat die Unterscheidung zwischen armen und reichen Bauern. Clevere Landleute pachteten bei der Aufteilung des Herrenlandes gleich größere Flächen und konnten so ihre Erträge langfristig steigern.

Zuweilen wurde der Fronhof samt seinen Ländereien sogar als Einheit behalten und geschlossen an einen Pächter gegeben. Wohl dem, der so einen umfangreichen Meier- oder Dinghof übernahm! Der hatte für die nächsten Generationen schon ausgesorgt. Wenn dann auch noch bestimmte herausgehobene Aufgaben im Auftrag des Grundherrn dazukamen, wie die Überwachung und Verwaltung der bäuerlichen Abgaben, dann war der Weg in die dörfliche Oberschicht schon fast geebnet. In der Rolle des Dorfvorstehers, auch Schultheiß oder Bauermeister genannt, der die Dorfversammlungen leitete und eine Mittlerposition zwischen dem Grundherrn und der Gemeinde einnahm, glänzte so mancher Großbauer.

Die Aufgabe des alten Fronhofsystems zu Gunsten der Pachtwirtschaft stärkte die bäuerliche Initiative. Zwar war man immer noch diversen Grund-, Gerichts-, Vogtei- oder Landesherren gegenüber abgabepflichtig, doch die Umwandlung der Frondienste und Abgaben in fixe Geldbeträge erleichterte das eigenständige Wirtschaften. Endlich waren die Bauern Herr ihrer eigenen Zeit, und wer schnell und effektiv arbeitete, konnte seine Überschüsse auf dem nächstgelegenen städtischen Markt gewinnbringend losschlagen. Die Aussicht auf Gewinn beflügelte die Innovationsfreude der Bauern. Allmählich ging man von der Zweifelder- zur Dreifelderwirtschaft über, was bedeutete, dass man die landwirtschaftlichen Flächen in drei Teile schied und jeweils im Wechsel mit Winter- und Sommergetreide bepflanzte und im dritten Jahr als Brache und Viehweide nutzte. Das ließ den Böden einerseits mehr Zeit zur Erholung und steigerte andererseits den Ertrag, da immer zwei Drittel der Ackerfläche bebaut und als Winter- bzw. Sommergetreide abgeerntet wurden. So konnten schlechte Ernteerträge beim Wintergetreide durch die Sommersaat ausgeglichen werden und umgekehrt. Das Düngen mit Viehmist wirkte sich ebenfalls ertragssteigernd aus. Finanzstarke Bauern stellten die Bodenbearbeitung schon bald auf Hightech um. Schwere Pflüge aus Eisen lösten den alten und wenig wirkungsvollen Hakenpflug im Laufe des Hochmittelalters ab. Der Schollenpflug lief auf Rädern und besaß eine asymmetrische Pflugschar, die den Boden nicht mehr bloß aufritzte, sondern buchstäblich umwälzte, wodurch die schweren Böden

Mittel- und Nordeuropas tiefer als bisher durchschnitten und aufgelockert werden konnten. Mit der neuen Egge, die nach dem Pflügen zum Einsatz kam, glättete und zerkleinerte man die Schollen und riss das Unkraut heraus. Leistungsorientierte Bauern begann der gemächliche Trott der Ochsen, die man vor den Pflug spannte, allmählich zu nerven. Sie gingen seit dem 11. Jahrhundert dazu über, Pferde als Zugtiere zu verwenden, die wesentlich schneller und ausdauernder arbeiteten. Dazu bedurfte es allerdings einiger Neuerungen wie der Einführung eines neuen Zuggeschirrs, des „Kummets", das die Zuglast gegenüber den alten Anspanngeschirren besser auf die Schultern des Tieres verteilte und dadurch deren Leistungsfähigkeit steigerte. Auch das Verwenden von Hufeisen seit der Jahrtausendwende erleichterte den Pferden das Gehen auf den schweren Böden und steigerte die Produktivität. Um die nun höheren Erträge effektiver verarbeiten zu können, bediente man sich neuer Erntegeräte wie der Sense, die einen raschen Schnitt der Ähren erlaubte, und des Dreschflegels, der die Ähren mit großer Wucht und viel wirkungsvoller als die zuvor benutzten Äste oder Hölzer entkörnte. Mit nun erstmals vierrädrigen Karren konnten Getreidegarben und Heu in großen Massen bewegt werden, und mit der Schubkarre war ein vielseitig einsetzbares Transportmittel für kleinere Lasten erfunden worden.

Innovationsfreudige und fleißige Bauern waren im Hochmittelalter durchaus in der Lage, sich einen bescheidenen Wohlstand zu erwirtschaften. Zwar blieb die Abgabenlast an die geistlichen und weltlichen Grundherren hoch, zwar drohten immer noch Hagel und Gewitter die Ernten zu vernichten, doch wenn sich in guten Jahren Scheune und Speicher füllten, dann ließ es sich auch auf dem Land recht gut leben. Und zu feiern verstand die Landbevölkerung allemal! Auf Hochzeiten, Kirchweihfesten, Taufen oder Heiligenfesten ging es immer hoch her, man schlug sich die Bäuche mit allerlei Leckereien voll, tanzte und spaßte, was das Zeug hielt. Gelegenheiten dazu gab es reichlich – im 13. Jahrhundert etwa verfügte Papst Gregor IX., dass das Jahr 85 arbeitsfreie Tage haben sollte. Die wirkliche Anzahl freier Tage lag vermutlich noch höher, wenn man lokale Feste oder Feiern im Laufe des Bauernjahres wie Maianfang, Sommersonnenwende oder Erntedank dazurechnete. Dann wurde gehörig geschlemmt und getrunken, üppig Fleisch und Speck aufgetragen, Eier, Käse und Gemüse wurden im Überfluss verzehrt. Die Völlerei der Bauern wurde bald sprichwörtlich und rief bei Theologen und Moralisten einen gewissen Argwohn hervor. „Es ist beklagenswert, wie viele Bauern der ewigen Verdammnis anfallen werden, und das vor allem durch vier Dinge: Durch ihre Trägheit (…), durch die Ungerechtigkeit (…), durch Meineid (…) und durch Trunksucht", heißt es in einer Franziskanerpredigt aus dem 13. Jahrhundert. Je wohlhabender mancher Bauer wurde, desto stärker trafen ihn Spott und Neid der „besseren Kreise". Insbesondere der Ritterstand achtete darauf, dass der Abstand zu den reichen Bauern nicht allzu gering ausfiel. Mit deftigen Worten lästerte man über die „tumben Bauerntölpel" ab, die nichts als dumm, faul, gefräßig und ungehobelt seien. „Seht, welch Getümmel und welch Mühe erhob sich da um Kraut und Brühe, dass solch Eifer und solch Jagen ihr nie saht in euren Tagen!", reimte ironisch der satirische Dichter Heinrich Wittenwiler Ende des 14. Jahrhunderts über den Sturm aufs Büffet während einer Bauernhochzeit. Und er setzte noch eins darauf: „Jeder soff, weil ihn die Kehle kratzte, so mächtig, dass ihm der Gürtel platzte!". Deswegen warnte der Bamberger Dichter Hugo von Trimberg mit erhobenem Zeigefinger: „Eines Bauern großes Gut bringt ihn leicht zum Übermut!". Im Spätmittelalter – unter dem Eindruck einer tiefgreifenden Agrarkrise, bei der auch der Landadel verarmte – verfestigte sich das Bild vom bäuerischen Grobian, sodass der Bauernstand regelrecht in Verruf geriet. Um die wohlhabenden Bauern an ihren niederen Stand zu erinnern, ging man seit dem 12./13. Jahrhundert dazu über, mit Hilfe von Kleiderordnungen den sozialen Abstand zu wahren und sinnfällig zum Ausdruck zu bringen. Die zunehmend farbenprächtigere Kleidung der Bauern, die dem Modegeschmack der Oberschicht nacheiferte, wurde verboten und auf schwarze und graue Tuche beschränkt. Der Ritter Neidhart von Reuental übte im 13. Jahrhundert heftige Kritik an der Putzsucht der Bauern.

Vom Tellerwäscher zum Millionär – diesen Traum hegten schon die Menschen des Mittelalters, als Amerika noch gar nicht entdeckt war. Und manche schafften es tatsächlich, sich diesen Traum zu erfüllen. Die besten Startchancen dazu hatten natürlich die Großbauern, die sich von der bäuerlichen Unterschicht der Landarbeiter, Kleinbauern und der Habenichtse, die ohne ausreichende Landausstattung am Rand des Existenzminimums lebten, abhoben. Sie dominierten den Dorfalltag, indem sie im Namen des Grundherrn hoheitliche Funktionen wahrnahmen. Einer dieser reichen Bauern, so der aus dem niedersächsischen Dorf Wobeck stammende Konrad Advocati, dessen Besitz weit über die Normalausstattung seiner Mitbewohner hinausging, konnte es da sogar schon wagen, die eigenen Standesschranken hinter sich zu lassen. Konrads Tochter heiratete im 14. Jahrhundert den Angehörigen eines niederadligen Rittergeschlechts.

Der treue Dienst an einem Herrn lohnte sich für die Betroffenen in der Regel allemal. Dabei war es egal, ob man für einen geistlichen oder weltlichen Herrn arbeitete. Persönlich unfreie Dienstleute übernahmen zuweilen als Kastellane auf den Burgen der adligen Grundherren recht verantwortungsvolle Tätigkeiten. Sie kümmerten sich um die Besatzung und ihre Versorgung, verwalteten die Güter des Eigentümers, kontrollierten die pünktliche Bezahlung der Abgabenlast und leisteten Waffendienst. Ihr herausgehobenes Aufgabenfeld setzte ein besonderes Treueverhältnis zu ihrem Herrn voraus. Die Ministerialen, so nannte man diese Leute, mussten absolut zuverlässig, geschickt und tüchtig sein. Ehrgeizig und rührig bastelten sie an ihrem sozialen Aufstieg. Dabei lebten sie durchaus bescheiden, nicht viel besser als ein Bauer oder einfacher Städter. Zum Dank für ihre langjährige Tätigkeit erhielten sie von ihrem Dienstherrn häufig die persönliche Freiheit und ein eigenes Lehen, sodass sie selbst in den niederen Adel aufstiegen. Der Ritterstand, der sich erst im Laufe des 13. Jahrhunderts gegenüber Emporkömmlingen aus dem Bürgertum und der Landbevölkerung abschloss und zum Adelsstand gerechnet wurde, speiste sich zu einem erheblichen Teil aus diesen ursprünglich unfreien Ministerialen. Gute Aussichten auf Erfolg hatten auch jene Dienstmannen, die einem geistlichen Herrn zur Hand gingen. Insbesondere der Dienst bei einem Bischof, der in der Regel auch Stadtherr war, zahlte sich aus. Die Herrschaft über eine Stadt und ein ganzes Bistum bedeutete viel Verwaltungskram, und dafür wurden jede Menge gut ausgebildete und fleißige Fachleute gebraucht. Die Ministerialen einer Bischofsstadt übten im Auftrag ihres Herrn die Gerichtsbarkeit aus, sorgten sich um die Instandhaltung der Stadtbefestigung, kontrollierten den städtischen Markt, wachten mit Argusaugen über Münze und Zoll. Im Zuge der kommunalen Bewegung, durch die die Städte sich immer stärker von ihren Stadtherren emanzipierten und hoheitliche Rechte erkämpften, wechselten die Ministerialen aber immer häufiger die Seiten und stellten sich in den Dienst der nach Unabhängigkeit strebenden Bürgergemeinden. In Trier und Mainz waren Ministerialen im 12. Jahrhundert an Aufständen gegen die eigenen Erzbischöfe beteiligt, auch aus Leipzig, Magdeburg und Halberstadt mehrten sich die Nachrichten von unbotmäßigen Ministerialen. War die Herrschaft des Stadtherrn erst einmal abgeschüttelt oder doch zumindest eingeschränkt, fanden sich die Ministerialen als Mitglieder des Rates oder eines Schöffenkollegiums auf Seiten der städtischen Führungsschicht wieder. Der Aufstieg ins Patriziat war damit geebnet, aus den unfreien Dienstleuten wurden geachtete und ehrbare Ratsherren.

Insbesondere die Städte bildeten den besten Nährboden für tüchtige Emporkömmlinge vom Land. Immer mehr Bauernsöhne wanderten im Mittelalter in die rasch wachsenden und wirtschaftlich expandierenden Städte, um dort als Handwerker oder Krämer ihr Glück zu suchen. Denn mit der Ausweitung des Handels, einer immer differenzierter werdenden Arbeitsteilung und einer breiten Nachfrage nach Qualitäts- und Luxuswaren boten die Städte neue Verdienstmöglichkeiten. Am Beispiel der Fugger lässt sich der Aufstieg einer Familie recht deutlich ablesen. Im Jahre 1367 zog ein Glück suchender Landweber namens Hans Fugger aus dem kleinen Dorf Graben auf dem Lechfeld in die schwäbische Reichsstadt Augsburg. Er begann mit einem schmalen Startkapital von 22 Pfund und arbeitete zunächst als kleiner Weber, doch bis zu seinem Lebensende hatte er sein bescheidenes Anfangskapital auf 2000 Gulden erhöht, ein Haus gekauft, in die Weberzunft eingeheiratet und damit den Grundstock für eine sagenhafte Familienkarriere gelegt. Innerhalb von nur drei Generationen schafften die Fugger den Sprung zu den reichsten und einflussreichsten Großkaufleuten und Bankiers des Reiches. Hans` Enkel Jakob Fugger, genannt „der Reiche", finanzierte mit seinen Geldgeschäften sogar die Kaiserwahl Karls V. und stieg zum kaiserlichen Rat und Reichsgrafen auf. Solche Karrieren waren nicht untypisch in den großen Städten. Vom Handwerker zum Kaufmann, vom Kaufmann zum Ratsherrn, vom Ratsstand ins Patriziat – auf dieser Stufenleiter verlief so manche Familiengeschichte. Wer das flache Land einmal hinter sich gelassen und sich in der Stadt erfolgreich eingeführt hatte, der fand zumeist bessere Lebensbedingungen als in seiner angestammten Bauernkate. Mit etwas Vermögen in der Tasche ließ sich ein Haus aus Stein erwerben, dessen Zimmer den Komfort einer Heizung aufwiesen, und über die städtischen Märkte konnte man ein reiches Warenangebot beziehen, das Luxusgüter wie Gewürze und kostbare Textilien einschloss. Und was den Informations- und Kommunikationssektor betraf, war die Stadt ohnehin unübertroffen. Von den weitgereisten Fernkaufleuten erfuhr man die neuesten Nachrichten aus dem Ausland, man war rechtzeitig über Kriegsgefahr und Seuchen unterrichtet und konnte in den Markthallen internationale Beziehungen knüpfen. In der Stadt war man einfach näher am Puls der Zeit. Vor allem konnte der Städter auch auf ein größeres Bildungsangebot in Form von Bischofs- und Kathedralschulen oder, falls er sich in eine europäische Universitätsstadt begab, auf eine der hochgeschätzten Universitäten zurückgreifen. Und das war für den sozialen Aufstieg schon damals von größtem Nutzen.

Gebildete Leute hatten vor allem in den Reihen der Kirche, später auch in den immer komplexer werdenden Stadtverwaltungen und an den weltlichen Höfen als Juristen, Notare und Archivare gute Karrierechancen. Deswegen gaben Bürger wie Bauern ihre Kinder gern frühzeitig in die Obhut geistlicher Institutionen, um sie dort ausbilden zu lassen. Ein gelehrter Mann einfacher Abkunft konnte es bis zum Theologen und Hochschullehrer bringen oder in den Reihen der Weltkirche wie eines Ordens aufsteigen. So war der einflussreiche Abt Suger von Saint-Denis (geb. um 1081) in Frankreich der Sohn eines Leibeigenen. Papst Urban IV. (gewählt 1261) entstammte einer französischen Schuhmacherfamilie. Der deutsche Philosoph und Theologe Nikolaus von Kues (geb. 1401) stieg zum Kardinal und Fürstbischof von Brixen auf, obwohl er nur der Sohn eines Moselschiffers war. Es gab Fälle, in denen es einfache Priester stadtbürgerlicher Herkunft zum Bischof brachten oder Mönche aus bäuerlichen Familien auf den Abtstuhl gelangten. Diese Art von Karrieren empfand der Adel jedoch nicht als Konkurrenz, da ihm die Pforten der Kirche ebenso offen standen wie allen anderen Bevölkerungsgruppen und der hohe Klerus sich ohnehin vorzugsweise aus den Reihen des Adels rekrutierte. Neidgefühle gegenüber reichen Emporkömmlingen aus dem bäuerlichen oder bürgerlichen Milieu kamen erst auf, als sich die Lebensbedingungen der niederen Adelsgeschlechter im Spätmittelalter stetig verschlechterten. Die Pest hatte seit der Mitte des 14. Jahrhunderts ihren Todeszug durch Europa angetreten und für einen drastischen Bevölkerungsrückgang gesorgt. Ganze Landstriche verödeten, zahlreiche Dörfer starben völlig aus und wurden aufgegeben. Die nachlassende Nachfrage nach Agrarprodukten bewirkte einen Preisverfall, wodurch die Einnahmen nicht nur der Bauern, sondern auch der Grundherren rapide zurückgingen. Zwischen 1375 und 1450 sanken die Getreidepreise um mehr als die Hälfte – und das bei gleichzeitigem Lohnanstieg für die knapper werdenden Arbeitskräfte! Immer mehr Grundherren – betroffen waren vor allem die einfacheren Ritter – konnten ihren Lebensstandard nicht mehr weiterpflegen und sanken auf bäuerliches Niveau herab. Da der Geldwert wegen des immer geringeren Edelmetallgehaltes der Münzen auch noch sank, blieb manchen Grundherren kaum mehr das Nötigste zum Leben. Der „arme Ritter" gehörte bald zum gewohnten Erscheinungsbild des Spätmittelalters. Den zwischen Preisverfall, Inflation und Lohnkostensteigerung in die Klemme geratenen Rittern fiel nichts anderes ein, als gegen die „Pfeffersäcke" in den Städten und gegen die dörfliche Oberschicht, so weit noch vorhanden, mobil zu machen. Sie plünderten Kaufmannszüge auf den Straßen aus, beschlagnahmten widerrechtlich Handelsgüter und belasteten ihre verbliebenen Bauern mit unanständig hohen Forderungen. Dadurch nahmen die sozialen Spannungen gehörig zu und entluden sich nur wenig später in den Bauernkriegen und in der Reformation. Die relativ stabile Phase des Hochmittelalters war damit vorüber. Doch eine Botschaft nahm man für die kommenden Jahrhunderte mit auf den Weg: Risikobereitschaft, Innovationsfreude und Fleiß zahlten sich aus. Der „amerikanische Traum" vom sozialen Aufstieg war eigentlich ein zutiefst europäischer.

IRRTUM 4:

Ritter waren edel und gut

So kennt man und so liebt man sie: Hoch zu Ross, den Leib in schimmerndes Eisen gehüllt, die bunte Helmzier auf dem Kopf und den prunkvollen Wappenschild in der Hand – eine wahrhaft sinnliche Verkörperung von Macht und militärischer Stärke, von Wagemut und Heldentum. Die auf Hochglanz polierten Ritter des Mittelalters boten einen faszinierenden Anblick und beflügelten damit noch die Fantasie der Nachwelt kräftig. Kein Stand hat das Bild der Epoche so nachhaltig geprägt wie sie. Unter „ritterlich" versteht man bis heute ein anständiges, ehrbares Auftreten und unter „höflich" die Beherrschung guter Umgangsformen. Doch der Glanz der Rüstungen und Waffen überstrahlte so manchen dunklen Fleck in der Geschichte des Rittertums, und bei genauer Betrachtung lassen sich gar Ansätze von Rost ausmachen. Denn die Berufskrieger des Mittelalters waren hartgesottene Burschen, deren Handwerk Tod und Elend über das Land brachte. Sie selbst fristeten ein risikoreiches und zumeist recht kurzes Leben, und je mehr sie im Spätmittelalter an militärischer Bedeutung verloren, umso mehr fielen sie aus ihrer gesellschaftlichen Rolle.

Vornehm ging es bei den alten Rittersleut schon allein deshalb nicht zu, weil die meisten von ihnen Aufsteiger von ganz unten waren. Dies hing mit der Ausbildung des Lehnswesens und dem Aufbau eines Reiterheeres seit dem Frühmittelalter zusammen. Die Ritterschaft verdankte nämlich ihre Entstehung als erste „Berufsarmee" Europas den militärischen Notwendigkeiten des 9. Jahrhunderts. Dem Ansturm der wilden Wikinger-, Normannen- und Ungarnscharen hatten sich nur mobile Reitereinheiten gewachsen gezeigt, während die zu Fuß kämpfenden einfachen Bauerntrupps alten Zuschnitts schmählich versagten. Die Umstellung auf ein Reiterheer war allerdings eine kostspielige Angelegenheit, denn Schlachtpferde, Rüstung und Waffen mussten angeschafft und dauerhaft unterhalten werden. Das konnte nicht jedermann leisten. Die Entstehung der schweren Panzerreiterei ging daher mit dem Aufbau des Lehnswesens Hand in Hand. Reichere Grundbesitzer und Adlige übertrugen ihren bewaffneten Gefolgsleuten ein Stück Land, ein Lehen, für ihren Lebensunterhalt. Dafür waren diese zu besonderer Treue und zum Militärdienst an ihrem Herrn verpflichtet. An der Spitze dieser Lehnspyramide stand der König als oberster Lehnsherr, dann folgten weltliche und geistliche Großvasallen, die ihrerseits wieder Lehen vergaben bis hinunter zur breiten Schicht der Ministerialen. Ritter zu sein bedeutete daher nicht zwangsläufig von Adel zu sein, da eben auch unfreie Dienstleute in den Genuss eines Lehens kommen konnten. Die neue Krieger-Elite, für die erst im 12. Jahrhundert vermehrt der Begriff „Ritter" aufkam, umfasste dementsprechend den hochwohlgeborenen Fürsten wie den einfachen Haudegen. Diese bunt zusammengewürfelte Schar besaß noch kein rechtes Standesbewusstsein. Die meisten der neuen Herren führten auf ihren Höfen und Burgen ein recht bescheidenes Leben, das sich gar nicht sonderlich von ihrer bäuerlichen Umwelt abhob. Erst mit dem 13. Jahrhundert grenzte sich der Ritterstand sozial nach unten hin ab und rechnete sich zum niederen Adel. Die höfische Kultur, die an den größeren Fürstenhöfen um diese Zeit gepflegt wurde, sollte den Abstand zum übrigen Volk unterstreichen.

Als Spezialisten des Krieges durften die Ritter nicht zimperlich sein. Sie bildeten die Elite des Heeres und blieben es unbestritten bis zum Ausgang des Mittelalters. Alles an ihnen war von frühester Jugend an auf die Ausübung von Gewalt hin getrimmt. Ungefähr mit dem 10. Lebensjahr kamen die Söhne der Lehnsmänner an einen befreundeten Hof zur Erziehung, um sich erstmals im Umgang mit Waffen zu üben oder als Waffenträger zu fungieren. Mit ungefähr 14 Jahren dienten sie einem Ritter als Knappen und mussten als solcher notfalls bereits mit in eine Schlacht ziehen. Wenn der Junge im Reiten geschickt war und mit Schwert und Lanze umzugehen verstand, konnte er einige Jahre später, etwa zwischen dem 15. und 20. Lebensjahr, zum Ritter geschlagen werden. Ein besonderes Zeremoniell – zunächst die Schwertleite, das feierliche Umgürten mit dem Schwert, seit dem 14. Jahrhundert der Ritterschlag mit der flachen Klinge des Schwertes auf Nacken oder Schulter – besiegelte die Aufnahme des jungen Mannes in den Kreis der waffenfähigen Männer.

Das Kampftraining war hart und forderte die volle physische Belastbarkeit des jungen Kriegers. Allein das Tragen der schweren Ritterrüstungen bedeutete einen kleinen Kraftakt. Bis zum 12. Jahrhundert bestand die Rüstung aus einem knielangen Kettenhemd mit Kapuze, über der man einen Helm mit Nasenschutz trug. Der Kampf Mann gegen Mann erforderte jedoch bald einen besseren Schutz, und so wandelte sich die Rüstung im Laufe der Zeit zu einer vollen Montur aus Eisen bis hinunter zu den Füßen. Als Kopfschutz setzte man sich topfförmige Helme mit nur kleinen Sehschlitzen, später aufwändige, aber umso schwerere Visierhelme auf das Haupt. Eine Rüstung konnte so leicht ein Gewicht von 25 bis 38 Kilo erreichen. Mit diesem Ballast am Körper zog der Ritter in den Kampf. Kein Wunder, wenn ihm im Kampfgetümmel oder bei hohen Sommertemperaturen der Herzschlag oder der Erstickungstod unter seinem schweren Helm drohte. Kam es zum Kampf auf dem Schlachtfeld, spürte man von der vielbesungenen „Ritterlichkeit" wenig. Die „edlen" Ritter kannten nämlich keine Schlachttaktik, sondern rasten zu Pferd und mit der Lanze im Anschlag in vollem Galopp einfach aufeinander zu, nach dem bewährten Motto „Erst dreinschlagen, dann weitersehen". Das Legen von Hinterhalten oder das Zurückhalten von Reserven galten dagegen als höchst unsportlich. In der Regel mündeten die großen Ritterschlachten daher allesamt in ein wüstes Abschlachten. Die bis zu fünf Meter langen Lanzen entwickelten eine gewaltige Stoßkraft und richteten fürchterliche Verwundungen an. War der Ritter erst einmal von seinem Ross gefallen wie ein Apfel vom Baum, hatte er kaum eine Chance, alleine wieder auf die Beine zu kommen. Dann erwartete ihn ein unrühmliches Ende. Anstelle eines klassischen Zweikampfs von Ritter zu Ritter traf ihn die Hand eines wenig zartfühlenden Trossknechts oder Fußsoldaten, der ihm mit einem Schnitt durch die Kehle oder durch einen gezielten Mes-

serstich in die Augenschlitze des Helms den Garaus machte. Oder er
wurde einfach mit Keulen erschlagen, wie dies dem jungen deutschen König Wilhelm von Holland 1256 geschah, nachdem er im
Kampf gegen die Friesen mit seinem Pferd im Wintereis eingebro-
chen war. Die kostbare Rüstung nahm in der Regel der Sieger an
sich, sodass der Gefallene ausgeraubt und nackt auf dem Schlachtfeld zurückblieb. Gefangene wurden nur gemacht, wenn der Rang
des Ritters ein fettes Lösegeld versprach. Das Gros der getöteten
Kämpen landete dagegen in einem rasch ausgehobenen schnöden
Massengrab.

Da den Rittern auf den Schlachtfeldern also nicht unbedingt der
Heldentod winkte, nahmen sie jede Gelegenheit wahr, große Schlachten zu vermeiden und sich mit einer Taktik der verbrannten Erde an
ihren Feinden schadlos zu halten. Da wurden Dörfer niedergebrannt,
Äcker verwüstet, Städte belagert und gebrandschatzt. Eine beliebte
Methode war das Belagern gegnerischer Burgen bis zum Aushun-
gern. Das sparte Kräfte und führte gleichfalls zum Ziel. Die Kirche
versuchte vergeblich, dieses wüsten Treibens Herr zu werden. Seit
dem 11. Jahrhundert breitete sich von Südfrankreich her die Gottesfriedensbewegung aus, welche das Fehdewesen und die schlimmsten
Gewaltexzesse, unter denen besonders das einfache Volk zu leiden
hatte, zu begrenzen suchte. Allerdings mit wenig Erfolg. Die häufigen Kriegszüge der Könige und Kaiser und die ständigen Fehden des
Adels sorgten für ein anhaltendes Gewaltpotenzial in der Gesellschaft. Nur allmählich setzte eine Verchristlichung des Rittertums
ein. „Zu welchem Zweck ist das Rittertum geschaffen? Die Kirche zu
schützen, den Unglauben zu bekämpfen, das Priestertum zu ehren,
die Armen vor Unrecht zu schützen, das Land zu befrieden, das eigene Blut zu opfern, und, wenn nötig, das Leben hinzugeben für die
Brüder", gab Johannes von Salisbury im 12. Jahrhundert den Rittern
als Handlungsanweisung mit auf den Weg. Er wollte die Ritterschaft
damit in den Dienst der Kirche einbinden und zur Beachtung christlicher Wertvorstellungen anhalten. Die kirchlichen Appelle führten
dazu, dass sich allmählich ein ritterlicher Verhaltenskodex herausbil-
dete, zu dem der Schutz der Armen und Wehrlosen, der Witwen und

Waisen, die Wiederherstellung von Recht und Ordnung und natürlich der Schutz und die Verteidigung des Glaubens zählten. Soweit die Theorie – die Praxis indes sah anders aus. In einer Zeit, die es gewohnt war, das Recht mit der Faust zu suchen, nahmen Häufigkeit und Brutalität des Kriegsgeschehens auch durch den Einfluss der Kirche nicht ab. Im Gegenteil: Dort, wo Heiden oder „Ungläubige" die Gegner waren, ließ sich nun umso ungenierter wüten. Ob die Pruzzen im Osten, die Mauren in Spanien, die Muslime im Vorderen Orient oder die Ketzer im eigenen Land – der Ritter durfte sicher sein, im Dreinschlagen ein gottgefälliges Werk zu verrichten. Und wie es seinem Naturell entsprach, legte er sich dabei keinerlei Zügel an.

Die Gewalt gehörte zum Alltag, doch zuweilen litten auch die Gewaltausübenden selbst unter ihr. Das Kriegerdasein bedeutete für die Ritter eine schwere Belastung. Die ständigen Kriege und Fehden führten sie oft wochen- und monatelang in die Fremde, in der ein ungewisses Schicksal auf sie wartete. Viele kehrten verwundet in die Heimat zurück, und so manche Verletzung vernarbte überhaupt nie. Knochenbrüche konnte die mittelalterliche Heilkunst noch kurieren, bei inneren Verletzungen dagegen versagte die ärztliche Kunst. Wundbrand endete häufig tödlich. Die Lebenserwartung eines Durchschnitts-Ritters lag daher nicht besonders hoch – wer das 40. Lebensjahr erreichte, musste schon sehr zufrieden sein. Aber selbst mitten im Frieden am heimischen Herd wartete nicht das uneingeschränkte Glück auf ihn. Abgesehen davon, dass die Wohnverhältnisse in einer Burg von räumlicher Enge, Feuchtigkeit und Kälte geprägt waren, mühte sich der Hausherr mit der Verwaltung seiner Güter und der Instandhaltung der Verteidigungsanlagen ab. Wer kein allzu großes Lehen besaß, lebte nicht gerade im Überfluss. Haushalten und Sparen waren auch für einen Rittersmann keine Fremdwörter. Umso schwerer wogen die zum Teil erheblichen Ausgaben für Repräsentation, zum Beispiel die üppige Bewirtung von Gästen und die Teilnahme an Turnieren. Gerade Turniere gehörten zum gesellschaftlichen Pflichtprogramm eines Ritters. Die Kampf- und Reiterspiele dienten zwar ursprünglich der militärischen Ertüchtigung, waren aber gleichzeitig wichtige gesellschaftliche Ereignisse, die im Rahmen bestimmter Feierlichkeiten –

Hochzeiten, Hoftage oder Ritterweihen – stattfanden. Eines der größten Feste dieser Art veranstaltete Kaiser Friedrich I. Barbarossa zu Pfingsten 1184 auf der Maaraue bei Mainz anlässlich der Schwertleite seiner Söhne Heinrich und Friedrich. Eine ganze Zeltstadt und Gebäude aus Holz hatte man für das gewaltige Spektakel errichtet, zu dem über siebzig Reichsfürsten mit ihrem Gefolge und mehrere Tausend Ritter erschienen. Das geplante Turnier fiel wegen eines heftigen Sturms zwar aus, doch so mancher Ritter dürfte darüber gar nicht so traurig gewesen sein. Denn ein Turnier barg immer das Risiko ernsthafter Verletzungen, wenn nicht gar des Todes.

Der übliche „Tjost" führte zwei vollbewaffnete Männer hoch zu Ross mit der Lanze unter dem Arm zum Zweikampf in die Arena. Die Lanzenkämpfer ritten in vollem Galopp aufeinander zu und versuchten sich mit einem gezielten Stoß aus dem Sattel zu heben – ein gewagtes Spiel mit offenem Ausgang. Als Gruppenkampf nannte man den „Tjost" einen „Turnei". Hier ging es im Getümmel erst recht hoch her, denn die kämpfenden Gruppen sprengten geschlossen aufeinander zu, um möglichst viele Gegner aus dem Sattel zu heben. Da splitterten die Lanzen, da flogen die Leiber, da stürzten die Pferde, da erhoben sich die Schmerzensrufe. Wer im Sattel blieb, musste rasch wenden und erneut auf Angriff reiten und darauf achten, dass er dabei ja nicht von einem gegnerischen Kämpfer gefangen genommen wurde. Wenn gar nichts mehr ging und die Gruppen völlig aufgelöst waren, stiegen die Ritter von den Pferden herab und kämpften mit dem Schwert weiter.

Nur wenig zivilisierter nahm sich der „Buhurt" aus, ein Massenkampf zwischen zwei Parteien, bei dem es zwar mehr um Reitergeschicklichkeit ging, der aber trotzdem meist in einem wilden Chaos aus Staub, Pferdeleibern und gestürzten Rittern endete. Im Laufe der Zeit stumpfte man die Turnierwaffen ab, doch das Verletzungsrisiko blieb nach wie vor hoch. 1175 zählte man in Sachsen 16 tote Turnierteilnehmer, 1240 kamen in Köln gar 40 Ritter und Knappen ums Leben. Selbst hochwohlgeborene Fürsten wie Graf Gottfried von der Bretagne (gest. 1186) oder Herzog Leopold von Österreich (gest. 1196) starben an den Folgen von Turnierverletzungen. Als einen der letzten traf dieses Schicksal den französischen König Heinrich II. im Jahr 1559, als ihm der splitternde Schaft einer gegnerischen Lanze durch das Visier ins Auge drang. Er starb nach mehrtägigem, qualvollem Todeskampf. Zur Lebensgefahr trat zusätzlich noch der finanzielle Schaden, denn wer im Kampfgetümmel vom Pferd fiel, musste Pferd, Rüstung und Waffen dem Sieger übergeben und zuweilen noch ein üppiges Lösegeld drauflegen. Erfolgreiche Ritter zogen gar von Turnier zu Turnier, um ihren Lebensunterhalt mit den erbeuteten Trophäen aufzubessern. Die Kirche verbot 1130 das riskante Spektakel, doch vergebens. Die Faszination, die von den Kampfspielen ausging, blieb ungebrochen. „Als die Ritter auf dem Felde waren, bot das einen herrlichen Anblick: Man sah die reichen, lichten Banner, die Speere nach dem Wunsch der Ritter verschieden bemalt, die Helme prächtig geschmückt. Die leuchtenden Farben der Rüstungen wetteiferten mit der Sonne", schrieb begeistert Ulrich von Lichtenstein über ein Turnier in Friesach 1224. „Man gab den Rossen die Sporen, zu kräftigem Stoß sprengten die Ritter aufeinander los, Mann und Ross sah man stürzen. Mächtig krachten die Speere, heftig stießen die Schilde aneinander, davon schwollen die Knie. Beulen und Wunden von den Speeren gab es genug." Im Spätmittelalter, als die Turniere ihren militärischen Sinn und Zweck schon längst verloren hatten, mutierten die Veranstaltungen zu einem reinen Schaulaufen des Hochadels. Turnierordnungen grenzten den Teilnehmerkreis auf die vornehmen Rittergeschlechter ein.

Im Gegensatz zur rauen Wirklichkeit wirkt das höfische Idealbild des Ritters, das in der hochmittelalterlichen Epik vielfach besungen und gefeiert wurde, wie ein Traumgebilde. Ausgehend von den französischen Artus-Dichtungen des 12. Jahrhunderts verbreitete sich in ganz Europa ein neues, stark verfeinertes Kulturverständnis. Der sagenhafte König Artus, der seine historischen Vorbilder im keltisch geprägten Britannien des 5./6. Jahrhunderts hatte, galt als der Inbegriff des gerechten, Frieden stiftenden und milden Königs. Die Ritter seiner Tafelrunde, allen voran die edlen Recken Erec, Lancelot, Parzival, Galahad, Tristan und Gawain, bestanden in der Dichtung nicht nur eine Menge Abenteuer, kämpften gegen Ungeheuer und Böse-

wichte, retteten in Not geratene Jungfrauen oder erlösten verwun-
schene Burgen von ihrem Zauber, ihr Tun diente immer auch einem
höheren Zweck. In den höchsten Tönen feierte man die ritterlichen
Tugenden der Ehre, Treue, Milde, Güte, Zucht und der maßvollen
Zurückhaltung, jedes bestandene Abenteuer präsentierte sich als ein
Weg zur Selbstfindung und zur Selbstvervollkommnung. Die Suche
nach dem heiligen Gral und den Grundwerten des Christentums versprach schließlich die letzte Erlösung und Vollendung menschlichen
Daseins. In dieser schwärmerischen Welt der Riesen, Zauberer, Feen
und Jungfrauen fand die gewaltbereite Kriegerelite des Hochmittelalters ihr Wunschbild. Wie die Ritter der Tafelrunde wollten sie alle
sein: Immer im Einsatz für das Gute und Edle, zu jedem Abenteuer
bereit, die Frauen und die Schwachen schützend. Eine Art James-
Bond-Version des Hochmittelalters. Diese Idealwelt ahmte die höfische Kultur nach. Sich „höfisch" benehmen hieß: Bei Tisch Zurückhaltung wahren, Frauen mit vollendeten Umgangsformen begegnen,
im Kampf die Fairness wahren und in allen Lebenslagen maßvoll und
großzügig reagieren. Selbst der derbste Haudegen musste nun ein
gewisses Maß an Benimm erlernen, wollte er bei Hof nicht durchfal-
len und zum Gespött der Frauen werden. Ein paar Brocken Französisch zu beherrschen war angebracht, auch mal das Tanzbein zu
schwingen nicht verkehrt und hin und wieder seine Holde mit einem
kleinen Gedicht zu überraschen mit Sicherheit von Vorteil. Die uner-
füllte, platonische Liebe zu einer verheirateten, sozial höher stehenden Frau galt als höchstes Ideal, das im Minnesang in schmachten-
den Versen vielfach verklärt wurde. Die Übernahme französischer
Sitten und Moden und die Freizeitgestaltung mit „friedlichen" Ver-
gnügungen wie Musik und Gesang führten tatsächlich zu einer gewissen Zivilisierung des gesellschaftlichen Lebens. Doch blieb das
auf die größeren Fürstenhöfe beschränkt, die allein in der Lage waren, ein umfangreiches Gefolge mit Spielleuten, Gauklern und Min-
nesängern zu unterhalten sowie Turniere und andere Festivitäten
für viele Gäste zu finanzieren. Die Masse der Ritter lebte nach wie
vor in einer rauen Umwelt und träumte allenfalls nachts von den
Helden der Artus-Sage.

Allem höfischen Glanz zum Trotz verschlechterten sich im Spätmittelalter die Rahmenbedingungen für die Ritterschaft zunehmend. Böse Nachrichten trafen im Laufe des 14. Jahrhunderts von den Schlachtfeldern Europas ein. Zu Beginn des Hundertjährigen Krieges zwischen Frankreich und England hatte ein französisches Ritterheer in der Schlacht von Crécy (1346) gegen die Langbogenschützen des englischen Heeres eine herbe Niederlage einstecken müssen. Der Pfeilhagel der Bogenschützen, die bis zu zwölf Pfeile pro Minute abfeuern konnten, war ihnen zum Verhängnis geworden.

Die französischen Ritter dagegen hatten die Langbogen als „Bauernwaffen" verschmäht, da diese nicht ihrem Idealbild vom Kampf Mann gegen Mann entsprachen. Auch in den großen Reiterschlachten von Poitiers (1356), Sempach (1386) oder Näfels (1388) zogen die eisenstrotzenden Elitekrieger gegenüber der neuen Waffentechnik den Kürzeren. Die neuen Langbogen mit einer Reichweite von etwa 200 Metern holte sie schon vom Sattel, ehe sie das Schlachtfeld erreicht hatten. Die schwer zu spannende, aber ständig weiter verbesserte Armbrust brachte es gar auf eine Reichweite von 400 Metern und durchbohrte mit ihrer Wucht selbst die dickste Ritterrüstung. Die neue Militärtechnik begann den schwer gepanzerten Ritter zu überholen, obwohl die Kirche die neuen Fernwaffen verdammte. Besonders bitter war zudem, dass die wirkungsvollste Neuerung von einem aufmüpfigen Bauernvölkchen aus den Schweizer Alpen stammte. Die Eidgenossen führten eine völlig neue Kampftechnik auf dem Kriegsschauplatz ein, indem sie mit Stangenwaffen ausgerüstete Fußtrupps in geschlossenen Karrees aufmarschieren ließen. Mit ihren langen Hellebarden bildeten die Schweizer einen Stachel-Block, der von den Rittern auf ihren Pferden kaum aufzubrechen war und diese schon aus einer gewissen Distanz heraus zu Boden holte. Seit ihrem überragenden Sieg gegen ein österreichisches Ritterheer 1315 bei Morgarten waren die schlagkräftigen Schweizer hoch angesehen und verbreiteten als Söldner diese Kampfmethode, auf die bald kein Fürst mehr verzichten wollte, in ganz Europa. Selbst ein so romantisch veranlagter Kaiser wie Maximilian I. (geb. 1459), der sich selbst gern als „letzter Ritter" bezeichnete, engagierte lieber bezahlte Landsknechtsfähnlein anstelle der altehrwürdigen Panzerreiter. Die Ritterschaft machte die traurige Erfahrung, dass sie militärisch überholt war. Den letzten Rest gab ihr das Aufkommen der ersten Feuerwaffen. Seit im 13. Jahrhundert das Geheimnis des Schießpulvers von China nach Europa gelangt war, versuchten Waffenexperten allerorten aus dieser Mischung eine tödliche Kriegswaffe zu entwickeln. 1326 goss man in Florenz die ersten Metallgeschütze, und auch aus England trafen erste Nachrichten von einer Handfeuerwaffe ein. Auch wenn es noch eine Weile dauerte, bis diese Waffen zur vollen Einsatzreife gediehen, dämmerte den Rittern auf ihren Burgen doch, dass die Tage ihres militärischen Einsatzes gezählt waren. Zu allem Übel kam Mitte des 14. Jahrhunderts auch noch eine tiefgreifende Agrarkrise hinzu, ausgelöst durch die verheerenden Pestepidemien. Die Felder verödeten, die Agrarpreise sanken in den Keller, und die Ritter saßen vor leeren Speichern. Viele von ihnen reagierten so, wie sie es von Anfang an gelernt hatten: mit Gewalt.

Eine Landpartie zu machen war im Spätmittelalter nicht unbedingt ratsam. Denn eine Reihe finsterer Gesellen lauerte auf den Landstraßen und in der Nähe der Städte. Ihre Namen klangen dem Reisenden schauerlich in den Ohren: Thomas der Handabhacker, Mangold der Geißelschinder, Johann der Marktschiffschinder. Die Raubritter machten das Reisen für friedliche Bürger und Kaufleute zu einem Alptraum. Unter dem Vorwand des Fehderechts gingen sie auf Beutezug, verwüsteten ganze Dörfer oder Städte, plünderten und holten sich, was ihnen fehlte. So raubte Graf Otto von Tecklenburg 1364/65 von den bäuerlichen Untertanen seines Gegners sage und schreibe 227 Kühe, 1005 Schafe, 95 Pferde und 50 Schweine! Auch der Prignitzer Vogt Klaus Rohr missbrauchte 1365 seine Machtposition, um unter dem Vorwand des Fehderechts Dörfer niederzubrennen, Vieh zu rauben und die Fischteiche zu leeren. Selbst die Kirchenglocken in den Pfarrkirchen waren vor seinem Zugriff nicht sicher, was von der zeitgenössischen Chronistik als besondere Schandtat angeprangert wurde. Nicht weniger wild trieb es Dietrich von Quitzow in der Mark Brandenburg: Er legte Bauernhöfe, Scheunen und ganze Städte in Schutt und Asche, indem er seine Pfeilspitzen in eine klebrige Masse aus Apfel- und Quittensaft tauchte, dann mit Schwefel, Pech und Rosshaaren bestrich und als brennende Fackeln auf sein Ziel abschoss. 1406 eroberte Dietrich gemeinsam mit seinem Bruder Johann Stadt und Burg Köpenick und startete von diesem Hauptquartier aus seine Beutezüge gegen Berliner Bürger. Die Fehde mit der Stadt Berlin artete in einen regelrechten Kriegszug aus. Erst Burggraf Friedrich von Nürnberg aus dem Hause Hohenzollern, der 1411 von Kaiser Sigismund als Landesverweser der Mark Brandenburg eingesetzt wurde und später zum Kurfürsten aufstieg, stellte die Ordnung mit viel Mühe wieder her. Auch andernorts litten wohlhabende Städte unter räubernden, fehdeführenden Adligen, die Kaufmannszüge überfielen, die Waren raubten und satte Lösegelder für die Freilassung ihrer Gefangenen verlangten oder ungerechtfertigte Zölle und Durchgangsgelder einforderten. So lag auch das fränkische Adelsgeschlecht der Guttenberg immer wieder mit der Reichsstadt Nürnberg im Clinch. Mächtigen Städten gelang es, sich erfolgreich zu wehren und manchen Widersachern innerhalb ihrer Mauern sogar den Prozess zu machen. Zuweilen schlossen sich die Städte zu Städtebündnissen zusammen, um gegen die Rechtsbrecher vorzugehen, die sich ihrerseits allerdings wieder in Ritter- und Adelsgesellschaften organisierten, sodass das Hauen und Stechen fröhlich weiterging. Erst das Erstarken der Territorialmächte in der Frühen Neuzeit setzte dem Raubrittertum dann endgültig ein Ende.

Das üble Bild, das das Rittertum am Ausgang des Mittelalters abgab, trübte nicht den weltfremden Idealismus, den es verströmte. In der Nachwelt blieb vielmehr die Erinnerung an den edelmütigen, vor Kraft und Tugend strotzenden Ritter haften. Selbst Kaiser Maximilian I. kämpfte noch in Turnieren mit und beschwor in literarischen Ergüssen den Ehrenkodex eines längst untergegangenen Standes. Die Diskrepanz zwischen dem romantisch-verklärten Ritterbild und der recht schnöden Realität hatte dabei durchaus Züge des Tragikomischen. Der spanische Dichter Miguel de Cervantes hat dem Ritter in der traurigen Gestalt in seinem Roman „Don Quichotte" (1605/15) ein liebevolles Denkmal gesetzt. Etwas aus der Mode gekommen und verstaubt, stürzt sich da der schräge Ritter Don Quichotte in allerlei sinnlose Abenteuer und kämpft einen verzweifelten Kampf gegen die

Windmühlen und sich selbst. Der Weltentrückte, der auf einem mage-
ren Klepper hinaus ins Leben zieht und nur durch seinen pfiffigen
Begleiter Sancho Panza vor allzu großen Torheiten bewahrt wird, erobert sich weder Ruhm noch Reichtum, dafür aber die Herzen seiner
Leser, die er für seine Traumwelt längst verflossener Ritterherrlichkeit
begeistern kann.

IRRTUM 5:

Im Mittelalter waren die Menschen wenig mobil und kamen aus ihrem Dorf nicht heraus

Von wegen! Auch ohne Motorisierung legten die Menschen des Mittelalters eine erstaunliche Reisefreudigkeit an den Tag: Wallfahrer und Pilger brachen aus Sorge um ihr Seelenheil in Scharen auf, um heilige Stätten in aller Welt zu besuchen, Fernkaufleute reisten mit sicherem Blick für Waren und Gewinne rund um den Globus, bildungshungrige Studenten und Gelehrte unternahmen Gewaltmärsche zu Fuß, um an einem der berühmten Universitätsorte das wissenschaftliche Gespräch zu pflegen, Handwerker und Lehrlinge durchstreiften das Land auf der Suche nach Arbeit und Brot, während vagabundierende Gruppen von Bettlern, Gauklern und Spielleuten ohnehin mehr oder weniger auf der Straße lebten. Alles in allem herrschte reger Betrieb auf den Land- und Wasserstraßen – so rege, dass sogar schon eine erste Straßenverkehrsordnung nötig war. Der „Sachsenspiegel", ein um 1220 von Eike von Repgow aufgezeichnetes deutschsprachiges Rechtsbuch, traf bereits erste Bestimmungen, um das zunehmende Verkehrsaufkommen zu steuern. Nicht nur der Ausbau von Hauptverkehrsstraßen auf eine Mindestbreite von vier Metern sowie die Mautgebühren für Fähren- und Brückenbenutzung wurden darin geregelt, sondern auch die Vorfahrt auf den Straßen und Brücken. Bei lebhaftem Verkehr musste fortan der leere Wagen dem beladenen, der Berittene dem Fuhrwerk und der Fußgänger einem Berittenen ausweichen. Und das alles nur, weil die Straßen seit der Jahrtausendwende stark frequentiert waren.

Dabei war Reisen im Mittelalter alles andere als ein Vergnügen. Die gepflasterten Heerstraßen der alten Römer existierten nur noch rudimentär. Durch die dichten Wälder und siedlungsarmen Gebiete des Frühmittelalters führten nur wenige unbefestigte Wege und Pfade. Erst mit dem Wandel des Transportwesens im 11. Jahrhundert, als man vom vierfüßigen Lasttier auf den vierrädrigen Karren umstellte, schenkte man dem Straßen- und Brückenbau etwas mehr Aufmerksamkeit. Die meisten Straßen trugen aber, wenn überhaupt, nur einen Schotterbelag und strotzten nur so vor Schlaglöchern, Pfützen und Schlamm. Der Faktor Zeit spielte beim Reisen daher immer eine besonders große Rolle. Zu Fuß brauchte man für eine Strecke von Hildesheim nach Rom – rund 1500 Kilometer Weg – etwa fünfzig Tage, vorausgesetzt man hielt eine Tagesleistung von dreißig Kilometern durch. Stets musste man aber noch zusätzlich damit rechnen, bei schlechtem Wetter nicht weiter zu kommen und irgendwo festzusitzen. Selbst wer die Landstraßen mied und auf den Wasserweg umstieg, musste großzügig Zeit einplanen. Flussaufwärts ging es nur vorwärts, wenn man die Boote treidelte, das heißt mit Hilfe am Ufer laufender Ochsen, Pferde oder Menschen gegen die Strömung zog. Benötigte man für eine Fahrt von Mainz nach Köln flussabwärts nur zwei bis drei Tage, so dauerte die gleiche Strecke flussaufwärts etwa drei Wochen!

Zu den Unbilligkeiten des Wetters und des Weges traten noch tausend andere Gefahren, die das Reisen erschwerten. Räuber, Banditen und Piraten lauerten zu Lande und zu Wasser, und wer ihnen auf offener Straße in die Hände fiel, kam nur gegen ein ordentliches Lösegeld wieder frei. Selbst Gastwirte und Wegkundige schämten sich nicht, Hilfesuchende gnadenlos auszuplündern. Dabei war die Orientierung in fremdem Gebiet durch das Fehlen von Land- und Straßenkarten sowie Wegweisern äußerst erschwert. Man musste sich von Ort zu Ort durchfragen und durfte froh sein, wenn man keinem Betrüger aufsaß, der einen in die nächste Spelunke schickte. Der Wandermissionar Bonifatius beklagte im 8. Jahrhundert nicht umsonst die vielen „gefallenen" Pilgerinnen, die er auf seinen Reisen allenthalben angetroffen hatte. Trotzdem ließen sich die Menschen vom Reisen nicht abhalten. Sie bewiesen damit, dass Mobilität keine Frage der Zeit und der Verkehrstechnik, sondern der Einstellung war.

Am häufigsten trieben die Menschen ihre religiösen Gefühle auf die Straße. Wallfahrten bedeuteten gerade für die einfachen Bevölkerungsschichten eine gute Möglichkeit, dem tristen Alltag für eine Weile zu entfliehen und mit Büßen und Beten für das eigene Seelenheil vorzusorgen. Gnadenorte gab es meist schon in der näheren Umgebung, ein Tagesausflug zu einem wundertätigen Marienbild oder zu den verehrten Reliquien des Stadtpatrons oder Bistumsheiligen konnte sich der Durchschnittsgläubige durchaus mehrmals im Jahr leisten. Betend und singend zog man im frühen Morgengrauen los, um mittags dem gewünschten Heiligen in seiner Kirche einen Besuch abzustatten und es anschließend in einem Gasthaus, das den Wallfahrtsort traditionellerweise zierte, bei Speis und Trank ausklingen zu lassen. Vielleicht gab es zum Patroziniumsfest auch noch einen Markt, den man bei dieser Gelegenheit aufsuchen konnte. Der heilige Ulrich von Augsburg, der heilige Korbinian in Freising oder der heilige Emmeram in Regensburg füllten beispielsweise ihre Rollen als Besuchermagnete für die Lokalbevölkerung bestens aus. Eine größere Sache war es schon, einen der überregionalen Pilgerorte wie Köln oder Aachen aufzusuchen, an deren Stätten man nicht nur verehrungswürdige Reliquien bewundern, sondern auch noch große Gnadenablässe erwirken konnte. Doch die Gläubigen begnügten sich nicht allein mit Wallfahrtsorten im Reich. Es zog sie hinaus in weite Ferne über die Alpen und über das Meer. Zu den beliebtesten Pilgerzielen gehörten ausgerechnet so schwer erreichbare Orte wie Rom jenseits der Alpen, Santiago de Compostela im äußersten Nordwesten Spaniens sowie Jerusalem, die „heilige Stadt" mit ihren zahlreichen Schauplätzen des Lebens Christi. Wer sich zu ihnen aufmachen wollte, hatte eine monate-, wenn nicht gar jahrelange gefährliche Reise vor sich, von der er nicht sicher sein konnte, jemals wieder zurückzukehren. Schon vor ihrem Aufbruch ordneten die Pilger ihre letzten Angelegenheiten, verfassten ein Testament oder bestimmten Nachlassverwalter. Trotzdem nahm der Pilgertourismus während des Mittelalters enorm zu. Nach Rom gelangten die Wallfahrer aus Deutschland über den Bodensee, Graubünden und den St. Bernhard-Pass oder über Basel und den St. Gotthard. Beide Wege vereinten sich bei Bellinzona und führten über Como nach Pavia. Die Straße von Pavia über Parma und Lucca zum Bolsena-See hinab nach Rom nannte man seit dem 10. Jahrhundert „Via Francigena" oder „Via Francisca", Frankenweg, weil hier so häufig Pilger aus dem deutschen Sprachraum anzutreffen waren. Gerade zu den seit 1300 regelmäßig ausgerufenen „heiligen Jahren" strömten wahre Besuchermassen nach Rom und seinen Apostelgräbern – Massen, die unterwegs von einem dichten Netz an Herbergen betreut wurden. Die geschäftstüchtige Kurie wusste mit immer neuen Ablässen die Pilger über die Alpen zu locken, sodass sich der bayerische Herzog Heinrich der Reiche zu Beginn des 15. Jahrhunderts veranlasst sah, die Romfahrten seiner Landeskinder zeitweilig zu verbieten, um nicht zu viel Geld ins Ausland abfließen zu lassen. Pilgerreisen stellten tatsächlich einen nicht zu unterschätzenden Wirtschaftsfaktor dar. So bemühten sich die Kommunen von Florenz und Bologna seit dem 13. Jahrhundert um einen Ausbau der Apennin-Straße über den Futa-Pass, um die „Francigena" mit dem Brenner zu verbinden und dadurch von den Pilgerströmen zu profitieren.

Auch das ferne Galizien erlebte einen frühen Touristenboom, seitdem im 9. Jahrhundert dort das Grab des Apostels Jakobus d.Ä. aufgefunden worden war. Man schätzt, dass ab dem 12. Jahrhundert etwa 25.000 bis 50.000 Menschen jährlich nach Santiago de Compostela pilgerten, zu besonderen Anlässen, wenn das Fest des heiligen Jakobus (25.7.) auf einen Sonntag fiel, sogar das zehnfache davon. Die aus Frankreich kommenden Pilgerwege vereinigten sich jenseits der Pyrenäen in Puente la Reina zu einer großen Wallfahrtsstraße, dem Camino, der über die Städte Burgos und Leon schließlich zum großen Ziel nach Santiago führte. Entlang des Weges entwickelte sich eine gut organisierte Tourismus-Infrastruktur. Hospize, Klöster und Herbergen sprossen im Abstand von etwa zehn bis zwölf Kilometern aus dem Boden, sodass man auch zu Fuß immer ein Nachtquartier erreichen konnte. Unterwegs boten Handwerker wie Kerzenmacher, Weihrauch- und Textilhändler, Wirte und Krämer ihre Dienste an. Am

Wallfahrtsort selbst verdiente sich eine ganze Horde von Souvenir-
händlern eine goldene Nase, indem sie die beliebten Jakobsmuscheln
zum Verkauf anbot, die, an Hut oder Mantel geheftet, als Beweis für
die erfolgreich zu Ende gebrachte Pilgerfahrt galten. Im 12. Jahrhundert kam sogar ein Reiseführer auf den Markt, der die einzelnen Stationen des Jakobsweges genau beschrieb, die Bewirtung in Gasthäu-
sern und Hospizen wie ein früher Baedeker bewertete und vor
unrechtmäßigen Wegezöllen und Fährgebühren eindringlich warnte.
Außerhalb Spaniens organisierten eigene Jakobsbruderschaften die
Betreuung der Wallfahrer an den großen Stationen der Pilgerrouten,
so auch in Hamburg, Lübeck, Göttingen, Frankfurt am Main, Rothenburg o.T. und Aachen. Die aus Spenden finanzierten Einrichtungen
stellten den Pilgern kostenlose Quartiere und Verpflegung zur Verfügung und standen ihnen bei Krankheit oder anderen Problemen während ihrer Reise bei. Alljährlich im März startete von Hamburg aus ein
Pilgerschiff in Richtung Biskaya, sodass auch weniger gehfreudige
Pilger auf ihr Ziel nicht verzichten mussten.

Perfekt organisiert waren auch die Wallfahrten ins Heilige Land.
Als zentraler Sammelort für alle Jerusalem-Fahrer diente die Lagunenstadt Venedig, von deren Häfen aus zwei Mal im Jahr Pilgerschiffe
nach Palästina übersetzten. Die oft wochenlangen Wartezeiten der
Pilger auf die nächste Schiffspassage oder auf günstigere Winde bescherten der Metropole am Meer eine blühende Fremdenverkehrs-
branche. Heerscharen von Agenten vermittelten den Reisenden billige Unterkünfte in der Stadt, zahllose Reedereiangestellte boten an
den Schaltern vor San Marco ihre Dienste an. Um die Kosten möglichst gering zu halten, schlossen sich die Wallfahrer in größeren
Gruppen zusammen und handelten dann gemeinsam mit den Schiffs-
eignern die Modalitäten der sechs bis acht Wochen dauernden Passa-
ge aus. So wurden exakte Vereinbarungen über Unterbringung und
Verpflegung getroffen und ein Fixpreis für Hin- und Rückfahrt ausge-
handelt. Am billigsten kamen die Plätze auf Deck, die freilich auch die
unbequemsten waren, wenn Sturm und Wellen dem Schiff zusetzten.
Starb ein Pilger unterwegs, musste der Kapitän den Hinterbliebenen
die Hälfte des Kaufpreises zurückerstatten. Bis zur Fahrt ließen die

frommen Wallfahrer allerdings ihr Geld in Venedig. Sie besichtigten
die zahlreichen Kirchen in der Stadt, die in eigenen Reiseführern an-
gepriesen wurden, besuchten die Tavernen und Restaurants, deckten
sich mit Kochgeschirr und Verpflegung ein und erwarben Erinne-
rungsstücke, bevor sie ihr Schiff bestiegen. Der deutsche Pilgerreisen-
de Felix Faber aus Ulm, der Ende des 15. Jahrhunderts Venedig
besuchte, zeigte sich äußerst erstaunt über die vielen Sehenswürdig-
keiten und Kirchenschätze der Stadt und über die Massen an Touristen, die er dort antraf. Von einem Gasthof bei der Kirche St. Bartolo-
meo wusste er zu berichten, dass der Hofhund jeden Fremden
feindlich anknurrte, der nicht deutsch sprach. Auch am eigentlichen
Zielort der Pilgerfahrt, in Jerusalem, florierte das Geschäft mit den
Touristen. Die muslimischen Machthaber des Gebietes ließen sich den
Geleitschutz für die Pilgerzüge kräftig honorieren. Und selbst den
Zugang zur Jerusalemer Grabeskirche gab es nur zwei Mal im Jahr
kostenfrei. Die ansonsten fällige saftige Eintrittsgebühr von fünf bis
neun Dukaten ließ so manchen armen Pilger am Ziel seiner Träume
vor verschlossenen Türen stehen. Das passierte den „Edeltouristen"
aus dem deutschen und französischen Hochadel nicht, die im 15. Jahrhundert ihre Leidenschaft für die Jerusalem-Wallfahrt entdeckten
und standesgemäß mit großem Gefolge und vollem Portemonnaie ins
Heilige Land reisten.

Der Besuch einer der großen internationalen Wallfahrtsziele bedeutete mit Sicherheit den Höhenpunkt im Leben eines frommen
Christenmenschen. Doch viele solcher Reisen wurden gleich mehrmals im Leben unternommen. Manche Pilger „sammelten" buchstäblich Wallfahrten, um die Chancen für das eigene Seelenheil zu erhöhen, so wie die Engländerin Margery Kempe, die sich zu Beginn des
15. Jahrhunderts rühmte, alle großen Pilgerorte einschließlich Jerusalems besucht zu haben. Es gab auch professionelle „Berufspilger", die
für einen wohlhabenden Mitbürger gegen Entgelt die Strapazen einer
langen Wallfahrt auf sich nahmen und in dessen Auftrag Buß- und
Betleistungen absolvierten. Aus einem Lübecker Testament aus dem
frühen 14. Jahrhundert erfährt man, dass für eine Santiago-Wallfahrt
durch einen Stellvertreter etwa zehn bis vierzig lübische Mark fällig

waren. Für einen armen Pilger waren gar nur fünf Mark zu berappen, was den Gegenwert von etwa zwei Ochsen oder zwanzig Schafen bedeutete – nicht gerade viel für die Strecke von Lübeck nach Galizien, deren Bewältigung an die zwei Jahre gedauert haben dürfte.

Neben den Pilgern und Wallfahrern tummelte sich auf den europäischen Fernstraßen eine zweite reisefreudige Gruppe, die allerdings anstelle frommer Wünsche harte Bilanzen im Kopf hatte. Die Fernkaufleute suchten bei ihren Geschäftsreisen landauf und landab schlichtweg nur den größten Profit. Auf der Suche nach neuen Luxuswaren legten sie enorme Distanzen zurück, die sie zum Teil in gänzlich unbekannte Länder führten. Außerdem erwies sich der Direkteinkauf in den Erzeugerländern immer als billiger als der Erwerb der Ware über Zwischenhändler. Schon im 11. Jahrhundert sind Regensburger Kaufleute in den Weiten Russlands belegt, die von dort kostbare Pelze in die Donaustadt brachten. Der Handel florierte so sehr, dass sich die Regensburger Russlandfahrer zu einer eigenen Kaufleutegenossenschaft zusammenschlossen. Der Aufstieg Regensburgs zu einer Drehscheibe des West-Ost-Handels machte den Ausbau der Transportwege nötig, sodass zwischen 1135 und 1146 eine über 300 Meter lange Steinbrücke mit 16 Bögen über die Donau gezogen wurde – eine der technischen Meisterleistungen dieser Zeit. Aber auch Nürnberger Kaufleute zeigten sich äußerst rege. Man traf sie in Polen und Böhmen ebenso an wie in Frankreich, den Niederlanden, der Schweiz oder Italien. Der Nürnberger Großkaufmann Hans Praun bereitete sich auf seine Italienfahrten immer besonders gut vor und führte stets ein kleines italienisch-deutsches Wörterbuch im Miniaturformat mit sich. Viele Geschäftsreisen nahmen auch die hansischen Großkaufleute auf sich, die im England- und Flandernhandel genauso präsent waren wie im Skandinavien- und Russlandgeschäft. Fleißig pendelten sie zwischen den großen Niederlassungen der Hanse in Nowgorod, London, Brügge und Bergen und waren dabei oft monatelang von ihren Familien abwesend. Den russischen Winter warteten sie im Nowgoroder Kontor ab, bis die Straßen- und Wasserwege wieder eisfrei waren. Wie strapaziös solche Geschäftsreisen zuweilen waren, zeigt das Beispiel des Kaufmanns Otto Sulmeister aus Schwäbisch Hall.

Nach seiner Hochzeit am 19. Januar 1456 in Nürnberg gönnte er sich keine Flitterwochen, sondern reiste schon zehn Tage später aus beruflichen Gründen wieder ab. Er hielt sich von da an praktisch pausenlos auswärts auf: in Nördlingen, Posen, Frankfurt am Main und Leipzig. Seine junge Frau sah ihn nur wenige Wochen im Jahr in ihrem gemeinsamen Nürnberger Zuhause. Auch der Augsburger Fernkaufmann Lukas Rem (geb. 1481) unternahm Handelsreisen durch ganz Deutschland, reiste nach Italien, Spanien, Portugal, Frankreich, in die Schweiz und die Niederlande. Er fand seinen Weg gar bis nach Nordafrika, auf die Azoren, die Kanarischen und die Kapverdischen Inseln.

Das meiste Aufsehen mit seinen Handelsreisen erregte jedoch der venezianische Kaufmann Marco Polo, der im 13. Jahrhundert bis zum Hof des Mongolenherrschers Kublai Khan vordrang und darüber einen vielbeachteten Reisebericht verfasste. Wundersames wusste Marco Polo aus den verschiedenen Provinzen Chinas zu berichten, die er im Auftrag des Großkhans als dessen Berater und Gesandter bereiste. Auf seiner Rückfahrt gelangte er gar bis Sumatra und Sri Lanka. Er staunte über Nashörner, Rentiere und Kiwis, beschrieb den Nutzen der Sagopalme und der Kokosnüsse, schwärmte vom Zauber hauchdünnen chinesischen Porzellans und schilderte in plastischen Worten die Sitten und Essgewohnheiten fremder Völker. Auch wenn Marco Polo, der 1295 nach 24 Jahren nach Venedig zurückkehrte, eine schillernde Persönlichkeit war und sein vielfach kopierter, in der Gefangenschaft entstandener Bericht Fantastereien enthält, die am Wahrheitsgehalt des Dargestellten zweifeln lassen – eine Ausnahmeerscheinung war er trotzdem nicht. Venezianische Kaufleute trieben bereits vor Marco Polos Geburt den Asienhandel von Konstantinopel und der auf der Krim gelegenen Stadt Soldaia aus voran. Vom Schwarzen Meer liefen die Handelsrouten über die Seidenstraße ins Herz Chinas, und ihnen folgten still und stetig wagemutige Kaufleute, deren Leben anhand der wenigen überlieferten Daten kaum rekonstruierbar ist. Da erfährt man nur zufällig von einem venezianischen Kaufmann Pietro Vilioni, der 1264 sein Testament im persischen Täbris abfasste, wo er offensichtlich längere Zeit lebte, und von seinem Landsmann Pietro de Lucalongo, der 1291 nach China reiste und dem Erzbischof von Peking ein Grundstück zum Bau einer Kirche schenkte. Und nur die Inschriften zweier Grabstelen künden vom Schicksal des Domenico de Vilioni, der 1342 und 1344 zwei Kinder im chinesischen Yangzhou verloren und bestattet hat. Falls es sich bei ihm um einen Verwandten des Pietro Vilioni aus Täbris handelte, dann war diese venezianische Kaufmannsfamilie lange und nachhaltig im Asienhandel vertreten. Nicht zuletzt hatten sich auch schon Marco Polos Vater und Onkel auf den Weg ins Innere Asiens gemacht, doch wurde ihre Reise erst durch den Bericht Marcos bekannt.

Nicht ganz so weit wie die abenteuerlustigen Fernhändler reisten die Handwerksburschen und Lehrlinge, die auf der Suche nach Auftraggebern und kundigen Meistern Europa durchstreiften. Doch auch sie legten einen erstaunlichen Aktionsradius an den Tag. Insbesondere die hochspezialisierten Bauleute und Steinmetze zogen weit umher, um ihre Dienste an den großen Baustellen des Reiches zu offerieren. So waren zwischen 1050 und 1150 Künstler aus der Lombardei besonders gesucht, die mit ihren typischen Band- und Flechtornamenten den Geschmack ihrer Auftraggeber trafen. An den romanischen Domen von Königslutter, Freising, Mainz, Quedlinburg oder Speyer hinterließen sie deutlich ihre ornamentalen Spuren. Im Falle des Doms von Königslutter machte man den namentlich bekannten Baumeister Nicolaus von Verona als Hauptkünstler aus. Aber auch die Bauhütten der Gotik zogen Handwerker und Künstler aus aller Herren Länder an. Denn junge Steinmetzgesellen waren nach Vollendung ihrer Lehre dazu angehalten, auf Wanderschaft zu gehen, um sich an verschiedenen Bauhütten fortzubilden, Erfahrungen im Gewölbebau oder im Umgang mit Strebebögen und -pfeilern zu sammeln. So konnte sich im Kathedralbau ein einheitlicher, stark von Frankreich beeinflusster Formenschatz verbreiten. Um eine genauso schöne lichte Kathedrale wie die von Reims, Laon oder Paris zu besitzen, holten die Bauherren von Canterbury 1175 extra den französischen Baumeister Wilhelm von Sens über den Ärmelkanal. Weitgereiste Baumeister wie der aus der Picardie stammende Villard de Honnecourt verfassten reich bebilderte Musterbücher (1235), die Bautechnik, Grundrisse und geometrische Berechnungen zum Kirchenbau verbreiteten. Neben der Baubranche waren auch im Bergbau, im Waffen- und Rüstungsgewerbe sowie in der Luxusindustrie hochspezialisierte Fachkräfte immer willkommen.

Wer gedacht hat, die klassische Bildungsreise sei eine Erfindung der Neuzeit, muss sich getäuscht sehen, denn auch der Bildungstourismus hat seine Wurzeln im Mittelalter. Seit dem Aufschwung der großen Kathedralschulen und Universitäten im 12./13. Jahrhundert reisten Gelehrte und Studenten ihren viel bewunderten Koryphäen hinterher. Einer der frühen Wissenspäpste war der 1079 bei Nantes geborene Abaelard, der als Leiter der Kathedralschule von Notre Dame in Paris eine große Schülerschar um sich versammelte. So groß war die Macht seiner Worte, so revolutionär waren seine philosophischen Gedanken, dass sich Studenten aus ganz Europa zu seinen Füßen drängten. Er stieg zu einem wohlhabenden und international angesehenen Philosophen auf, bis seine verbotene Liebe zu der schönen Heloise ihn von den höchsten Höhen des Ruhms stürzte. Doch die Gepflogenheit der Studenten, sich die Lehrer selbst auszusuchen, kam fortan groß in Mode. Thomas von Aquin, der große Theologe und Philosoph der Dominikaner (geb. um 1225), verließ schon in jungen Jahren seine Heimat Neapel, um bei dem berühmten Theologen Albertus Magnus in Köln zu studieren und später seine Studien in Paris fortzusetzen. Er selbst lehrte an verschiedenen Schulen in Italien und in Paris und erfreute sich einer stetig wachsenden Schülerschar. Je mehr Universitäten im Laufe des Mittelalters gegründet wurden, umso stärker wurde der Studentenrummel auf den Fernstraßen Europas. Man schätzt, dass sich die Zahl der angehenden Akademiker zwischen 1400 und 1500 versechsfachte, und jeder dieser Wissbegierigen wechselte im Laufe seines Studiums mindestens einmal die Universität, meist jedoch öfter. Zwischen Paris und Oxford, Prag und Köln, Wien und Heidelberg tummelte sich eine lebenslustige, aber auch bildungshungrige Jugend, die das geistige Leben ihrer Zeit ordentlich durcheinander wirbelte. Um die Mitte des 14. Jahrhunderts stellte der italienische Dichter und Denker Petrarca in der Rückschau fest, er habe „sein ganzes Leben bis zu dieser Zeit auf der Wanderschaft verbracht". Dabei gewann er dem

Reisen ganz neue Seiten ab. Auf seiner Fahrt durch Deutschland badete er in den heißen Quellen Aachens, bewunderte die schönen Frauen von Köln und ärgerte sich schließlich über den starken Sonnenbrand, den er aus dem lieblichen Rheintal mitbrachte. Reine Neugier trieb ihn 1336 zur Erstbesteigung des 1912 Meter hohen Mont Ventoux in der Provence. Er wollte, so schrieb er einem befreundeten Theologieprofessor an der Sorbonne in Paris, einfach nur die ungewöhnliche Höhe des Berges durch eigenen Augenschein kennenlernen. Gemeinsam mit seinem jüngeren Bruder machte sich der 32-Jährige an den mühevollen, da weitgehend weglosen Aufstieg und erreichte völlig ermattet den Gipfel. Oben genoss Petrarca wie alle Bergsteiger nach ihm den herrlichen Ausblick auf die Rhône und das umliegende Land und zeigte sich von dem „ganzen freien Rundblick bewegt, einem Betäubten gleich".

Für die Schönheiten der Natur werden die vagabundierenden Gruppen der Bettler, Gaukler, Spielleute und Possenreißer wohl kein Auge gehabt haben. Sie zogen nicht freiwillig über die Lande, sondern aus Not. Wer keine feste Bleibe hatte, musste von Ort zu Ort wandern und versuchen, sein Brot unterwegs zu verdienen. Die untersten Schichten der mittelalterlichen Gesellschaften waren auch ihre mobilsten. Die vielen fremden Bettler, die sich in den größeren Städten herumschlugen, stießen in der Regel auf harsche Ablehnung der Einheimischen und mussten schon nach kurzem Aufenthalt wieder von dannen ziehen. Die Nürnberger Bettlerordnung von 1370 erlaubte fahrenden Armen das Betteln in der Stadt nur drei Tage. Den Ausgewiesenen blieb nichts anderes übrig, als ihr Leben auf der Straße zu fristen in der Hoffnung, hie und da eine gütige Seele zu finden, die ihnen ein Stück Brot schenkte oder eine trockene Unterkunft in einer Scheune anbot. Auch in Armenhäusern und Hospizen ließ es sich eine Weile aushalten. Besonders elend erging es Körperbehinderten, die sich nur mit äußerster Mühe auf Schemeln oder Krücken fortbewegen konnten. Die Elisabethmirakel überliefern den Fall eines 21-jährigen Gelähmten, der sich 1232 in fünf Wochen vom hessischen Grünberg ins rund 35 Kilometer entfernte Marburg schleifte. Gerade Findelkinder und behinderte Kinder hatten es besonders schwer, ein Auskommen zu finden. Konnten sie keine eheliche Geburt nachweisen oder eine handwerkliche Tätigkeiten ausüben, blieb ihnen nur ein Leben als Straßenkinder, häufig mit der Konsequenz des Abgleitens in die Kriminalität. Sie schlossen sich in Jugend-Cliquen zusammen und betrieben Mundraub als Überlebensstrategie. Nur wenig besser gestellt als die Heerschar der Bettelleute waren die Gaukler und Schausteller, die regelmäßig zu Jahrmärkten, Messen und Kirchweihfesten erschienen. Auch sie gehörten zum fahrenden Volk ohne festen Wohnsitz und ohne feste Arbeit. Da sie das Unterhaltungsbedürfnis ihrer Mitbürger befriedigten, empfing man sie in der Regel gnädig. Die Bärenführer, Musikanten, Seiltänzer und Puppenspieler sorgten für Abwechslung in einem monotonen Alltag und durften auf wohlwollende Gaben ihres Publikums hoffen. Wandermusiker spielten als bezahlte Entertainer auf Hochzeiten und Familienfesten auf oder wurden von den Kommunen zu besonderen Anlässen wie kirchlichen Hochfesten oder Volksfesten engagiert. An ihrem Los, vagabundierend durchs Leben zu gehen, änderte sich indes nichts. Nur den wenigsten gelang es, als Trompeter oder Trommler in städtische Dienste aufgenommen oder am Hof eines fürstlichen Mäzens ausgehalten zu werden. Das Schicksal bot nur selten solche Glücksmomente, wie sie der Minnesänger Walther von der Vogelweide um 1220 erlebte, als ihm Kaiser Friedrich II. nach Jahren des Wanderlebens endlich ein Lehen übertrug und ihm damit eine feste Lebensgrundlage gab.

IRRTUM 6:

Burgen waren uneinnehmbare Bollwerke

D ie Herren von Eppstein suchen einen Bauplatz! Keine leichte
Angelegenheit im 13. Jahrhundert, denn man strebt nach dem
Besonderen, Extravaganten, das sich dazu eignet, den Neid der
Nachbarn zu wecken. Die neue Immobilie sollte möglichst hoch gele-
gen und weithin sichtbar sein und damit den Aufstieg der Sippe zu
einer der mächtigsten Familien des Reiches sinnfällig machen. Die
Eppsteiner finden ihr Bauareal an einem Ort, der jedem Immobilien-
händler von heute die Haare zu Berge stehen ließe. Auf einem schrof-
fen Schieferkegel 160 Meter über dem Städtchen Braubach am
Rhein, nur sehr beschwerlich zu erreichen und nur unter größten
Mühen und Kosten zu bebauen. Doch die Eppsteiner scheuen keine
Unannehmlichkeit, um eine Immobilie mit Panoramablick zu besitzen, wie sie am Rhein viele Adelsgeschlechter bewohnen. Mit der
Marksburg erfüllen sie sich ihren ganz speziellen Traum vom Wohnen, eine Bilderbuchburg, die mit hohen Türmen, starken Mauern
und befestigten Toren ein einzigartiges Bauensemble abgibt. Der von
späteren Besitzern auf vierzig Meter erhöhte Bergfried mit seinem
runden Turmaufsatz kündet stolz und kühn von der Größe seiner
Erbauer. Bis heute lädt die Marksburg, die als einzige nie zerstörte
Höhenburg am Mittelrhein eine unübertroffene bauliche Authentizi-
tät genießt, jedes Jahr tausende Touristen zu einer Reise ins Mittelalter ein.

So wie die Herren von Eppstein zog es im Hochmittelalter viele
adlige Bauherren in luftige Höhen. Nicht nur wegen des herrlichen
Ausblicks oder der strategisch günstigen Lage, sondern auch, weil die
Burg als adliger Wohnsitz immer mehr war als ein rein militärisches

Bollwerk. Der turm- und zinnenbewehrte Bau repräsentierte gleichzeitig Macht und Einfluss einer Familie und zeigte sinnfällig den sozialen Abstand zur beherrschten bäuerlichen Bevölkerung. Ausgefallenere Bauplätze als die der edelfreien Geschlechter konnte man sich eigentlich gar nicht ausdenken. Auf den höchsten Bergkuppen, auf den entlegensten Felsspornen, sogar in Felshöhlen hinein wurde gebaut. Gab die Topografie keine erhöhten Plätze her, errichtete man an Wasserläufen auf oft schwierigsten Untergründen Wasser- und Inselburgen. Kein Platz war zu schwer, zu eng oder zu abgelegen, um nicht noch eine Burg zu tragen. Natürlich verbanden sich mit der geografischen Lage auch militärische Erwägungen. Eine schwer zugängliche, exponiert gelegene Burg ließ sich mit nur wenig Mann Besatzung verteidigen und war im offenen Sturmangriff kaum einzunehmen. Selbst eine Belagerung erwies sich meist als mühseliges und langwieriges Unterfangen. Doch allein mit strategischen Notwendigkeiten war der enorme Aufwand, den der Bau einer Burg in isolierter Lage erforderte, nicht zu rechtfertigen.

Im Frühmittelalter errichtete man die Vorläufer der Burgen, die sogenannten Motten, aus Holz, und auch sie erfüllten in unsicheren Zeiten ihren Zweck. Die Überfälle der wilden Wikinger, Sarazenen und Ungarn hatten es nötig gemacht, befestigte Rückzugspunkte für die Verteidiger und die Bevölkerung zu schaffen. Die Motte war nichts anderes als ein zwei- bis dreistöckiger hölzerner Wehr- und Wohnturm auf einem natürlichen oder künstlich aufgeschütteten Hügel, umgeben von einer Palisade. Zu Füßen dieser „Turmhügelburg" ruhte meist eine palisadengeschützte Vorburg, eine Art Wehrdorf, in das die umliegenden Bewohner bei Gefahr fliehen konnten. Turm und Vorburg waren gelegentlich noch zusätzlich durch einen Graben geschützt. Im 10. und 11. Jahrhundert fanden die Motten weite Verbreitung in ganz Europa, doch ab der Jahrtausendwende setzte eine weitere Entwicklung ein. Mit der Ausbildung des Lehnswesens kamen einzelne adlige Familien zu Macht und Reichtum, und diese bauten nun nicht mehr im vergänglichen Werkstoff Holz, sondern im dauerhaften, dafür aber auch teureren Stein. Mächtige drei- bis viergeschossige Steintürme, die Wohn- und Wehrfunktion in sich vereinten, sprossen nun in ganz Europa aus dem Boden. In Frankreich nannte man sie, abgeleitet vom lateinischen Wort „dominatio" für Herrschaft, „Donjons", im englischen „Keep". Da sie als dauerhafte Wohnsitze des Adels gedacht waren, konnten sie beträchtliche Umfänge von bis zu fünfzig auf vierzig Metern erreichen. Neben Wirtschaftsräumen und Quartieren für die Besatzung befanden sich in ihnen auch die relativ großen Wohnräume des Burgherrn. Eines der prominentesten Beispiele für diesen Bautyp ist der Tower in London. Im deutschen Sprachraum kam es seit dem 12. Jahrhundert zu einer baulichen Trennung von Turmbau und Wohngebäude. Als Bergfried blieb der Wehrturm zwar zentrales Element einer Burganlage, gewohnt wurde aber in einem eigenständigen Gebäude, dem Palas, der als repräsentativsten Versammlungs- und Gesellschaftsraum den großen Rittersaal enthielt.

Wie sehr sich der Adel mit seinem Wohnbau zu identifizieren begann, zeigt sowohl die Standortwahl als auch die Übernahme des Burgnamens als Familiennamen. Man nannte sich nach der Burg, auf der man lebte, so die Habsburger nach der im Aargau gelegenen Habichtsburg, die Staufer nach der auf dem gleichnamigen Berg in der Schwäbischen Alb errichteten Burg Hohenstaufen oder die Hohenzollern nach ihrer Burg Hohenzollern bei Hechingen. Man achtete nun auch auf die standesgemäße Lage der Stammsitze und wählte Orte, die in ihrer Außergewöhnlichkeit den Rang der Familie unterstrichen. So errichtete der Staufer Friedrich I. von Schwaben, der Großvater Kaiser Friedrichs I. Barbarossa, um 1070 seine Burg auf dem 684 Meter hohen Hohenstaufen, der weithin sichtbar das umliegende Land überragt. Die Hohenzollern-Burg brachte es gar auf einige Meter mehr – sie ruhte auf dem 855 Meter hohen prominenten Bergkegel des Zollerbergs. Und auch die Habsburger zog es in die Lüfte: Ihre Stammburg thronte als majestätische Gipfelburg auf dem Wülpelsberg über dem Aaretal. Als im 12./13. Jahrhundert auch noch die Ministerialengeschlechter in den Niederadel aufstiegen und ihre neu errungene soziale Würde in gebührendem Abstand über den Häuptern der Normalsterblichen zu unterstreichen wünschten, setzte ein regelrechter Bauboom im ganzen Reich ein. Allerorten sah man Maurer, Steinmetze und Zimmerleute ihre Handwerksgeräte an den unmöglichsten Stellen auspacken, um eine Burg zu errichten. Im wohlhabenden Rheinland gab es im Schnitt alle 2,5 Kilometer eine Burg. Man schätzt, dass es im deutschsprachigen Raum etwa 25 000 Burganlagen gegeben hat. Und ihre Namen waren klangvolles Programm: Stolzenfels und Drachenstein, Stahleck und Ehrenfels nannte man die luftigen Herrensitze.

In ihrer Eigenschaft als Adelssitz kam den Burgen neben ihrer militärischen Funktion auch verwaltungstechnische, wirtschaftliche und kulturelle Bedeutung zu. Denn von seiner Burg aus verwaltete der reiche Grundbesitzer seine Güter, zog Abgaben, Zölle und Steuern ein, hielt Gerichtstage ab, beurkundete Verträge, kontrollierte die Verkehrswege und lud zu Feiern und Festen. Die Burg wurde damit zu einem Mittelpunkt der Herrschaft an sich. Wer den Aufbau einer Landesherrschaft betreiben wollte, kam um die Gründung von Burgen als Machtzentren nicht herum. Niemand wusste das besser als das Herrschergeschlecht der Staufer. Herzog Friedrich II. von Schwaben, dem Vater Friedrich Barbarossas, sagten die Chronisten nach, er habe am Schwanz seines Pferdes immer eine Burg hinterhergeschleppt. Wo immer er hinkam, gründete er Burgen und ließ das Land von dort aus von Ministerialen verwalten. Auch sein Sohn und Nachfolger Barbarossa betätigte sich als eifriger Burgenbauer, besonders im Elsass, in der Rheinpfalz, an Main, Pegnitz und Eger. Wenn möglich, gründeten die Staufer gleich noch einen Markt oder eine Stadt mit dazu, denn das verhieß satte wirtschaftliche Gewinne. An verkehrsgünstigen Orten lohnte sich die Gründung einer Stadt ohnehin, und wenn dann noch eine Burg zur Überwachung der Handelsstraßen, Furten oder Brücken hinzukam, füllten sich die landesherrlichen Kassen mit barer Münze. Die Reichsburgen konnten überdies als königliche Pfalzen dienen, sodass dem Königtum Stützpunkte in den wichtigsten Regionen des Reiches zur Verfügung standen. Zu den bedeutendsten und am längsten genutzten Kaiserresidenzen zählte die Burg Nürnberg, zu deren Füßen die reiche Handelsstadt Nürnberg erblühte. Ärgerlich nur, dass andere aufstrebende Territorialherren beim Aufbau ihrer Landesherrschaften ebenfalls auf das

„Burgenmodell" zurückgriffen. Wie freute sich der Erzbischof von Salzburg, als er mit der Errichtung der Hohensalzburg dem Kaiser während des Investiturstreits ein Schnippchen schlug und die Kontrolle über die wichtigen Alpenpässe übernahm. Auch die Wittelsbacher verstanden sich in kluger Burgenpolitik und setzten mitten in den Rhein bei Kaub die Burg Pfalzgrafenstein, um die lukrativen Rheinzölle abzufischen. Der Bau, Kauf oder Pfandbesitz von Burgen war für die Durchsetzung eigener Machtansprüche so unerlässlich, dass man dafür sogar das königliche Vorrecht zum Burgenbau durchbrach. Denn das Königtum hatte ursprünglich die alleinige Legitimation zum Burgenbau besessen, musste dieses Privileg seit dem 13. Jahrhundert aber schrittweise an die aufstrebenden Territorialherren abgeben. Der Adel baute seine Machtzentren kraft eigener Autorität, und keiner konnte ihn daran hindern.

Die Burg als Machtsymbol – diesem Aspekt musste der vom Bauherrn beauftragte Baumeister Rechnung tragen. Welche Schinderei, alle Baumaterialien an die entlegensten Winkel des Landes zu hieven! Da mussten tonnenschwere Quadersteine auf unwegsamem Gelände transportiert und mit Hilfe von Tretradkränen und Hebezangen nach oben gezogen werden, da mussten ganze Holzstämme für Dachstühle und Fachwerkbauten an den Bauplatz gezerrt und Heerscharen an Maurern, Zimmerleuten, Schmieden, Dachdeckern und anderen Hilfskräften beschäftigt werden. Das verursachte enorme Kosten, die vor allem kleinere Rittergeschlechter finanziell erheblich belastete. Denn obwohl die abhängigen Bauern zu Hand- und Spanndiensten für ihren Herrn verpflichtet waren, wussten die Fachkräfte am Bau ihre Löhne zu fordern. So mancher Bauherr musste sich für den Traum vom Eigenheim hoch verschulden, doch wenn es ums eigene Prestige ging, griff er bereitwillig tief in die Taschen. Schon allein das äußere Erscheinungsbild der Burg sollte Macht und Pracht signalisieren und potentielle Gegner von einem Angriff abhalten. Die Vielzahl an Türmchen, Erkern, Zinnen und Schießscharten war militärisch nicht unbedingt notwendig, für die optische Wirkung aber umso unerlässlicher. Welchem Feind stockte nicht schon von vornherein der Atem, wenn er ein Bollwerk aus Stein auf einem hohen Felsstock thronen sah. Und in seinen Gedanken wird er schon überschlagen haben, welchen Betrag er locker machen müsste, um diese Burg über eine Belagerung auszuhungern. Als Erzbischof Balduin von Trier 1340 gegen die Burg Dhaun im Hunsrück zu Felde zog, hätte er sich um ein Haar an der hoch über einem Seitental der Nahe gelegenen Feste die Zähne ausgebissen. Drei Belagerungsburgen musste er errichten lassen, ein schweres Katapult heranschaffen und zur geplanten Untertunnelung der Burgmauern hoch spezialisierte Bergknappen aus Böhmen anwerben, bis schließlich nach zweijähriger Fehde der widerborstige Wildgraf Johann von Dhaun endlich das Handtuch warf. Dieser hatte die Sinnlosigkeit seines Ausharrens auf der eingeschlossenen Festung eingesehen und „freiwillig" um Verhandlungen mit dem Erzbischof ersucht. Seine Burg Dhaun durfte er nach Beendigung der kriegerischen Auseinandersetzung sogar behalten. Angesichts des immensen Aufwandes, den eine langwierige Belagerung erforderte, kamen die meisten Burgen um dieses Schicksal herum. Die Felsennester erlebten nur in den seltensten Fällen einen echten Waffengang und entsprachen ansonsten recht erfolgreich der Abschreckungsstrategie.

Welche Anstrengungen man unternahm, um den Abschreckungsfaktor zu erhöhen, zeigt am besten das Beispiel des Bergfrieds. Der hohe Wehrturm auf zumeist rechteckigem oder rundem Grundriss gehörte zu den zentralen Elementen des Bauensembles und fehlte in fast keiner Burganlage. Lange ging die Forschung davon aus, dass er als letzte Zuflucht für die Familie des Burgherrn im Falle einer Erstürmung der Burg diente. Darauf wiesen jedenfalls der hoch gelegene Eingang, der nur mittels Holzleitern zu erreichen und leicht zu sichern war, und die Dicke der Mauern hin. Doch heute zweifelt man diesen Nutzungszweck an, denn waren die Angreifer erst einmal in den inneren Bereich der Burg vorgedrungen, fiel es nicht schwer, auch den Bergfried auszuhungern. Die Verteidiger saßen in der Falle und konnten allenfalls einige Tage ausharren, bis Entsatz kam. So dürfte dem Bergfried wohl größere Bedeutung als Statussymbol zugekommen sein. Mit seiner Höhe von durchschnittlich zwanzig bis dreißig Metern, in Ausnahmefällen auch bis zu fünfzig Metern, sah man ihn bereits aus weiter Ferne. Potente Bauherrn stellten sich zuweilen gleich zwei Bergfriede in die Burg, wie dies die Erbauer der hessischen Burg Münzenberg taten. Ihre mächtige Wehranlage mit den beiden imposanten Türmen grüßte schon von weitem von einem hohen Basaltfelsen der Wetterau. Die beiden Bergfriede, von denen der eine im 12., der zweite im 13. Jahrhundert erbaut wurde, besaßen ihren Zugang in zehn Metern Höhe und wiesen eine Mauerdicke von über drei Metern auf – ein stattliches Symbol für den Machtwillen ihrer Bauherrn. Um den Bergfried optisch noch höher erscheinen zu lassen, fügte man hin und wieder noch einen Aufsatz hinzu, wie dies bei der Marksburg der Fall war. Dort erhöhte man den quadratischen Turmbau mit einem zylindrischen Aufbau, den man wegen seiner Ähnlichkeit mit einem Butterfass „Butterfassturm" nannte. Militärisch brachte dies kaum Vorteile, doch die Wirkung war eine bessere.

Im 14. Jahrhundert baute man nicht nur in Burgen, sondern auch in städtischen Wehranlagen gerne Butterfasstürme ein. Dass die Turmhöhe in geheimnisvoller Relation zur Bedeutung des Erbauers stand, beweisen auch die hohen und schlanken Geschlechtertürme, die als repräsentative Wohntürme eines ebenso streitbaren wie finanzstarken Stadtadels in deutschen und italienischen Städten in den Himmel wuchsen. In Regensburg, Basel, Zürich, vor allem aber im toskanischen San Gimignano prägten diese mittelalterlichen Wolkenkratzer die Silhouette der Stadt. Da es in Regensburg nie bewaffnete Auseinandersetzungen zwischen den mächtigen Patriziergeschlechtern gab, können nur Prestigegründe für ihren Bau ausschlaggebend gewesen sein. Selbst in einer Zeit, in der die Militärtechnik die Burgen allmählich zu überholen begann, hielt man an einem stattlichen Bergfried fest. Als Friedrich von Freyberg ab 1418 neben seiner Stammburg Eisenberg im Allgäu einen der letzten großen Burgenneubauten des Spätmittelalters, die Burg Hohenfreyberg, errichtete, war es für ihn selbstverständlich, auch einen schönen alten Bergfried nach staufischem Vorbild zu bauen. Und selbst die bürgerlichen Fugger ließen im 16. Jahrhundert ihre frisch erworbene Marienburg in Niederalfingen in Baden-Württemberg zu einer „hochmittelalterlichen" Höhenburg mit prächtigem Turm ausbauen.

Für das Glänzen mit der eigenen Größe gingen die feudalen Bauherren sogar etliche unangenehme Kompromisse zu Lasten des
Wohnkomforts ein. Denn das Wohnen auf einer mittelalterlichen
Burg war alles andere als ein Vergnügen. Der begrenzte Bauplatz auf
einer Höhen- oder Gipfelburg bewirkte oft drangvolle Enge in der
Anlage. Die Familie des Burgherrn, Dienstmannen, Gesinde, Handwerker, das Vieh, die Vorräte sowie Munition und Waffen – alles musste innerhalb des Areals seinen Platz finden. „Die Burg selbst, mag sie
auf dem Berg oder im Tal liegen, ist nicht gebaut, um schön, sondern
um fest zu sein; von Wall und Graben umgeben, innen eng, da sie
durch die Stallungen für Vieh und Herden versperrt wird. Daneben
liegen die dunklen Kammern, angefüllt mit Geschützen, Pech, Schwefel und dem übrigen Zubehör der Waffen und Kriegswerkzeuge",
klagte der Reichsritter Ulrich von Hutten 1518 in einem Brief an den
Nürnberger Patrizier Willibald Pirckheimer über sein Leben auf der
Burg Steckelberg bei Fulda. „Überall stinkt es nach Pulver, dazu kommen die Hunde mit ihrem Dreck, eine liebliche Angelegenheit, wie
sich denken lässt, und ein feiner Duft!".

Die Räumlichkeiten waren selbst für den Burgherrn nicht üppig
bemessen. Meist gab es nur einen großen Versammlungs- und Speise-
raum im Palas, die Große Halle, die jedoch keine Behaglichkeit aus-
strahlte und zum Empfang der Gäste oder für repräsentative Veranstaltungen genutzt wurde. Der Familie des Burgherrn stand häufig
nur ein beheizbarer Wohn- und Schlafraum im Palas zur Verfügung,
die Kemenate, in größeren Burganlagen manchmal auch mehrere.
Die räumliche Enge hatte zumindest einen Vorteil: Beim Zusammen-
rücken wurde es einigermaßen warm. Denn selbst die wenigen offenen Kamine, die es gab, erwärmten die Zimmer nicht gleichmäßig.
Weiter hinten im Raum blieb es gerade im Winter hinter den meter-
dicken Mauern eisig kalt. Da das offene Feuer immer auch eine Brandgefahr bedeutete, ging man sparsam damit um und beauftragte
Knechte, nachts die Gluten zu kontrollieren. Erst um die Mitte des
13. Jahrhunderts fanden von außen beheizbare Kachelöfen weitere
Verbreitung. Fackeln, Kienspane oder Talglampen benutzte man wegen der Feuergefahr und ihres beißenden Rauches ebenfalls nicht

allzu häufig. Gerade die kalte Jahreszeit muss daher für die Burgbewohner recht ungemütlich gewesen sein. Denn neben der Kälte herrschte auch noch Dunkelheit in den Räumen, deren wenige Fenster man zur Wärmedämmung mit Fellen oder Tierblasen verhängte. Das teure Glas, das die Tageshelle in die Zimmer gelassen hätte, konnten sich nur wenige Burgherren leisten, und erst im späten Mittelalter kamen billigere Butzenscheiben auf, die aus kleinen runden, zur Mitte hin verdickten Scheiben aus unreinem Glas bestanden. So richtig kuschelig warm war es eigentlich nur im Bett, und da man aus Platzgründen ohnehin nur ein großes Himmel- oder Kistenbett aufstellen konnte, kroch man eben zusammen unter die Decke. Meist schlief die ganze Familie zusammen, was als Privileg galt, denn das Gesinde nächtigte häufig im Stall beim Vieh. Doch auch die längste und gemütlichste Winternacht endete irgendwann, und dann ging die Frösteley von vorne los. Um der ewigen Kälte Herr zu werden, legte man Teppiche aus und streute Stroh auf den Boden, doch handelte man sich damit schon das nächste Problem ein. Denn gerade im Stroh lebte viel Ungeziefer, sodass sich rasch Läuse und Flöhe ausbreiteten. Die kleinen Plagegeister, die den Menschen das Leben schwer machten, verbreiteten sich umso schneller, als die Burgbewohner auch von Körperhygiene wenig hielten.

Wie Platz, Licht und Wärme gehörte nämlich auch das Wasser zur Mangelware in einer Burg. Großer Aufwand musste betrieben werden, um einen Brunnen in die Tiefe zu schlagen oder eine Quelle anzuzapfen. Denn je höher eine Burg lag, desto länger war der Weg zum Grundwasser. Der tiefste Burgbrunnen, der in Deutschland jemals gegraben wurde, ist mit 176 Metern jener der Reichsburg Kyffhausen. Auch in den Festungen Königstein und Hohenburg in Homberg musste man 152 bzw. 150 Meter in die Tiefe gehen, um an Wasser zu kommen. Ansonsten standen nur Zisternen zur Verfügung, um das Regenwasser aufzufangen und zu nutzen. Doch nicht nur die Menschen, auch die Tiere mussten täglich mit Wasser versorgt werden. So gehörten Wasch- und Badetage eher zur Ausnahme im Alltag der Burgbewohner. Man wusch sich die Hände vor dem Essen und das Gesicht vor dem Zubettgehen, das genügte. Nur im Sommer kletterte die adli-

ge Familie in einen im Burghof aufgestellten Zuber, um sich einmal
gründlich zu säubern, wobei man das Wasser gerne mit Blüten und
Aromastoffen anreicherte. Eigene Badehäuser oder Badestuben gab
es nur in den größeren Fürstenresidenzen. Die tägliche Notdurft ver-
richtete man auf einem kleinen, etwas abseits im Burghof stehenden
Toilettenhäuschen mit Sickergrube oder in einem Aborterker, der die
Exkremente einfach in den Burggraben entsorgte. Zur Reinigung des
Allerwertesten benutzte man Stroh oder einen nassen Schwamm. In
Burgen, die keine eigene Wasserversorgung hatten, musste das Wasser von außen mühselig herangeschafft werden. Auf Eselsrücken fand
das kostbare Nass dann seinen Weg nach oben. Überhaupt gehörten
die unvorteilhaften Transportwege zu den großen Beschwernissen
der Burgbewohner. Alles, was auf der Burg nicht selbst produziert
werden konnte, gelangte auf steilen Wegen und Pfaden, die im Winter
verschneit und vereist waren, hinauf auf die unzugänglichen Felsennester. Die Felsenburg Covolo (dt. Kofel), die in einer riesigen Stein-
höhle an der Tiroler Grenze in der heutigen italienischen Provinz Vi-
cenza oberhalb des Flusses Brenta lag, ließ sich zu Fuß überhaupt
nicht erreichen. Vorräte, Möbel, Waffen, selbst die Menschen wurden
mit Hilfe von Kränen nach oben gehievt. Der Besucherandrang wird
sich wohl in Grenzen gehalten haben. Daher herrschte in vielen abgelegenen Burgen die meiste Zeit des Jahres gähnende Langeweile. Der
Burgalltag bot wenig Abwechslung, der Sommer ging mit landwirtschaftlichen Arbeiten ins Land, im Winter boten Reparaturarbeiten
und Textilherstellung Beschäftigung. Feste mit Gauklern und Spielleuten waren dagegen die Ausnahme und auch nur an den größeren
Höfen üblich. Die einfachen Ritterfamilien begnügten sich an langen
Wintertagen mit einem Brettspiel wie Schach, Dame oder Backgammon und gingen ansonsten mit den Hühnern zu Bett.

Die Burgenromantik ist eine Erfindung späterer Zeiten. Die Adligen und ihre Gefolgsleute, die auf ihren kalten und zugigen Wohnsit-
zen hockten, konnten sich durchaus besseres vorstellen. Vor allem in
den aufstrebenden Städten, wo das große Geld gemacht wurde und
eine wohlhabende Schicht von Fernkaufleuten und Patriziern entstand, ließ sich weitaus komfortabler wohnen. Welche Behaglichkeit

bot doch das Haus eines reichen Städters, der seine Zimmer mit Kachelöfen beheizte, mit Wandteppichen und erlesenen Ausstattungs-
stücken von seinen zahlreichen Handelsreisen schmückte und dazu
noch ein Gärtlein mit eigenem Ziehbrunnen besaß! „Ihr Bürger lebt in
den Städten nicht nur angenehm, sondern auch bequem, wenn es
euch gefällt", rief Ulrich von Hutten voller Neid auf den Wohlstand
anderer aus. In dem Maße, in dem sich das Militärwesen durch das
Aufkommen von Söldnerheeren und den Einsatz von Feuerwaffen
wandelte und die Ritter überflüssig machte, verließen die hohen Herren auf ihren Burgen ganz gerne ihre angestammten Wohnsitze.
Wenn infolge der spätmittelalterlichen Agrarkrise auch noch Geldmangel eintrat, lohnte sich der kostspielige Unterhalt der ausgefalle-
nen Immobilien erst recht nicht mehr. Viele Burgen wechselten dann
durch Kauf oder Verpfändung den Besitzer, und häufig waren es reiche Bürger, die sich mit adliger Wohnkultur aufwerten wollten. So
ging die Burg Hohenfreyberg, die der romantisch veranlagte Friedrich
von Freyberg noch 1418 begonnen hatte, 1480 durch Verkauf an den
Erzherzog von Österreich, der sie wiederum als Pfand dem reichen
Augsburger Kaufmann Georg Gossembrot überließ. Dieser vermählte
seine Tochter mit einem Freyberg-Sprössling und gab ihr die Burg als
„fürstlichen Wohnsitz" mit in die Ehe.

Angesichts der durchschlagenden Wirkung von metallenen Artil-
leriegeschossen hatten die Burgen spätestens ab dem 16. Jahrhundert militärisch ausgedient. Dadurch kam es zu einer Trennung von
Wohn- und Wehrbau. Der Hochadel wohnte fortan in einem repräsentativen Schloss, in dem es sich luxuriös und bequem leben ließ,
während die militärische Funktion der Burg auf den Festungsbau mit
seinen Graben, Wällen, Kasernen und Bastionen überging. Die einstmals so prestigeträchtigen Burgen standen nun einsam und nutzlos
in der Landschaft, verfielen zu Ruinen oder dienten der Bevölkerung
nur mehr als Steinbruch. Erst die Romantik entdeckte die alte Bur-
genherrlichkeit wieder. Im 19. Jahrhundert begann man Burgen zu
restaurieren und wiederaufzubauen, und zwar nach den zuweilen
recht eigenwilligen Vorstellungen, die man damals vom Mittelalter
hatte. Da wurde gerne noch ein Türmchen draufgesetzt, der Zinnen-

kranz verstärkt, hie und da ein neues Gebäude stillschweigend hinzu-
gefügt. Man begann sogar neue Burgen im sogenannten neugoti-
schen Stil zu bauen, um die Tage der alten Ritterherrlichkeit
wiederzubeleben. Den stimmungsvollen Höhepunkt all dieser Bemühungen setzte mit Sicherheit der bayerische König Ludwig II., der
sich mit dem 1869 begonnenen, einsam in der Bergwelt bei Füssen
gelegenen Schloss Neuschwanstein seinen ganz eigenen Traum vom
Mittelalter erfüllte.

IRRTUM 7:

Bürger einer Stadt waren im Mittelalter frei

„Stadtluft macht frei!". Auf diese knappe Formel brachte die historische Forschung einen Rechtsgrundsatz, der sich in vielen mittelalterlichen Stadtverfassungen verankert fand. Wenn ein in die Stadt geflüchteter Leibeigener nicht innerhalb von Jahr und Tag von seinem Grundherrn zurückgefordert wurde, erlangte er die persönliche Freiheit und durfte fortan unbehelligt in der Stadt ansässig bleiben. Doch dieser Grundsatz galt nicht immer und überall und schon gar nicht im Sinne einer schrankenlosen individuellen Freiheit. „Freiheit" bedeutete in der mittelalterlichen Rechtspraxis zunächst einmal nur das Fehlen von Hörigkeit. Der Neubürger unterlag auch in der Stadt vielen Beschränkungen. Wollte er das Bürgerrecht erwerben, das ihn zu einem vollwertigen und wahlberechtigten Mitglied der Stadtgemeinde machte, hatte er hohe wirtschaftliche Hürden zu nehmen. Wer nur Einwohner oder Beisasse einer Stadt war, musste mit einem niederen Rechtsstatus vorliebnehmen und auf das aktive und passive Wahlrecht verzichten. Darüber hinaus kennzeichneten krasse Gegensätze zwischen Arm und Reich die sozial stark differenzierte Stadtgemeinde. Einer hauchdünnen und superreichen Oberschicht aus Fernkaufleuten und alteingesessenen Patriziergeschlechtern stand eine große Masse aus kleinen Gewerbetreibenden, Handwerkern und Tagelöhnern gegenüber, die gerade das Nötigste zum Leben besaß. An der untersten Stelle der sozialen Skala befanden sich die Angehörigen unehrlicher und verfemter Berufe, die sich einer starken Diskriminierung von Seiten der Mehrheitsgesellschaft ausgesetzt sahen.

Fast geschafft, mochte sich der Gastwirt Sastrow aus dem kleinen Dorf Ranzin südöstlich der Stadt Greifswald gedacht haben, als er im Jahr 1487 vor den Schikanen der Landadligen in die wohlhabende Hansestadt geflüchtet war. So wie er hofften viele Landleute angesichts der wehrhaften Mauern einer großen Stadt auf Schutz und Rechtssicherheit – Schutz vor der Willkür selbstherrlicher Adliger und Grundherren, Schutz vor Fehden und Straßenräubern, Schutz aber auch in der Fremde vor rechtloser Beschlagnahmung des Eigentums oder vor ungerechtfertigter Verhaftung. Die Stadt trat als eigener Rechtskörper für die Belange ihrer Bürger ein, vertrat diese in auswärtigen Rechtsstreitigkeiten, verhalf ihnen zur Eintreibung auswärtiger Schulden und kaufte sie nach Gefangennahme gelegentlich auch frei.

Doch nicht immer ging die Sache so gut aus wie im Falle des Ranziner Gastwirts, dessen Familie innerhalb dreier Generationen ihren Aufstieg machte und mit dem Enkel Bartholomäus Sastrow sogar einen Bürgermeister der mächtigen Hansestadt Stralsund stellte. Das Passieren der Stadttore war das Eine, seinen Platz in der städtischen Gesellschaft zu finden das Andere. Das lag nicht nur an persönlichem Fleiß oder Glück, sondern auch an der schwankenden Einwanderungspolitik der Städte, die je nach sozialer und ökonomischer Situation den Zuzug in ihre Mauern förderten oder hemmten. Wurden Arbeitskräfte gesucht oder war die Einwohnerschaft nach Epidemien und Kriegsläufen dezimiert, öffneten sie ihre Tore bereitwilliger als in Zeiten von Wirtschaftskrisen, in denen man die heimische Produktion vor Konkurrenz schützen und den Zuzug Mittelloser drosseln wollte. So verfolgte die Stadt Nürnberg zum Ausbau ihrer Stadtmauern im 14. Jahrhundert eine liberale Einwanderungspolitik, senkte die Aufnahmegebühren für die Neubürger und erlaubte auch Tagelöhnern die Ansiedlung in den Vorstädten, verschärfte die Bestimmungen aber wieder nach getaner Arbeit. Anders verhielt es sich in den von weltlichen oder geistlichen Grundherren planmäßig angelegten Gründungsstädten, die mit besonders günstigen Bedingungen um Neusiedler warben. Der Zähringer Herzog Konrad versprach bei der Gründung der Stadt Freiburg im Breisgau 1120 jedem leibeigenen Neuankömmling die persönliche Freiheit binnen Jahr und Tag. Auch Bischof Eberhard von Münster zeigte sich 1289 den Neubürgern seiner Stadt Haltern gegenüber großzügig, indem er ihnen innerhalb der Jahresfrist den Schutz vor ihren ehemaligen Grundherren zusagte. Regensburg dagegen zeigte sich zugeknöpfter und gewährte erst nach zehn Jahren die persönliche Freiheit. Auch das mächtige Nürnberg verhielt sich abwartend und verlangte vor dem Erwerb des vollen Bürgerrechts eine fünfjährige Mindestresidenzzeit in den Vorstädten der fränkischen Metropole. Wer also erfolgreich in eine Stadt geflüchtet war, konnte sich nicht völlig sicher sein, dort auch bleiben zu dürfen. Wurde man innerhalb der unterschiedlichen Fristen von seinem Grundherrn zurückbeordert, musste man in sein angestammtes Dorf zurückkehren. Da Landflucht ein zunehmendes Problem für die Grundherren darstellte, versuchten sich viele Städte zur Vermeidung von Konflikten schon im Vorfeld mit diesen gütlich zu einigen. Die Stadtrechte von Ravensburg, Ulm und Friedberg zum Beispiel sahen vor, dass hörige Bauern, die das Bürgerrecht begehrten, vorher mit ihren Herren um eine Ablösung ihrer Verpflichtungen verhandeln sollten. Die clevischen Städte vereinbarten im 13. Jahrhundert mit den Grafen von Geldern und Cleve einen bestimmten Stichtag, bis zu dem hörige Bauern das Bürgerrecht erwerben durften, nach diesem Termin aber keine Aufnahme in den Städten mehr fanden. Und auch Kaiser Friedrich II. gab dem Drängen seiner Großvasallen nach und verbot die Aufnahme ihrer hörigen Bauern in königlichen Städten. Den Aufschwung des Städtewesens insgesamt konnten diese Regelungen aber nicht hemmen.

Der Glückliche, der die Fesseln der feudalen Grundherrschaft in der Stadt abgestreift hatte, war noch lange kein vollwertiges Mitglied der Stadtgesellschaft. Dazu musste er erst das Bürgerrecht erwerben, das allerdings an bestimmte ökonomische Voraussetzungen geknüpft war. Da sich die Städte unnütze Esser vom Hals halten wollten, ließen sie nur Haus- und Grundbesitzer zum vollen Bürgerrecht zu. Die Reichen und Vermögenden, so ihre Annahme, würden an der Aufrechterhaltung der Ordnung und an stabilen Verhältnissen in der Stadt besonderes Interesse zeigen. Der Bewerber musste also ein eigenes Haus in der Stadt nachweisen, dazu ein Mindestvermögen besitzen und ein ordentliches Bürgergeld als Aufnahmegebühr bezahlen. Konnte er diese Bedingungen erfüllen und besaß dazu noch einen guten Leumund, hatte er einen Eid zu leisten, mit dem er sich dem Stadtrecht unterwarf und dem Rat Gehorsam und Treue schwor. Vor allem Letzteres erschien den Ratsherren besonders wichtig. Denn Widerworte und Schmähreden hörte man gar nicht gerne in den Ratsstuben. „Beamtenbeleidigung" kostete schon damals eine saftige Strafgebühr. Auf Zusammenrottung gegen den Rat standen in den Statuten der Stadt Nordhausen beispielsweise zwei Jahre Verbannung, und wer gar einen Ratsherrn tötete, musste mit ewigem Stadtverweis rechnen. Schon allein der Aufruf zu Ungehorsam und Widerstand galt als gegen die Stadt gerichtetes strafwürdiges Vergehen. Ruhe hieß schon im Mittelalter die erste Bürgerspflicht. Daneben übernahm der Neubürger durch seinen Schwur Aufgaben, die mit der Gefahrenabwehr und der Verteidigung der Stadt zusammenhingen. Jeder Bürger hatte für den Notfall Harnisch und Waffen im Haus aufzubewahren und bei drohender Gefahr die Stadt selbst zu verteidigen. Er musste zudem nächtliche Wachdienste auf der Stadtmauer übernehmen und hatte mit harten Bestrafungen zu rechnen, wenn er dabei einschlief. Die wenig praktikable Regelung wurde im Laufe der Zeit allerdings durch Geldzahlungen abgelöst. Ferner konnte der Bürger zu Arbeitsdiensten für die Befestigungsanlagen und zu Feuerabwehrmaßnahmen herangezogen werden. Friedens- und Rechtsbrüche hatte er der Obrigkeit unverzüglich anzuzeigen. Im Gegenzug bot ihm die Stadt Frieden und Rechtssicherheit, persönliche Freiheit und das aktive und passive Wahlrecht in Bezug auf die städtischen Selbstverwaltungsgremien.

Wer all das nicht leisten konnte, besaß lediglich den Status eines Einwohners oder Beisassen. Zu diesen gehörte die große Gruppe der Handwerker, Knechte, Mägde und Tagelöhner, die kein eigenes Haus besaßen, sondern in der Regel zur Miete wohnten. Ihnen blieb ein politisches Mitspracherecht verwehrt, bis sich die in Zünften organisierten Handwerksmeister im 14. Jahrhundert in vielen Städten eine Teilhabe an der Macht erstritten. Da der Stadtobrigkeit daran gelegen war, möglichst viele Bewohner an das Gemeinwesen zu binden, ging sie dazu über, auch die Beisassen zur Eidesleistung zu verpflichten und sie zu Wach- und anderen öffentlichen Diensten heranzuziehen. Dafür genossen die Minderbürger den Rechtsschutz der Stadt zumindest innerhalb ihrer Mauern, nicht jedoch außerhalb. Was Vollbürger und Beisassen miteinander verband, war die gemeinsame Pflicht – man ahnt es schon – zur Steuerleistung. Denn im Nehmen zeigte sich die Stadtobrigkeit recht großzügig. Die vielfältigen Aufgaben der Stadt in Friedenswahrung, Sicherheits-, Außen- und Fürsorgepolitik machten regelmäßige Einnahmen nötig. Schon allein der Bau und der Unterhalt der gewaltigen Stadtmauern mit ihren Türmen, Toren und Gräben kosteten ein Vermögen. Kam dann noch eine kostspielige Territorialpolitik hinzu, wie sie Großstädte wie Nürnberg oder Köln aus Sicherheitserwägungen und Versorgungsgründen heraus betrieben, blieb nichts anderes übrig, als die Bevölkerung stärker zu besteuern. Dabei wurden nicht nur die Reichen belastet. Drückender als die direkte Vermögenssteuer, die erst im Laufe der Zeit alljährlich erhoben wurde und in der Regel auf Selbsteinschätzung beruhte, wirkten sich vor allem für die ärmeren Bevölkerungsschichten die Verbrauchssteuern auf lebensnotwendige Güter aus. Da gab es Salzsteuern, Weinsteuern, Biersteuern und Kornsteuern. Die Kölner Stadtväter zeigten sich darin besonders erfindungsreich. Das Bier besteuerten sie zum Beispiel gleich mehrfach durch einen „Bierpfennig" auf die Produktion, einen „Malzpfennig" auf den Verbrauch und einen 1414 zusätzlich für alle Selbstverbraucher eingeführten „Bürgermalzpfennig". Wer nun dachte, er könne auf Importware zurückgreifen, sah sich bitter getäuscht. Der Rat erhob einen so hohen Zoll auf Import-Bier, dass auch dessen Kauf nicht lohnte. Das Zahlen und Knechten hatte für den „kleinen Mann" also auch in der Stadt kein Ende.

Damals wie heute regte sich gegen die als ungerecht empfundene Steuerpolitik der Obrigkeit Widerspruch. Die Augsburger hatten jedenfalls von der undurchsichtigen Steuer- und Finanzpolitik ihres Rates und einer neu aufgelegten Getränkesteuer endgültig genug. Am 22. Oktober 1368 marschierten sie unter Führung einiger aufmüpfiger Handwerker wutentbrannt und bewaffnet zum Perlachplatz, besetzten Rathaus, Tore und Straßen. In einem unblutigen Putsch zwangen die Aufständischen den aus alteingesessenen Patriziergeschlechtern zusammengesetzten Rat zur Einführung einer neuen Zunftverfassung, in der die Zunftmeister politisches Mitwirkungsrecht zugestanden bekamen. Die Stadtpolitik ruhte fortan auf einer breiteren Basis, die sich auf die zu Reichtum gekommenen Handwerksmeister und Kaufleute stützte und das Machtmonopol des aus der Ministerialität und dem Fernhandel aufgestiegenen Patriziats brach. Das neue Regiment versprach mehr Transparenz von Einnahmen und Ausgaben der Stadt und schaffte das Ungeld wieder ab. Auch in Köln fügten sich die zu neuem Reichtum gekommenen Bürger nicht in die Rolle der schweigenden Melkkuh. Sie erzwangen 1396 die Bildung von 22 Gaffeln, berufsspezifischen politischen Körperschaften, die am Stadtregiment beteiligt wurden. Der Rat durfte keinen Kriegszug, kein Bündnis ohne die Zustimmung ihrer Vertreter beschließen und nicht allein über Summen von mehr als 1000 Gulden verfügen. Die Bürgerunruhen, die auf stärkere soziale Verwerfungen in den städtischen Gesellschaften hinweisen, mehrten sich vor allem im 14./15. Jahrhundert. Eine Statistik zählte für diesen Zeitraum rund 210 Aufstände in über hundert Städten des Reiches. Allerorten erstritten sich die in Zünften organisierten Handwerker ein Mitspracherecht an der Politik, zumindest ihre wohlhabenden Vertreter, die es sich leisten konnten, ein städtisches Führungsamt zu übernehmen. Denn Diätenzahlungen gab es noch nicht, erst ab dem 15. Jahrhundert bezahlte man Amtsinhabern einen Ausgleich für den Arbeitszeit- und Einkommensverlust in bescheidener Höhe.

Von diesen Veränderungen unberührt, gab es weiterhin das Heer der Armen in der Stadt, zu denen Witwen, mittellose Alte, unregelmäßig beschäftigte Tagelöhner, das Gesinde und Bettler zählten. Zur erwerbstätigen Unterschicht konnten aber auch Handwerksgesellen zählen, die auf Grund ihres Kapitalmangels und wegen der Zugangsbeschränkungen zu den Zünften keine Aussicht besaßen, jemals einen eigenen Meisterbetrieb zu gründen, oder arme Handwerksmeister, die ohne eigenen Betrieb im Stücklohn für andere Meister arbeiteten. Ohne Aussicht auf Vermögensbildung lebten diese Menschen in prekären, höchst krisenanfälligen Verhältnissen. Die Angehörigen der Unterschicht besaßen auch nach der Beteiligung der Zünfte am Stadtregiment keinen politischen Einfluss und wurden von einer reichen Oligarchie beherrscht, zu der sie selbst keinen Zugang besaßen. Da sie unter der steuerlich maßgeblichen Vermögensgrenze lagen, leisteten sie nur eine geringfügige Kopfsteuer und wurden in den Steuerlisten als „Habenichtse" geführt, obwohl sie über die Vielzahl indirekter Steuern den öffentlichen Haushalt mitfinanzierten. In Augsburg wurden sie 1475 sogar zu einer außerordentlichen Zuschlagsteuer herangezogen, um den Beitrag der Stadt zum Krieg gegen Herzog Karl von Burgund zu finanzieren. 107 Bettler wurden dazu verdonnert, eine wöchentliche Abgabe von vier Pfennigen zu entrichten, 151 Tagelöhner wurden zur Leistung von sechs Pfennigen pro Woche verpflichtet. Sofern die bedürftigen Städter nicht bei ihrem Dienstherrn wohnten oder bei reicheren Verwandten Unterschlupf fanden, lebten sie irgendwo im engen Gassengewirr der Stadt zur Miete.

Während die „gute Stube" der Stadt rund um den Marktplatz, das Rathaus und die Pfarrkirche den prächtigen Steinhäusern der Reichen vorbehalten war, mussten die ärmeren Schichten mit den weniger zentral gelegenen Vierteln an der Stadtmauer vorliebnehmen. Im wohlhabenden Nürnberg galten nur die eigens befestigten Innenstadtbereiche um die Kirchen St. Sebald und St. Lorenz als die rechte Bürgerstadt, und ein Neubürger durfte hier nur zuziehen, wenn er ein Mindestvermögen von 200 Gulden besaß und mit Erlaubnis des Rates dort ein Haus im Wert von fünfzig Gulden erwarb. Alle übrigen landeten erst einmal in den aus Holz und Fachwerk errichteten, innerhalb der Stadtmauer liegenden Vorstädten. Da hier meist drangvolle Enge herrschte, wurde jedes auch noch so finstere Kellerloch vermietet. Selbst Bettler mussten Miete bezahlen, wenn sie im Winter einen trockenen Unterschlupf suchten. Da sie über keine Sicherheiten verfügten, knöpfte man ihnen den Betrag täglich oder wöchentlich ab. Den Ärmsten der Armen genügte schon eine einigermaßen warme Bleibe unter der Treppe oder in einer kleinen Kammer. In manchen Städten kam es durch die Massierung billiger Quartiere zu einer regelrechten Ghettobildung der Unterschicht, die sich in Straßennamen

wie „Bettlergasse", „Gailer"- oder „Gilergasse" niederschlug. Die Obrigkeit beförderte diese Entwicklung durchaus, da sie das „Gesindel"
aus den vornehmen Bezirken der Stadt heraushalten wollte. Diese
Viertel genossen wegen ihrer hohen Kriminalitätsrate einen sehr
schlechten Ruf. In Köln waren zum Beispiel die Schmiergasse, der
Alte Graben und die Spielmannsgasse äußerst verrufen. Neben der
gängigen Form der Untermiete gab es aber auch schon regelrechte
Mietshäuser, die von reicheren Bürgern eigens zu diesem Zweck errichtet wurden. In Nürnberg schufen Wohlhabende auf ihren eigenen
Grundstücken Wohnraum, indem sie ganze Komplexe von bis zu drei-
stöckigen Mietshäusern oder kleinen Reihenhäusern erbauten, um
die Massen an Zuwanderern zu beherbergen. Anhand der Bürgerlis-
ten lässt sich für die Zeit von 1382 bis 1500 die Zahl der einfachen
Zuwanderer nach Nürnberg auf rund 18.000 Personen samt Familie
schätzen.

Mit Armen, die unverschuldet in Not geraten waren, hatte die Gesellschaft durchaus Mitleid. Das Betteln galt zunächst als „normale"
Betätigung, um den Lebensunterhalt bei knapper Kasse aufzubessern.
Den Appell an die christliche Nächstenliebe empfand man nicht als
ehrenrührig, gab er doch den Reichen die Möglichkeit, ihre Caritas zu
beweisen. Neben den Berufsbettlern, die nur von den Erträgen ihrer
Heischegänge lebten und mit allerlei Künsten und Tricks unter Vor-
spiegelung von Krankheiten und eindrucksvollen Sterbeszenen ihre
schmalen Einkünfte zu heben trachteten, gab es auch die verschäm-
ten Armen und die Hausarmen, die nicht auf der Straße bettelten. Sie
konnten am meisten auf die Solidarität ihrer Umgebung zählen, da sie
als besonders ehrbar galten. Sie wurden von der Nachbarschaft, der
Pfarrei, von Verwandten oder befreundeten Bürgersfamilien unterstützt. Zu ihnen zählten meist arme Witwen mit Kindern oder Allein-
stehende und Kranke, die keiner Tätigkeit nachgehen konnten. Die
Städte kümmerten sich insofern um sie, als sie ab dem 13. Jahrhundert zunehmend Hospitäler zur Armen- und Krankenversorgung erbauten und ab dem Spätmittelalter Almosenkassen einrichteten, mit
denen Bedürftige unterstützt werden konnten. So entstand mit dem
Geld reicher Lübecker Kaufleute 1287 das schmucke Heilig-Geist-

Spital in Lübeck, und 1331 baute die Stadt Nürnberg ihren repräsentativen Spitalbau über der Pegnitz. Das älteste erhaltene kommunale Spital ist das 1236 erbaute Mainzer Heilig-Geist-Spital. Hier fanden Arme, Kranke und Alte, auch Reisende und Pilger in Notfällen Unterschlupf. Einzelne Großspender taten sich immer wieder hervor, wie in Augsburg der reiche Bankier und Fernkaufmann Jakob Fugger, der 1521 mit der Fuggerei die älteste Sozialsiedlung der Welt gründete, in der unverschuldet in Not geratene Bürger für eine symbolische Miete Unterkunft fanden. Ihr Gebet für das Seelenheil des Stifters war dem Gründer genug. Anders stand es jedoch um fremde Bettler, fahrendes Volk und Angehörige verfemter Berufe, die man aus der Gesellschaft ausgrenzte und diskriminierte. Durch uneheliche Geburt, Prostitution und anrüchige Tätigkeiten konnte man an den Rand der Gesellschaft und damit auch in die Armut gedrängt werden. Unehrliche Leute, zu denen Abortreiniger, Totengräber, Schinder oder Henker gehörten, besaßen nur eine eingeschränkte Rechtsfähigkeit und konnten nicht als Richter, Eideshelfer, Zeugen oder Vormund amtieren. Da sie zum Zunfthandwerk nicht zugelassen wurden – dies traf besonders unehelich geborene Kinder hart – und auch von allen städtischen Ehrenämtern ausgeschlossen waren, hatten sie kaum Aussicht auf sozialen Aufstieg. Das unterschied sie von allen anderen Angehörigen der Unterschicht, die zumindest ein bisschen Hoffnung auf das eigene Können, auf eine kleine Erbschaft oder eine vorteilhafte Heirat setzen konnten. Die Randgruppen, zu denen auch die Fremden und die Juden zählten, blieben unter sich. Söhne, die einen Vater mit unehrlichem Beruf hatten, konnten nur dieselbe Tätigkeit ergreifen oder waren zur Bettelei verurteilt. Auch bei der Wahl der Ehepartnerin hatten sie aus der eigenen oder einer ähnlichen Berufsgruppe zu wählen. Die Ausgrenzung wurde somit von Generation zu Generation vererbt.

Dabei gab es keinen vernünftigen Grund, bestimmte Berufsgruppen zu verfemen. Denn auch Gewerbe, die in irgendeiner Form Ekel erregten, waren notwendig für die Gesellschaft. Schinder oder Abdecker, die die Tierkadaver ausbeinten und entsorgten, erfüllten ebenso wie Totengräber oder Kloakenreiniger eine sinnvolle Aufgabe in den rasch wachsenden Städten mit ihren unhygienischen Verhältnissen. Die starke Geruchsbelästigung, die mit dem Umgang mit verendeten Tierleibern und dem Ausräumen der Abortgruben einherging, schuf eine soziale Distanz, die im Laufe des 15. Jahrhunderts zur Unehrlichkeit dieser Berufe führte. Als ehrenrührig betrachtete man auch die Arbeit des Hundeschlagens, des Tötens herrenloser, in den Straßen herumstreunender Hunde, welche sehr häufig der Abdecker mit übernahm. Am schlimmsten traf die gesellschaftliche Tabuisierung den Henker, obwohl er eine hoheitliche Aufgabe erfüllte und im Auftrag der Obrigkeit die gefällten Gerichtsurteile vollstreckte. Allein die Furcht, die einen beim Anblick des Scharfrichters auf der Richtstätte beschlich, war Anlass, ihn und seine Knechte rigoros zu meiden. Auch wenn man seinen richtigen Personennamen kannte, nannte man ihn häufig nur schaudernd „Meister Hans" oder „Meister Stoffel". Der Scharfrichter, dessen Beruf 1276 im Augsburger Stadtrechtsbuch erstmals erwähnt wird, hatte strenge Anweisung, den ehrbaren Bürgern aus dem Weg zu gehen. Gleichwohl kam ihm Achtung zu, wenn er sein blutiges Geschäft ordentlich ausführte und eine Enthauptung mit einem wuchtigen Schlag mit dem Richtschwert vollzog. Ein unfähiger Henker, der das Opfer leiden ließ und mehrere Schläge brauchte, um den Kopf vom Rumpf zu trennen, lief Gefahr, selbst gehenkt zu werden. Doch privat wollte niemand mit dem unheimlichen Mann etwas zu tun haben, weswegen sich häufig regelrechte „Scharfrichterdynastien" bildeten, die das Gewerbe über Generationen vom Vater auf den Sohn vererbten. Neben der Vollstreckung von Todesurteilen gehörten auch die Beseitigung von Selbstmördern, das Erpressen von Geständnissen mit Hilfe der Folter, der Vollzug von Körper- und Ehrenstrafen sowie das Besorgen der Särge zum Aufgabenfeld eines Henkers. Als Nebentätigkeiten konnten noch die Aufsicht über die Abdecker, Kloakenreiniger und die Prostituierten der Stadt, und das Anbieten chirurgischer Heilkünste wie das Einrenken ausgekugelter Schultergelenke oder das Schienen von Knochenbrüchen hinzukommen, die der Henker auf Grund seiner guten anatomischen Kenntnisse vornahm.

Kann man die Tabuisierung des Scharfrichters noch mit dem blanken Grauen erklären, das einen bei dessen schauerlichem Auftreten überkam, so spielten bei der Verfemung anderer Berufsgruppen völlig irrationale Gründe eine Rolle. In manchen Gegenden galten selbst Müller, Leineweber oder Schäfer als unehrlich. Müllern und Leinewebern machte man zum Vorwurf, sie würden die Kunden betrügen, von Getreide und Tuch zu viel für sich selbst zurückbehalten. Den umherziehenden Schäfer ereilte das Verdikt aller fahrenden Gesellen. Die Bader standen dagegen im Verdacht, nicht nur schöne, große Zuber mit heißem Wasser zur Körperreinigung zur Verfügung zu stellen, sondern auch dem Übel der Prostitution Vorschub zu leisten. Die feschen Bademägde, die ihre Gäste für gewöhnlich nur massierten und schrubbten, boten gelegentlich in Hinterzimmern der Badestube auch Liebesdienste an, was ihre Branche in Verruf brachte. Den Vertretern der Kirche erschien das lose Treiben in den Badehäusern, in denen Männer und Frauen gemeinsam in die Wanne hüpften, ohnehin als Skandal. Sie empfahlen Abstinenz. Doch dem Volksvergnügen mit all seinen heimlichen Begleiterscheinungen kamen sie damit nicht bei. Den Badern, die sich mit Haar- und Bartscheren, Aderlassen und kleinen Wundbehandlungen einen Zusatzverdienst erwarben, haftete hartnäckig der Ruf an, in Liebesdingen beide Augen zuzudrücken. Lange Zeit blieb ihnen die Bildung einer Zunft daher verwehrt. Erst Ende des 14. Jahrhunderts entstanden in Augsburg und Hamburg die ersten Baderzünfte. Im ganzen Reich wurden sie erst 1548 für zunftfähig angesehen.

Falls die Badersmagd gefallen war, hatte sie einen schweren Stand. Prostitution wurde im Mittelalter zwar als notwendiges Übel betrachtet, doch die Liebesdienerinnen durften kein Bürgerrecht erwerben. Sofern sie ihrem Gewerbe in den seit dem 13. Jahrhundert gegründeten „Frauenhäusern" nachgingen, bekamen sie zumindest Unterkunft, Kleidung und feste Verpflegung gewährt, mussten aber eine Abgabe an den Frauenwirt leisten, der wiederum einen Wochenzins an die Stadt zu zahlen hatte. Die öffentlichen Kassen füllten sich also auch durch die Erträge der „leichten" Mädchen. Die Dirnen fanden nur sehr selten ihren Weg ins bürgerliche Leben zurück. 1198 gewährte Papst Innozenz III. zwar einen Ablass, wenn Männer eine ehemalige Prostituierte heirateten und dadurch aus dem Milieu holten, doch ein Mädchen mit schlechtem Ruf fand meist keinen ehrbaren Ehemann. Nur wenig Hoffnung bot auch der Eintritt in den 1227 gegründeten Magdalenerinnenorden für reuige Sünderinnen. Gemäß dem Vorbild der Ordenspatronin Maria Magdalena konnten hier ehemalige Prostituierte ein bußfertiges Leben führen, doch die harte Askese lag nicht jeder Frau, und der Orden achtete auch zunehmend auf den Ruf seiner Insassinnen. So blieben die Prostituierten häufig ein Leben lang ausgegrenzt und in Armut gefangen. Wie andere Verfemte der städtischen Gesellschaft machten sie die bittere Erfahrung, dass Stadtluft eben nicht jeden und nicht jede gleichermaßen frei macht.

Im Mittelalter gab es noch keine Bürokratie

Heute bekamen die Bremer Bürger wieder ordentlich die Ohren voll gedröhnt: In einer großen öffentlichen Bekanntmachung las ihnen der Ratsdiener vor dem Rathaus in einer langen Litanei vor, was sie alles zu tun und zu lassen hätten. Da ging es um die Regelung der Nachtwache, um Maßnahmen zum Feuerschutz, um die Beseitigung des Mülls auf den Straßen, um das Handels- und Gästewesen, um Kleiderordnungen und Spielverbote. Die Bremer „Kundige Rulle" von 1489 umfasste sage und schreibe 225 Artikel, um dem Zusammenleben in der Hansestadt eine feste Ordnung zu geben. Und damit auch ja keiner die wichtigen Bestimmungen vergaß, wurden diese „Burspraken", wie man sie nannte, bis zu viermal im Jahr zu bestimmten Terminen verlesen. Schließlich sollte sich niemand hinterher herausreden können, er habe es nicht gewusst. In Hamburg brachte man die vielen Regeln gar nicht mehr auf einer Rolle unter, sodass man sie seit 1480 in Buchform zusammenfassen musste. Im Mittelalter gab es keine Bürokratie? Von wegen. Das Anschwellen der städtischen Gesetzgebung im Laufe der Jahrhunderte zeigt an, dass auch in dieser Epoche der Amtsschimmel kräftig wieherte. Die Regulierungswut in den Ratsstuben machte bald vor keinem Lebensbereich der Bürger halt, auch wenn man nicht immer das Personal vorhielt, alles im Einzelfall zu kontrollieren. Ob im Bauwesen oder in der Lebensmittelproduktion, ob in der Armenfürsorge oder im Gesundheitswesen, ob im privaten Konsumverhalten oder in der gewerblichen Berufsausübung – allerorten stieß der Bürger auf bürokratische Hemmnisse.

Gerade die Städte mit ihren anschwellenden Einwohnerzahlen, regen Handelsbeziehungen und differenzierten Gewerbestrukturen erwiesen sich als Keimzellen des modernen Verwaltungsstaates. Das Zusammenleben vieler Menschen auf engem Raum machte strengere Regeln für das gesellschaftliche Miteinander nötig, die ohne ein Mindestmaß an Bürokratie nicht zu verwirklichen waren. Die vornehmste Aufgabe des Stadtregiments war die Aufrechterhaltung des Friedens und der inneren Ordnung des Gemeinwesens, der „guten Polizei", wie es im städtischen Sprachgebrauch hieß. Daran musste sich die Obrigkeit messen lassen, wollte sie ihre Legitimation nicht verlieren. Dies bedeutete zum einen, mit prophylaktischen Maßnahmen äußeren Schaden von der Stadt abzuwenden, und zum anderen, einen Ausgleich zu schaffen zwischen den unterschiedlichen Bedürfnissen der Bewohner selbst, zwischen Händlern und Käufern, Produzenten und Endabnehmern, Reichen und Armen.

Viel Sorgfalt und Mühe verwendeten die Stadtväter auch darauf, die Folgen von Feuersbrünsten für ihre Kommunen zu minimieren. Die verheerende Wirkung des Feuers, das ganze Stadtviertel bis auf die Grundmauern niederlegte und viele Todesopfer forderte, lernten viele Städte im Mittelalter leidvoll kennen. So wurde zum Beispiel Straßburg im Verlauf von einhundert Jahren acht Mal eingeäschert, und in London kamen 1212 bei einem Stadtbrand 3000 Menschen ums Leben. Abhilfe tat also Not. Da der Feuerschutz jedoch eng mit den baulichen und topografischen Gegebenheiten der Stadt zusammenhing, erforderte er die aktive Mithilfe der Bürger. Nicht nur, dass im Notfall die Bewohner der Stadt selbst mit Eimer und Wasser zur Feuerstelle eilen mussten, um den Brand zu löschen, sie hatten beim Bau ihrer Häuser auch eine Reihe von Brandschutzvorschriften zu beachten. Keineswegs durfte jeder Häuslebauer seine Behausung nach Lust und Laune in die Landschaft stellen. Vor Baubeginn hatte der Hausvater erst einmal „aufs Amt", also zum Rat oder zum städtischen Baumeister zu rennen, um seinen Plan genehmigen zu lassen. Denn um die Ausbreitung von Bränden zu verhindern, waren der Abstand der Häuserzeilen voneinander und die Fluchtlinien genau festgelegt. Der Bauherr hatte sich an die vorgeschriebene Gebäudehöhe, den Gebäudeabstand und die vorgegebene Stockwerkzahl zu halten. Ein Steinhaus maß in Nürnberg 15 Meter Höhe, ein Fachwerkhaus allenfalls gut zwölf Meter. In Lübeck lagen im Rathaus Schnur und Maß bereit, damit jeder die geforderten Standards erfüllen konnte. Auch hinsichtlich des Baumaterials war der Hausherr nicht völlig frei, sondern hatte auf die Vorgaben der Stadt zu achten, die aus Feuerschutzgründen für die Verwendung bestimmter Materialien Vergünstigungen bot. So beharrte die Obrigkeit seit dem 13. Jahrhundert zunehmend auf der Verwendung von Stein als Baumaterial anstelle des leicht entzündbaren Holzes. Die Lübecker Stadtväter ließen nach einem großen Brand 1276 nur noch die Steinbauweise zu und stellten dafür bestimmte Mengen von Baumaterial aus dem städtischen Bauhof zur Verfügung. Andernorts zog man nach. In manchen Städten lockte man mit Prämien zum Bau gemauerter Häuser und ziegelgedeckter Dächer. Im steierischen Voitsberg wurde den Bürgern nach einem verheerenden Stadtbrand 1363 sechs Jahre lang die Bürgersteuer erlassen, wenn sie ihre Dächer mit Ziegeln statt mit Holzschindeln oder Stroh deckten. Auch in Frankfurt am Main gab man sich innovativ und streckte 1368 klammen Hausbesitzern das Geld für die Dachziegel vor. Streng achtete der Rat auf „Wildwuchs" an den Gebäuden, wodurch eine Feuersbrunst ebenfalls befördert werden konnte. Das Vorkragen von Obergeschossen und Erkern, der Überhang der Dachtraufe, der Bau von Außentreppen und von außen hochgeführten Kaminen unterlag der Genehmigungspflicht. Auch für die Errichtung von hölzernen Lauben und Altanen oder von Buden auf dem eigenen Grundstück musste man eine Erlaubnis einholen. Bauweise, Reinigung und Inspektion der gefährlichen Kamine waren zum Teil genau reglementiert. Harte Sanktionen erwarteten den, der sich nicht an die Vorschriften hielt oder sein Haus verwahrlosen ließ. Denn der Zustand eines Hauses, so die gängige Ansicht, gibt Hinweise auf die sittliche Einstellung seines Besitzers.

Wer sein Eigentum nicht pflegte, verbrachte seine Zeit wohl mehr bei Glücksspiel und Wein. In vielen Städten kontrollierte daher der Stadtbaumeister gemeinsam mit einer Ratsdeputation alljährlich den Zustand der Gebäude. Hier reklamierte er einen Schaden, dort mahnte

er eine Instandsetzung an, hin und wieder befahl er auch den Abriss
ungenehmigter Ein- und Anbauten. Er vermittelte aber auch städtische
Werkleute für die Ausführung der Reparaturen oder stellte Bauholz
aus dem städtischen Forst zu günstigen Preisen zur Verfügung.

Eng mit den Überlegungen zum Brandschutz verbunden war die
Wasserversorgung der Stadt, und deswegen musste auch in dieser Hinsicht der Eigenheimbesitzer des Mittelalters eine Reihe von Vorschriften beachten. Wer einen der vielen öffentlichen Brunnen benutzte, die
in den Stadtquartieren die Bewohner mit Trinkwasser und im Notfall
auch mit Löschwasser versorgten, wurde dafür zur Kasse gebeten. Die
daraus schöpfenden Anwohner fasste man in Brunnengemeinschaften
zusammen und beteiligte sie an den anfallenden Reparatur- und Reini-
gungskosten. Ein von der Stadt angestellter Brunnenmeister wachte
über die Funktionstüchtigkeit der zahlreichen Anlagen. Doch selbst wer
einen Privatbrunnen auf eigenem Grund und Boden errichtete, musste
sich an bestimmte Spielregeln halten. Der Rat schrieb einen bestimmten Abstand zu den Abortgruben vor, um einer Verschmutzung des
Trinkwassers vorzubeugen. Denn man unterschied bereits prinzipiell
zwischen Trink-, Brauch- und Abwasser. So war es vielerorts verboten,
sein Schmutzwasser einfach auf der Straße zu entsorgen. Der Hausbesitzer musste Sorge tragen, dass es entweder auf seinem eigenen
Grundstück versickerte oder in kommunale Abwasserkanäle, Schwemm-
gräben oder Rinnen ablief. Auch hatte er in regelmäßigen Abständen
die Abortgruben zu leeren und den Aushub über festgelegte Transportwege außerhalb der Stadt „ordnungsgemäß" zu entsorgen, d. h. in
nahe gelegene Flüsse zu kippen. Dafür kamen allerdings nicht alle Gewässer in Frage, sondern nur große, fließende, denen man gewisse
Selbstreinigungskräfte zutraute. Ausgenommen waren Stadtbäche mit
geringer Wasserführung und träge dahinfließende Flüsse.

Ein besonders wachsames Auge warf der Rat auf die „innere Sicherheit". Dazu gehörte in manchen Städten nicht nur das Verbot des
Waffentragens, ein nächtliches Ausgehverbot oder ein Vermum-
mungsverbot für männliche Jugendliche über 18 Jahren, sondern vor
allem der große Bereich der Markt- und Gewerbeordnung. Denn
nichts erregte die Gemüter so sehr wie schlechte Qualität von Waren,

überzogene Preise oder Betrug durch falsche Maße. Daher setzte die Stadtobrigkeit eine wahre Flut von Verordnungen in Gang, um den Frieden auf dem Markt und in den Kaufhallen zu wahren. An oberster Stelle stand dabei die Qualitätskontrolle. Amtlich bestellte Marktmeister, Warenschauer und Zeichenmeister achteten darauf, dass nichts Unrechtes auf die Tische und an die Stände gelangte. Eifrig überprüften sie Fischtonnen und Bierfässer nach ihrem Inhalt, begutachteten Fleisch und Wurstwaren nach ihrer Frische, sahen nach, ob etwa Milch mit Mehl gestreckt oder ob Wein gepanscht und mit verbotenen Zutaten wie Schwefel versetzt war. Kein Fass kam ohne städtisches Qualitätssiegel in den Handel, kein Sack Getreide auf den Markt, ohne nachgemessen worden zu sein. Für die Händler bedeutete dies eine gehörige Portion Stress. Sie durften ihre Waren nur an vorbestimmten Orten entladen, mussten Hafen- oder Wegeabgaben entrichten, hatten für einen Stand am Markt oder in der Kaufhalle eine Gebühr zu bezahlen und durften erst mit dem Verkauf beginnen, wenn alles gewogen, gemessen und beschaut worden war. Die städtische Waage erwies sich dabei als unbestechliches Instrument bei der Vielzahl regionaler Maßeinheiten. Doch auch wenn die Ware endlich auf dem Verkaufsstand lag, hatte der Händler noch nicht freie Hand. Bei Grundnahrungsmitteln wie Brot, Fisch, Fleisch, Bier oder Wein hatte er die vom Rat festgesetzten Höchstpreise einzuhalten. In Köln taxierten die Bürgermeister wöchentlich, je nach Lage auf dem Rohstoffmarkt, die Verkaufspreise, um keine Hungerrevolten und sozialen Unruhen aufkommen zu lassen. Jeder Kölner sollte zu einem „gerechten Preis" an lebenswichtige Güter kommen. Diesem Anliegen diente auch das Verbot des Vorkaufs, mit dem man den preistreibenden Zwischenhandel ausschalten wollte. Es konnte nicht angehen, dass clevere Kaufleute wichtige Waren schon vor der Stadt oder direkt am Hafen aufkauften oder in wucherischer Absicht die künftigen Ernteerträge für sich reservierten. Hier griff der Rat beherzt ein und verhängte strenge Strafen gegen Käufer und Verkäufer bei Vorkaufgeschäften. Eine Nürnberger Ratsverordnung des 15. Jahrhunderts verbot Bäckern den Kauf von mehr Getreide, als sie in der eigenen Backstube mit ihren Gesellen verarbeiten konnten.

Auch in Köln wachten seit Anfang des 15. Jahrhunderts eigene Wuchermeister aus dem Rat über unlautere Geschäfte und zogen hohe Strafgelder ein, wenn ihnen ein Fall von Wucher zu Ohren kam. Um den schlimmen Folgen von Missernten und Teuerungen vorzubeugen, kaufte der Rat vielmehr selbst in großen Mengen Getreide ein, um es in Speichern für schlechte Zeiten zu bevorraten und an die Armen auszugeben.

Zur Aufrechterhaltung der inneren Ordnung gehörte nach Auffassung der Obrigkeit auch ein gottgefälliger Lebenswandel der Bürger. Denn ein sündiges, lasterhaftes Treiben konnte Gottes Zorn erregen und der Stadt Unheil in Form von Seuchen, Krieg und Hungersnöten bescheren. Da dann die Kommune wegen des Fehlverhaltens einzelner in ihrer Gesamtheit büßte, hielten es die Ratsherren für gerechtfertigt, ihre Schäfchen rechtzeitig mittels Kleider- und Luxusverordnungen vor den Übeln der Hoffart, Eitelkeit und Verschwendungssucht zu bewahren. Rigoros bestimmten sie, welcher Stand wie viel Aufwand bei Begräbnissen, Kindstaufen, Verlobungen und Hochzeiten betreiben durfte. In der Regel schränkte man die Gästeliste auf die engere Verwandtschaft ein, in Berlin zum Beispiel war die Obergrenze für eine Hochzeitsgesellschaft nach einer Ratsverordnung von 1334 schon mit achtzig Personen erreicht. Dem üblichen Schlemmen hoffte man entgegenzuwirken, indem man die Anzahl der Speisen genau festlegte, besonders teure Fisch- und Fleischsorten verbot und nur bestimmte Weine zum Ausschank freigab. Wer also eine Familienfeier ausrichten wollte, musste sich vorher schon ganz genau erkundigen, was er durfte und was nicht. Waren Polterabende und nächtliche Ständchen für die Braut vor der Hochzeit erlaubt oder wie in Nürnberg verboten? Konnte noch ein sechstes Gericht gereicht werden oder war schon nach dem fünften Schluss wie in Berlin? Wie viele Spielleute und Spaßmacher durfte man für den Abend anwerben, wie hoch sollte ihr Trinkgeld ausfallen, und wie viel Geschenke durfte die Festgesellschaft mitbringen? Bis ins Detail errechneten die Stadtväter den Geldwert von Paten- und Hochzeitsgeschenken. Binnen zweier Monate nach dem Hochzeitsfest durfte niemand weitere Geschenke machen. Die Geldstrafen für Übertretungen waren insgesamt recht hoch und wurden auch von hochrangigen Patriziern eingefordert. Beim Prunken und Prassen ließ der Rat nicht mit sich spaßen. Immer wieder gerieten auch die Auswüchse der Mode ins Visier der herrschaftlichen Sittenwächter. Bestimmte kostspielige Stoffe, Pelze oder Verbrämungen blieben den oberen Ständen vorbehalten, doch achtete man auch hier auf züchtigen Zuschnitt. Die tiefen Rücken- und Brustausschnitte der Damenkleidung begrenzte man im 15. Jahrhundert ebenso wie die ausladenden Hosenlätze der Herren. Lange Schnabelschuhe sah man gar nicht gerne und das Tragen falscher Zöpfe bei den Damen noch weniger. So wurden die Bürger bis in ihre intimste Lebensführung hinein gemaßregelt. Und was war nicht alles verboten: das Würfel- und das Glücksspiel, das Fluchen und das frevelhafte Schwören, das allzu frivole Tanzen ebenso wie das zügellose Schlittenfahren und das unanständige Fastnachtstreiben.

Selbstverständlich wachte das Auge des Gesetzes auch über das Badewesen und die allgegenwärtige Prostitution. Die Straßen- und Wirtshausprostitution schränkte man so gut es ging ein und gab nur einige wenige Gassen für das Auftreten von Dirnen frei. Um das unsittliche Treiben wenigstens einigermaßen unter Kontrolle zu haben, richteten die Städte seit dem 13. Jahrhundert Frauenhäuser ein, deren Überwachung von der Obrigkeit eingesetzte Aufseher – häufig die Henker – übernahmen. Ihr Besuch war nur an bestimmten Tagen erlaubt, an Sonn- und hohen Feiertagen oder in der Fastenzeit verboten, und den ledigen Männern vorbehalten. Verheiratete Männer wie auch Geistliche hatten zumindest offiziell keinen Zugang zu ihnen. Um die Dirnen vor der totalen Ausbeutung durch die Bordellbesitzer zu schützen, erließen die Stadtväter Gesetze gegen den internationalen Mädchenhandel und verpflichteten die Frauenwirte, ihre Prostituierten auf Verlangen jederzeit zu entlassen, sie ordentlich zu kleiden und zu ernähren. Die kommunale Aufsicht über die Frauenhäuser erfolgte dabei nicht nur aus moralischen, sondern auch aus gesundheitspolitischen Gründen. Bei Seuchengefahr mussten die Häuser sofort schließen, und der Ausbruch der großen, Syphilisepidemien führte im 16. Jahrhundert dazu, dass die öffentlichen Bordelle weitgehend aus dem Stadtbild verschwanden. Einer ähnlichen Reglementierung wie die Frauenhäuser unterlagen auch die zahlreichen Badstuben der Städte, denen man einen engen Zusammenhang mit der Prostitution nachsagte. Um das fröhliche Treiben in den Zubern nicht ausarten zu lassen, gab es auch hier obrigkeitliche Einschränkungen hinsichtlich der Öffnungszeiten und der Trennung der Geschlechter. An Sonn- und Feiertagen blieben die Stuben kalt, und zu bestimmten Zeiten sollten mancherorts Männer und Frauen getrennt baden. Es gab Vorschriften zur Reinhaltung der Tücher, Geräte und des Wassers. Da die Bader auch medizinische Handlungen wie den Aderlass, Schröpfkuren und die Versorgung von Knochenbrüchen, kleineren Wunden und Geschwüren vornahmen, gerieten sie auch in dieser Hinsicht ins Visier der Obrigkeit. Denn bei den Heerscharen an Scharlatanen und Quacksalbern, die sich im Medizinalwesen tummelten und mit obskuren Mixturen und fragwürdigen Behandlungsmethoden ihre Geschäfte machten, fühlte sich der Rat bemüßigt, genauer hinzuschauen. Allzu forschen Wunderheilern, darunter auch manchem Bader, klopfte man auf die Finger. Bei groben Behandlungsfehlern drohte ihnen ein Bußgeld oder auch der Stadtverweis. Um die medizinische Versorgung zu verbessern, stellten viele Städte eigene Stadtärzte und Hebammen an, die sich nicht ohne Erlaubnis des Bürgermeisters entfernen durften. Sie erhielten ein festes Gehalt, kostenlose Wohnung, Heizung und Kleidung und waren dazu angehalten, keine überzogenen Honorarforderungen an die Patienten zu stellen. Den Stadtärzten oblag gleichzeitig die Aufsicht über die Apotheken, die nach ärztlicher Anweisung die Medikamente anfertigten. Um die Pillen und Pasten auch für die ärmeren Bevölkerungsschichten bezahlbar zu halten, setzten die Städte Preisobergrenzen für die Arzneien fest, schützten die Apotheker dafür aber durch Privilegierung vor ungeliebter Konkurrenz.

Kopfzerbrechen bereitete den Stadtvätern vor allem die rasant zunehmende Armut in ihren Gemeinwesen. Was tun mit den großen Bettlerhaufen, die von außen in die Städte kamen, mit den in Krisenzeiten auf der Straße stehenden Arbeitslosen und den vielen eigenen Stadtarmen und Kranken? Immer drängender stellte sich im Spätmittelalter die Frage nach einem kommunal organisierten Fürsorgewesen. Die christliche Nächstenliebe gebot, sich der Armen und Bedürftigen anzunehmen, doch wer und in welchem Maße unterstützt werden sollte, blieb dabei umstritten. Schließlich wollte man nicht die Falschen unterstützen. Es ging also darum, die „ehrlichen" Armen von den Müßiggängern und Schnorrern zu trennen und die Bedürftigkeit amtlich festzustellen. Bei den eigenen „Hausarmen" konnte man sich auf die Angaben von Nachbarn und Verwandten verlassen, schwieriger war der Umgang mit fremden Bettlern. Die älteste bekannte deutsche Bettelordnung, die des Nürnberger Rates von etwa 1370, stellte dafür einen eigenen Ratsherrn samt Ordnungskräften ab, die nach eingehender Prüfung Bettelmarken an fremde Arme ausgaben. Der Antragssteller hatte dazu zwei glaubwürdige Zeugen mitzubringen, die seine Armut vor dem Ratsbeauftragten bezeugten. Hatte er Erfolg, bekam er eine Bettelmarke ausgehändigt, die zum Almosensammeln in der Stadt berechtigte und ein halbes Jahr lang gültig war. Der Name des Bettlers wurde in einem eigenen Buch registriert. Nach Ablauf der Geltungsfrist musste er sich erneut überprüfen lassen, um eine Verlängerung zu erwirken. War der Ratsherr allerdings der Auffassung, es liege keine Bedürftigkeit mehr vor, musste der Betreffende die Stadt verlassen.

Das Nürnberger System erlebte im folgenden Jahrhundert zahlreiche Differenzierungen. Die Anforderungen für den Erwerb einer Bettelmarke wurden rigoros verschärft. Der Rat überprüfte Familienstand, Kinderzahl, Lebensverhältnisse und körperliche Verfassung des Antragstellers, der bei falschen Angaben den Stadtverweis riskierte. Das Betteln ohne Erlaubnis galt als Betrug und zog ebenfalls harte Strafen nach sich. Die Bettelkonzessionen erfuhren 1478 eine Abstufung in Gelegenheitsbettler, die zum Beispiel nur in bestimmten Lebenslagen wie bei einer Schwangerschaft auf Almosen angewiesen waren oder sich aus Scham nur nachts auf die Straße trauten, und dauerhafte Spendenempfänger. Berufsbettler ohne körperliche Gebrechen sollten während des Bettelns leichtere Tätigkeiten wie Spinnen ausführen. Kinder über acht Jahre erhielten überhaupt keine Lizenz, da sie als arbeitsfähig galten. Bedürftige Jugendliche mussten dem Büttel gemeldet werden, der sich für sie um eine Lehrstelle in der

Stadt oder auf dem Land bemühte. Im 16. Jahrhundert gingen viele
Städte unter dem Eindruck von Missernten, Teuerungswellen und
hoher Arbeitslosigkeit dazu über, Almosenfonds einzurichten, die
sich aus freiwilligen Spenden der Bürger speisten und die stadtbe-
kannten Armen mit regelmäßigen Zahlungen unterstützten. Doch
auch diese Sozialmaßnahmen gab es nicht umsonst. Eigens berufene
Almosenbeschaffer stellten den Bedarf in den einzelnen Haushalten
fest, wachten über die Ausgaben und vermittelten öffentliche Arbeit.
So verpflichtete man Almosenempfänger zu Straßenreinigungsarbei-
ten, zur Pflege von Pestkranken oder zur Ausbesserung von Befestigungsanlagen. Wer öffentliche Gelder erhält, so die Idee, sollte wenigstens gemeinnützige Arbeit verrichten. Dadurch grenzte man
Arme und Bettler jedoch zunehmend aus dem öffentlichen Leben aus
und diskreditierte sie. In der Frühen Neuzeit wurden schließlich Forderungen laut, arbeitsfähige Bettler zur Zwangsarbeit zu verpflichten
– sie galten nun als arbeitsscheue Faulenzer. Arbeits- und Armenhäu-
ser waren bald identische Einrichtungen.

Die zunehmende Verwaltungstätigkeit der Städte hatte ein starkes
Anschwellen des städtischen Personals und des Haushalts- und Rech-
nungswesens zur Folge. Insbesondere in der Finanzverwaltung, die
sich früh von der übrigen Verwaltungsarbeit abspaltete, gab es einiges
zu tun, mussten doch Steuer- und Schuldbücher geführt und genaue
Abrechnungen über Ausgaben und Einnahmen der Stadt angelegt
werden. Reges Treiben herrschte in den Ratsstuben, wo Schreiber,
Rechenherren, Säckelmeister oder Ungelder die Finanzen verwalteten. In Nürnberg waren die patrizischen Losunger für die Finanzen
zuständig, in Köln die Rentmeister; in Konstanz setzte man auf Dezen-
tralisierung und gründete für fast jede Einkunftsart eine eigene Be-
hörde. Um die Übersicht über die Rechnungsvorgänge zu bewahren,
fertigte man Registraturen an und lagerte die Verwaltungsdokumente
fein säuberlich sortiert in Kisten und Schränken in feuer- und dieb-
stahlsicheren Räumen des Rathauses. Das Amt des Losungers erforderte viel Umsicht und Seriosität, waren doch die Amtsinhaber für die
gewissenhafte Führung der Bücher verantwortlich und dem Rat Rechenschaft schuldig. Obwohl die Herren der Finanzverwaltung viel

politische Macht besaßen, war das Amt des Kassenwarts zuweilen so unbeliebt, dass die Ratsherren Zwangsmaßnahmen ergreifen mussten. Das Augsburger Stadtrecht schrieb vor, dass ein Ratsherr, der in geheimer Wahl zum Steuermeister ernannt wurde, nicht ablehnen durfte, aber immerhin nach einem Jahr Dienst abgelöst werden und für die nächsten drei Jahre von dem ungeliebten Posten verschont bleiben sollte. Neben den verantwortungsvollen Führungspositionen der Bürgermeister und Ratsmitglieder bot die Stadt eine ganze Reihe mittlerer und niederer Arbeitsplätze. Der Stadtschreiber fertigte die Protokolle der Ratssitzungen an, führte die Stadtchronik, überbrachte Botschaften und bot Bürgern gegen Gebühr seine Schreibdienste an. Vereidigte Messer, Marktmeister und Warenschauer wachten über die Ordnung auf dem Markt, Feuer-, Brunnen- und Zeugmeister, Nachtwächter, Gefängniswärter, Büttel und Henker halfen bei der Aufrechterhaltung der inneren Sicherheit. So alt wie der öffentliche Dienst selbst ist die Klage über seine schlechte Bezahlung. Die städtischen Bediensteten erhielten nur ein geringes Salär, das meist durch Naturalien, freie Dienstwohnung, Kleidung, Brennstoff oder einen bestimmten Anteil am Ratswein aufgebessert wurde. Ansonsten bekam das Personal einen festen Satz vom Gebühren- oder Bußgeldaufkommen zugesprochen, was seinen Arbeitseifer anspornen sollte. Für üppige Beamtengehälter hatte man keinen Sinn, denn der Rat musste vor der Gemeinde für seine Ausgaben geradestehen und fürchtete dahingehend den Volkszorn. Die hohe Schuldenlast, die manche Städte infolge ihrer recht eigenständigen Außen- und Territorialpolitik auf sich luden, gab wiederholt Anlass zu Unruhen und Revolten unter der Stadtbevölkerung. Abbau von Bürokratie war daher auch schon im Mittelalter ein gewichtiges Thema.

Im Mittelalter gab es keine Globalisierung

Gut zwei Jahrhunderte lang traf sich in der Champagne die Welt: Händler aus Frankreich, Italien und Spanien, aus der Schweiz und Savoyen, Flandern und Brabant begegneten auf den Messen von Troyes, Provins, Bar-sur-Aube und Lagny-sur-Marne ihren Kollegen aus England und Deutschland. Hier boten sie die Schätze dieser Welt feil: Feinste Tuche aus Flandern und Brabant, Leinwand aus Süddeutschland, kostbare Pelze aus Russland, Gewürze aus Asien, Seide aus China, Bernstein aus dem Baltikum – eben alles, was das Herz begehrte. Zwischen 1150 und 1350 bildete das blühende Messewesen der Champagne den größten europäischen Umschlagplatz für Fernhandelsgüter aus allen Regionen der Welt und bescherte seinen Herren, den Grafen von Champagne und Blois, satte Einnahmen. Doch plötzlich versiegten die Quellen des Reichtums. Findige Kaufleute aus Italien segelten durch die Straße von Gibraltar, um unter Umgehung der Champagne-Messen direkt mit den hochentwickelten flandrischen Gewerbegebieten in Kontakt zu treten. Genuesische und venezianische Galeeren traf man unversehens – oh Schreck – auch in Brügge und Antwerpen an. Damit war der Niedergang der Messeorte in der Champagne und der rasante Aufstieg Brügges als neues Ost-West-Handelszentrum eingeleitet. Die lange Seefahrt entlang der Atlantikküste lohnte sich für die geschäftstüchtigen Unternehmer auch deshalb, weil mit dem Abbau italienischen Alauns ein wertvoller Rohstoff zur Verfügung stand, der Hin- und Rückfahrt rentabel erscheinen ließ. Das Alaun war als Färbemittel für Tuche in Flandern stark nachgefragt.

Wie die Bewohner der Champagne, die den Verfall ihres Messe-
betriebs miterlebten, der ihnen lange Wohlstand und Wohlergehen
gebracht hatte, mussten viele Menschen des Mittelalters zur Kenntnis
nehmen, dass die Internationalisierung des Handels nicht nur Vorteile für sie brachte. Die Öffnung der Märkte, die starke Nachfrage nach
preiswerten Massengütern, die arbeitsteilige und nach Rentabilität
organisierte Handwerksproduktion machte sie mit den Schattensei-
ten des expandierenden Wirtschaftslebens bekannt und ließ sie bereits über eine erste „Globalisierungsphase" stöhnen. Arbeitslosigkeit,
Lohndumping, zunehmende Konkurrenz auf den Weltmärkten und
das wechselvolle Spiel von Angebot und Nachfrage blieben ihnen
nicht unbekannt.

Der Unternehmer des Mittelalters stand im Grunde vor ganz ähnlichen Problemen wie sein Kollege in späteren Zeiten. Wollte er maxi-
malen Gewinn aus seinen Geschäften ziehen, musste er rationell
produzieren und seine Waren zu möglichst günstigen Preisen an ihren
Bestimmungsort transportieren lassen. Die Suche nach sicheren und
schnellen Verkehrswegen bestimmte sein Handeln schon vor der eigentlichen Geschäftstätigkeit. Damit gab der Kaufherr aber auch den
Auf- oder Abschwung ganzer Regionen oder Städte vor. Lagen Städte
und Märkte günstig am Schnittpunkt mehrerer Handelsstraßen oder
an wichtigen Fluss- oder Meerzugängen, konnten sie rasch aufblühen,
wählten die Güterkarawanen andere Wege, sanken sie ebenso rasch
zur Bedeutungslosigkeit herab. Die Genueser und Venezianer waren
nicht die einzigen, die ihre Transportrouten nach Schnelligkeit und
Rentabilität auswählten und seit Ende des 13. Jahrhunderts den See-
weg durch die Straße von Gibraltar nach Flandern bevorzugten.
Gleichzeitig begann sich der Landhandel neue Wege zu suchen und
vom Rhônetal in Richtung Süddeutschland zu verlagern. Hier öffneten die Alpenpässe des St. Gotthard, des Brenner, des Septimer und
des Mont Cenis den Zugang nach Italien und zum reichen Mittelmeerraum. Nach und nach begann man diese Alpenpfade für den Fracht-
verkehr zu erschließen. So gründeten sich zu Beginn des 13. Jahrhunderts die ersten Säumergenossenschaften am St. Gotthard, die mit
Maultieren den Warentransport zwischen Italien und Deutschland

übernahmen, wodurch das wirtschaftlich erstarkende Mailand besser erreichbar war. Großes Interesse an einem Ausbau der Infrastruktur zeigten auch die Anwohner des Septimerpasses, der die kürzeste Verbindung zwischen dem Bodenseegebiet und der Lombardei bot. 1387 begann man hier auf Initiative des Bischofs von Chur unter großen Mühen, den Saumpfad zu einer von kleinen Wagen befahrbaren Straße zu erweitern, was den Kaufmannszügen natürlich sehr entgegenkam. Ein Hospiz, das schon um 1100 errichtet worden war, bot den Reisenden Nahrung und Unterkunft, sodass man die Launen des Wetters nicht mehr gar so sehr zu fürchten hatte. Auch der Brenner, der die süddeutschen Handelsstädte mit Venedig verband, erfuhr um 1300 einen bedeutenden Aufschwung und wurde für Fuhrwerke befahrbar gemacht. Bozener Bürger schlugen einen Weg durch die Eisackschlucht, der die Reisezeit erheblich verkürzte. Rund 4000 Tonnen Transitgut überquerten jährlich den Brenner, der damit nach dem Niedergang der Champagne-Messen zum beliebtesten Alpenpass aufstieg.

Aber auch der Übergang am Mont Cenis, auf dessen Pfaden jedes Jahr etwa 500 bis 600 Tonnen Frachtgut transportiert wurden, konnte sich sehen lassen. Tuche, Baumwolle, Öl, Gewürze, Südfrüchte, Salz und anderes mehr überquerten in Körbe, Fässer oder Ballen verpackt die Grenzen und bescherten den süddeutschen Handelsstädten einen ungeahnten Boom. Die Profiteure der neuen Verkehrsströme hießen Augsburg, Nürnberg, Regensburg und Ravensburg. Als neue Messezentren etablierten sich Brügge, Ypern, Genf, Lyon und auf deutscher Seite vor allem das verkehrsgünstig gelegene Frankfurt am Main, das neben einem vielfältigen Warenangebot auch Kredit- und Wechselgeschäfte anbot. Frankfurt eröffnete ebenso den Weg zur wichtigen Rheinschiene, dem zweiten Dreh- und Angelpunkt des Nord-Süd-Handels. Hier war Köln die tonangebende Stadt, die weitläufige Verbindungen nach England und Nordfrankreich unterhielt. Als Mitglied der Hanse erschloss Köln darüber hinaus den Skandinavien- und Ostseehandel, der die begehrten Rohstoffe der östlichen Weiten wie Holz, Pelze, Heringe, Getreide, Kupfer und Eisen nach Westen brachte. Zu den unumstrittenen Gewinnern der neuen Handelsrouten gehörte Nürnberg, das nicht nur vom Italiengeschäft profitierte, sondern ebenso vom Ost-West-Handel, der über Ungarn und Böhmen nach Kiew verlief. Ein hochspezialisiertes eigenes Handwerk versetzte die Nürnberger dabei in die Lage, ihre eigenen Produkte in alle Welt zu exportieren und fremde Güter dafür nach Hause zu schaffen. „Nürnberger Tand in alle Land" lautete ein geflügeltes Wort im Spätmittelalter.

Zu Siegern gehören immer auch Verlierer. Versuche, überregionale Messen in Zürich, Ulm, Nördlingen oder Zurzach am oberen Rheinlauf zu etablieren, scheiterten – und das selbst unter günstigen Bedingungen wie im Falle Ulms, das mit seiner Produktion von Barchent, einem preiswerten Textilgemisch aus Leinen und Baumwolle, ein qualitativ hochwertiges Handelsgut anzubieten hatte. Selbst die Einladung von vierhundert Städten brachte 1439 keinen nennenswerten Zustrom. Erfolg ließ sich eben nicht erzwingen, das musste sogar ein gut eingeführter Messeplatz wie Frankfurt am Main erleben, der am Ende des Mittelalters seine führende Rolle an das aufstrebende Leipzig abgeben musste, das vom Osthandel zunehmend profitierte. Ganz eigene Erfahrungen machten die Straßburger mit ihrer Messe. 1336 hatte ihnen Kaiser Ludwig der Bayer ein feierliches Privileg ausgestellt, das ihnen gestattete, alljährlich um Martini eine vierwöchige Messe zu veranstalten. Mit Elan und in der Hoffnung auf gute Geschäfte gingen die Straßburger Bürger an ihre Ausrichtung. Doch nach acht Jahren stellte sich Ernüchterung ein. Die einheimischen Krämer und Kaufleute fühlten sich nämlich durch die Privilegierung und Zollfreiheit der fremden Händler stark benachteiligt. Während die billigeren Produkte ihrer Konkurrenten über die Theken gingen, blieben ihre Waren liegen. „Nach vielen Reden kamen Meister, Rat und Schöffen überein, dass die Messe ganz abgeschafft werden sollte, wiewohl ihre Erwerbung vom König viel gekostet hatte", beschreibt die Chronik des Jakob Twinger das traurige Ende vom Lied. Die Straßburger verzichteten lieber auf eine Messe, als ihren einheimischen Handel zu ruinieren.

Die Suche nach neuen, schnelleren Verkehrsverbindungen hörte das ganze Mittelalter nicht auf. Italienische, spanische und portugiesische Seefahrer wagten schon früh die Fahrt durch das Tor von Gibraltar auch in Richtung Süden, um auf neuen Wegen begehrte Handelsplätze zu erreichen. Als sich Ende des 15. Jahrhunderts ein Kapitän namens Kolumbus aufmachte, um im Namen des Profits und zum Segen der spanischen Krone neue Seewege nach Asien zu finden, landete er dabei unversehens an den Gestaden eines neuen Kontinents: Amerika. Aber auch im Norden zeichneten sich gravierende Veränderungen ab. So musste sich die Hanse, die über Jahrhunderte den Transitverkehr zwischen Nord- und Ostsee dominiert hatte, neuer Konkurrenz erwehren. Engländer und Holländer versuchten ab dem 15. Jahrhundert zunehmend, den hansischen Zwischenhandel auszuschalten, indem sie selbst durch den Sund in die Häfen der Ostseestädte fuhren. Die mit Klauen und Zähnen verteidigte Monopolstellung der Hanse geriet ins Wanken und führte langfristig zur ihrer Auflösung.

Neben der Transportfrage beschäftigten sich die Kaufleute-Unternehmer intensiv mit der Frage nach billigen Produktionsmethoden. Und auch auf diesem Feld zeigten sie sich überraschend innovativ und risikofreudig. Um die steigende Nachfrage nach preiswerten Massenartikeln zu befriedigen, kamen einige kapitalstarke Großkaufleute auf die Idee, Produktionsaufträge an Handwerksmeister zu vergeben, die ihnen zu einem festgesetzten Stückpreis Waren liefern sollten. Dafür waren die Unternehmer bereit, ihnen Rohstoffe und Arbeitsgeräte zur Verfügung zu stellen. Dieses Verlagssystem – abgeleitet von „vorlegen" –, bei dem Geld oder Material vom Kapitalgeber vorgestreckt wurde, verbreitete sich vor allem in stark arbeitsteiligen und kostenintensiven Gewerben wie der Metallverarbeitung und der Textilbranche. In Flandern brachte das neue Organisationssystem die Tuchindustrie im 13./14. Jahrhundert zu einer ungeahnten Blüte. Der Verleger mit seiner Marktkenntnis und seinen überregionalen Handelskontakten schaffte zu günstigen Preisen die englische Wolle als Rohstoff heran, vergab sie zum Verspinnen aufs Land, führte sie danach zur Weiterverarbeitung und Veredelung städtischen Handwerksbetrieben zu und kümmerte sich anschließend um Verkauf und Export der Ware. Dadurch war es möglich, Tuch in gleichbleibender

Qualität und zu niedrigen Preisen punktgenau auf den Markt zu bringen. Für den einzelnen Handwerker bestand der Nutzen darin, dass er sich nicht selbst auf den internationalen Messen um die Materialbeschaffung kümmern musste und sich auf den „Marktinstinkt" seines Verlegers, der die Absatzmöglichkeiten für den Export besser einzuschätzen in der Lage war, verlassen konnte. Auch die Anschaffung neuer Maschinen wie Spinnräder, Webstühle, Walk- oder Seidenmühlen entfiel für den nicht ganz so finanzstarken Handwerksmann. Die Innovation aus Flandern machte in ganz Europa Schule. Große Textilgebiete entstanden in Westfalen, in Köln, in Oberdeutschland und im Bodenseeraum.

Beispielhaft für die Fixierung ganzer Regionen auf den Exportmarkt ist die Ausbreitung des Barchentverlages im oberdeutschen Raum. In zwei Wellen 1368–85 und 1410–37 gingen dort rund sechzig Städte zur Barchentproduktion über. Der Barchent, gewebt aus leinenen Kettfäden und baumwollenen Schussfäden, der zuvor lange aus Italien importiert werden musste, fand auf den Weltmärkten reißenden Absatz, weil er angenehm zu tragen, modisch einzufärben und dazu noch billiger als die teuren Wolltuche war. Diese Marktchance witternd, stiegen schwäbische Unternehmer auf Verlagsbasis in das ganz große Geschäft ein. Die Baumwolle holten sie aus Italien, das Leinen kam aus den Flachsanbaugebieten Mittel- und Süddeutschlands, verarbeiten ließen sie das Ganze durch billige Landweber, veredelt und verkauft wurde es in der Stadt. Als Zentren der Barchentherstellung stiegen Ulm, Augsburg, Nördlingen, Biberach, Memmingen und Ravensburg zu ungeahntem Wohlstand auf. Ihr Erfolgsrezept war, stets gleichbleibende Qualität zu bieten. Ihre standardisierten Markenprodukte waren in verschiedene Güteklassen – Ochse, Löwe und Traube – eingeteilt, die es dem Verleger ermöglichten, nach Musterproben und Farbvorgaben zu ordern. Dies sparte Transport- und Vertriebskosten sowie die teure Lagerhaltung. Die Ware wurde direkt vom Produktionsort zum Absatzzentrum befördert, was die Gewinnspannen erheblich steigerte. Mit ihrem innovativen Vertriebskonzept gelang es den Barchentverlegern, unter denen sich auch die ersten Vertreter der Fugger- und der Welserdynastie tummelten, die italienische Konkurrenz und hier besonders den Mailänder Barchent zu verdrängen und zum Marktführer im gesamten hansischen, nordwest- und ostmitteleuropäischen Wirtschaftsraum aufzusteigen.

Nicht weniger rational durchorganisiert als die Tuchindustrie war das metallverarbeitende Gewerbe. Hier zogen vor allem Nürnberger und Kölner Großkaufleute die Strippen, indem sie dazu übergingen, Halbfertigwaren aus Eisen aus dem Umland zu beziehen und sie durch spezialisierte Handwerker in der Stadt weiterverarbeiten zu lassen. Nürnberg profitierte dabei von seinen oberpfälzischen Eisenrevieren um Amberg und Sulzbach, Köln von seinen Drahtziehereien, Stahlschmieden und Hammerwerken im Bergischen Land und im Siegerland. Die ländlichen Zulieferbetriebe stellten Stangen, Schienen, Draht und Bleche her, die dann in den Städten zu hochwertigen Produkten veredelt wurden. Welch große Differenzierung das Metallhandwerk dabei erfuhr, zeigt die Nürnberger Meisterliste von 1363, in der für die metallverarbeitende Branche dreißig verschiedene Berufe mit 341 Meistern aufgeführt sind. Da gab es Schlosser, Nadelmacher, Harnischmacher, Gießer, Kesselmacher, Huf-, Nagel-, Messer- und Scherenschmiede, Kupfer- und Gürtelschläger und noch viele mehr. Auch im Schiffsbau, im Brauwesen, in der Papierherstellung oder in der Bernsteinverarbeitung gab es Ansätze zur Verlagsbildung, die für die Beschäftigten nicht nur Vorteile brachte. Zwar kamen durch die neuen Produktionsmethoden viele Menschen zu Arbeit und Brot, – so dürfte im Kölner Textilgewerbe im 14./15. Jahrhundert rund ein Siebtel bis ein Fünftel der Stadtbevölkerung beschäftigt gewesen sein –, doch das System schuf auch neue Abhängigkeiten. Die Handwerksmeister, die im Stücklohn zu festgelegten Preisen für ihren Verleger arbeiteten, spürten bald die Auswirkungen des „Lohndumpings", denn der Verleger diktierte in der Regel die Preise und damit die Löhne. Das Einbeziehen ländlicher Handwerker in den Wirtschaftskreislauf der Stadt bedeutete dabei unliebsame Konkurrenz für die in Zünften organisierten städtischen Handwerker, denn auf dem Land ließ es sich billiger leben, wuchsen doch Grundnahrungsmittel und Flachs vor der eigenen Haustür. Lautstark machten die Zünfte gegen diese Benachteiligung mobil und zwangen ihre Stadtobrigkeit, gegen die Landarbeiter vorzugehen. So wurden in Ulm, Augsburg und Memmingen immer wieder Produktionsbeschränkungen für die Landweber des Umlandes erlassen – freilich ohne durchschlagenden Erfolg. In Nürnberg verbot der Rat zeitweise den Schmieden im Umkreis von sieben Meilen um die Stadt für Verleger zu produzieren. Wie die zunehmende Konkurrenz machte den städtischen Handwerkern auch die Arbeitsteilung zu schaffen. Denn mit der fortschreitenden Spezialisierung in vielen Berufen ging eine Abwertung mancher Tätigkeiten einher. So wurden Weben und Färben im Produktionsprozess höher bewertet als Wollwaschen, Kämmen, Spinnen, Walken oder Scheren. Diese Arbeiten sanken zu Hilfsgewerben herab, die schlecht bezahlt und meist von der Zunftbildung ausgeschlossen wurden. Auch innerhalb der großen Zünfte wie jener der Weber setzte eine starke soziale Differenzierung ein, die vom Haus und Produktionsmittel besitzenden reichen Unternehmer-Handwerker bis zum verarmten Leineweber reichte. Ein Paradebeispiel für einen erfolgreichen sozialen Aufstieg geben die Nürnberger Plattner Hermann und Hans Grünwald ab, die mit ihren edlen Waffen ins „High Premium"-Geschäft einstiegen. Zu ihrer Kundschaft zählten Markgraf Friedrich von Ansbach, Herzog Eberhard II. von Württemberg, Kurfürst Friedrich der Weise von Sachsen und sogar Kaiser Maximilian I. höchstpersönlich. Die Familie besaß sechs große Häuser in Nürnberg und dazu eine eigene Poliermühle in Fürth. Von solchem Reichtum konnte der kleine Nagelschmied von nebenan nur träumen.

Die Akkumulation von Reichtum bescherte einigen Kaufherren den Aufstieg zu regelrechten Global Players. Dies war insbesondere der Fall, wenn sie sich den aus Italien kommenden modernen Methoden des Kredit- und Zahlungsverkehrs öffneten. Stapelweise Bargeld mit sich herumzuschleppen war mühselig und gefährlich. Deswegen gingen italienische Kaufleute dazu über, sich bei ihren Warenkäufen Wechselbriefe ausstellen zu lassen, die ihnen den Zahlungsbetrag auf einen späteren Zeitpunkt stundeten. Waren die Wechsel, von Kaufmann zu Kaufmann weitergegeben, zunächst nichts anderes als Schuldscheine, wurden sie bald zu einer beliebten und international anerkannten Form des bargeldlosen Zahlungsverkehrs. Man brachte sein Geld zu einem seriösen Bankier, erhielt dafür einen Wechsel und konnte diesen andernorts in der dort gültigen Währung wieder einlösen. Seit dem 14. Jahrhundert setzte sich diese Methode in ganz Europa durch und erleichterte große Finanztransaktionen. Die Geburtsstunde der Banken und Börsen hatte geschlagen. Gleichzeitig kam der Giroverkehr, mit dem beliebig viele Ein- und Auszahlungen auf ein Geschäftskonto verbucht werden konnten, in Schwung. Die doppelte Buchführung half dabei den Unternehmern, den Überblick über ihr Soll und Haben zu behalten. All diese Neuerungen zeigten an, dass dem Kapital zunehmende Bedeutung im internationalen Handelsverkehr zukam. Nicht nur, dass sich einzelne Unternehmerfamilien gänzlich auf das Geldgeschäft fixierten und Bankhäuser begründeten wie die Bardi in Florenz oder die Bonsignori in Siena, mehr und mehr kam es darauf an, wie viel Kapital ein Handelsherr auf die Waage brachte und in welchem Maße er kreditwürdig war. Um möglichst viel Kapital anzuhäufen und das Risiko der Geschäftstätigkeit zu minimieren, schlossen sich gern mehrere Kaufherren zu Handelsgenossenschaften zusammen. Am beliebtesten war in Süddeutschland die Form der Familiengesellschaft, bei der vermögende Familienmitglieder eisern zusammenhielten und mit geschickten Heiratsverbindungen ihren Einfluss stetig erweiterten. Die Nürnberger Familien der Stromer, Imhoff und Tucher und die Augsburger Sippen der Meuting, Fugger, Welser und Höchstetter zählten zu den einflussreichsten ihrer Zeit.

Als besonders langlebig erwies sich die Große Ravensburger Handelsgesellschaft, die von 1380 bis 1530 existierte und von der Ravensburger Familie Huntpiss geleitet wurde. Der Handel mit Barchent, Leinwand, Zinn, Kupfer, Wein und Alaun, der sich über fast ganz Europa bis nach Italien, Ungarn, Frankreich, Spanien und den Niederlanden erstreckte, bescherte den Einlegern regelmäßig hohe Gewinne. Noch einen Schritt weiter ging der toskanische Kaufmann Francesco di Marco Datini, der ein eigenes Handelshaus in Prato gründete, als Gesellschafter in zwei Firmen in Pisa und Florenz einstieg, 1398 eine eigene Bank ins Leben rief und seine unternehmerischen Aktivitäten immer weiter ausdehnte, bis er schließlich eine Art

Holdinggesellschaft zusammen hatte, in der verschiedene Gesellschafter ihr Kapital langfristig anlegten. Er starb 1410 als steinreicher Mann.

Zu den Global Players mit marktbeherrschender Stellung zählte im deutschsprachigen Raum auch die Hanse, die im 12. Jahrhundert als loser Kaufmannsbund zum Zwecke der Fahrtgemeinschaft begann und sich im Laufe der Jahrhunderte zu einem mächtigen Städtebund mauserte. Die hansischen Kaufleute, denen es durch geschicktes gemeinsames Auftreten unter Führung des mächtigen Lübecks gelang, sich zahlreiche Handelsprivilegien im gesamten Ostseeraum, in England und Flandern zu ergattern, dominierten den Transithandel zwischen Nord- und Ostsee. Ihre Monopolstellung verteidigten sie mit harten Bandagen gegen Konkurrenten. Jedes Mittel war ihnen dazu recht – vom totalen Handelsembargo bis zum Krieg. Als es mit der Grafschaft Flandern zu allerlei Schwierigkeiten wegen Zöllen, Stapelrechten und Haftungsfragen kam, beschlossen die Hansestädte 1358 eine vollständige Handelssperre zu Wasser und zu Lande gegen die wohlhabende Region. Sie zogen ihre Kaufleute aus Flandern ab, verlegten den wichtigen Hansekontor von Brügge ins niederländische Dordrecht und weigerten sich zwei Jahre lang, Waren ein- und auszuführen. In Flandern brach das Elend aus. Es fehlten die wichtigen Getreidelieferungen aus den Ostseegebieten, die durch Eigenproduktion und Zweitlieferanten nicht aufgefangen werden konnten, sodass schon bald eine spürbare Lebensmittelknappheit auftrat. Das Tuchgewerbe geriet in eine Absatzkrise, weil der Hauptabnehmer, die Hanse, plötzlich ausfiel. Verzweifelt sandte der Graf von Flandern seine Unterhändler nach Lübeck, doch zu verhandeln gab es da wenig. Die Hanse pochte auf die Einhaltung aller gewährten Privilegien und ließ darüber nicht mit sich reden. Schließlich gab der geplagte Landesherr nach. 1360 bestätigte er alle hansischen Marktvorrechte, baute sie sogar noch aus und machte seinen Frieden mit der Wirtschaftsmacht. Die Hansekaufleute kehrten triumphierend nach Brügge zurück. Nur zwei Jahre später stürzte sich die Hanse in ihr nächstes Abenteuer. Die allzu offensive Außenpolitik des dänischen Königs Waldemar IV. Atterdag, der die wichtige Hansestadt Visby auf Gotland eroberte und damit die hansische Vormachtstellung im Ostseeraum bedrohte, beantwortete der Städtebund mit dem Abbruch aller Handelsbeziehungen und mit Krieg. Der Lübecker Bürgermeister Johann Wittenborg persönlich befehligte die Kriegsflotte, die 1362 in Richtung Sund auslief und Kopenhagen plünderte. Die Auseinandersetzung zog sich über Jahre hin und mündete 1367 erneut in kriegerische Aktionen, bis Dänemark im Frieden von Stralsund 1370 nachgab und den Kaufleuten völlige Handelsfreiheit im ganzen Königreich und den unbeschränkten Zugang zu den Heringsgründen vor Schonen gewährte. Außerdem sicherten sich die Pfeffersäcke ein Mitspracherecht bei der dänischen Thronfolge. Stolz übernahm die Hanse die Kontrolle über die Sundfestungen.

Erfolgreich wandten die geschäftstüchtigen Kaufleute ihre Zwangsmittel Boykott, Handelssperre und im Notfall Kriegsaktionen in den folgenden Jahren immer wieder gegen England, Nowgorod, Dänemark, Flandern und andere Konkurrenten an. Den langsamen Zerfall der Gemeinschaft konnten sie dadurch nicht aufhalten. Letztendlich verschliefen die Hansen die fortschrittlichen Entwicklungen ihrer Zeit: Sie stiegen nie groß ins Bank- und Kreditwesen ein, beschränkten sich auf den altmodischen Zwischenhandel, der in dem Moment ins Wanken geriet, als erstarkende Landesfürsten und Monarchen nicht mehr gewillt waren, die hansischen Vorrechte zu bestätigen. Der Handel verlagerte sich aus politischen Gründen von Brügge nach Antwerpen. Als dann auch noch kapitalstarke Konkurrenten aus Oberdeutschland, allen voran aus Nürnberg und Augsburg, im Ostseeraum tätig wurden, war es um die Monopolstellung der Hanse endgültig geschehen. Die einstige Wirtschaftsmacht hatte ihren Glanz verloren.

Die Risiken eines expandierenden, zunehmend vom Kapital abhängigen Wirtschaftskreislaufes führten schon im Mittelalter zu spektakulären Finanzkrisen. Vorreiter auch hier wieder: Italien. 1345 erlebte Florenz, das pulsierende Herz des damaligen Bankensektors, seinen „schwarzen Freitag". In einem unvorstellbaren Crash brachen die wichtigsten florentinischen Bankhäuser zusammen und bescherten der Stadt eine lang anhaltende Rezession. Anlass dafür war die Stornierung der Schuldenrückzahlungen durch das Königreich Neapel. Anzeichen dafür, dass sich immer mehr Risikokapital in den Bankbüchern ansammelte, hatte es schon länger gegeben. Die reichen Familienunternehmen der Bardi, Peruzzi oder Acciaiuoli hatten ihr Geld mehr und mehr in Darlehens- und Kreditgeschäfte gesteckt und eine Zeit lang daran blendend verdient. Zu ihren Gläubigern gehörten der Papst und die gekrönten Häupter Europas, von denen sie sich traumhafte Renditen in Form von Steuer- oder Zollverpfändungen erhofften. An sich ein sicheres Geschäft, denn für die Schulden des Staatsoberhaupts garantierte ja der Steuerzahler. Doch die Spekulationsblase blähte sich zu gewaltigen Dimensionen auf.

Der englische König Eduard III., der sich vager Thronansprüche wegen in den Hundertjährigen Krieg mit Frankreich stürzte, hatte zwar immensen Finanzbedarf, der ihn dazu zwang, die komplette Finanzverwaltung seines Königreiches an die florentinischen Gläubiger abzugeben, doch wuchs der Schuldenberg schneller als das Steueraufkommen der Untertanen. Nach dem Ausbleiben vorteilhafter Plünderungen während des Krieges sah sich der Monarch nicht mehr in der Lage, noch irgendeinen kleinen Batzen aufzutreiben. 1340 entzog er den Bardi und Peruzzi mit einem Schlag sämtliche Steuer- und Finanzprivilegien und stoppte die Schuldenrückzahlung. In den Bilanzen der Bankherren klafften plötzlich exorbitante Lücken. Das schwarze Loch vergrößerte sich noch, als neapolitanische Adlige, gereizt durch die florentinische Außenpolitik, ihre Gelder aus Florenz abzogen. Den Rest gaben den bangenden Bankiers dann die Erben König Roberts von Neapel, die 1345 die Rückzahlung der Staatsschulden verweigerten. Die Bardi, Peruzzi und Acciaiuoli machten wiederum jeweils rund 100.000 Fiorini Verlust und hatten damit ihr Gesellschaftskapital um ein Vielfaches überschritten. Sie machten Bankrott. Der Strudel der untergehenden Konzerne riss auch viele kleine Firmen und Anleger in den Abgrund. Wütende Gläubiger stürmten die Bankfilialen, Handelspartner beschlagnahmten florentinische Handelswaren, um an ihr Geld zu kommen. Nach langen Konkursverhandlungen konnten die Peruzzi nur 20 Prozent, die Bardi 46 Prozent ihrer Gläubigerforderungen abtragen. Von diesem Crash sollte sich Florenz lange nicht erholen. Der Kaufmann Giovanni Villani, der selbst durch die Pleite in den Ruin getrieben wurde, ließ seiner Wut über die „wahnwitzige Habgier" der Gesellschaften freien Lauf. Er ereiferte sich, sie verspielten das Geld fremder Leute, die es bei ihnen deponiert und angelegt hatten. Das Image des „ehrbaren Kaufmanns", der solide und mit Augenmaß wirtschaftete, hatte nun einen ersten, gewaltigen Riss.

Das Mittelalter war wenig innovativ und technikfeindlich

Für die Segnungen des Fortschritts fand der Dominikanerpater Giordano da Pisa nur lobende Worte. „Es ist noch keine zwanzig Jahre her, dass man sich darauf versteht, Brillen zu verfertigen, die die Sehkraft verbessern, das ist eine der besten und notwendigsten Künste, über die die Welt verfügt", freute er sich in einer Predigt am 23. Februar 1306 in der Kirche Santa Maria Novella. Er selbst verdanke dieser bahnbrechenden Erfindung viel, führte er aus. Sie erleichtere sein Leben ungemein. Und er habe sogar den Mann gesehen und gesprochen, der sie erfunden und als erster gemacht habe. Leider vergaß der freundliche Frater vor lauter Begeisterung den Namen des Erfinders hinzuzufügen, und so tappt die Forschung im Falle der Brille ebenso im Dunkeln wie bei vielen anderen Errungenschaften des Mittelalters: Man kann meist weder das genaue Datum einer Erfindung benennen noch den Namen des Erfinders. Vielleicht meinte Fra Giordano den Glasmacher Alessandro della Spina, ebenfalls einen Dominikaner, der um 1280 in Pisa wirkte und die ersten Sehhilfen aus konvex geschliffenen Gläsern mit einem Steg miteinander verband und zum Verkauf anbot, oder Salvino degli Armati, der als Augenarzt in Florenz mit Sehhilfen experimentierte. Er könnte aber auch den gelehrten Franziskanermönch Roger Bacon im Blick gehabt haben, der sich Ende des 13. Jahrhunderts ebenfalls mit Optik beschäftigte. Doch das Betonen individueller Leistungen lag dem mittelalterlichen Menschen fern, ihm war vor allem der Nutzen einer Erfindung wichtig. Und wenn er einmal den Vorteil einer Neuheit entdeckt hatte, nahm er sie gerne in Anspruch und setzte sich sogar ein dickwandiges Monstrum wie die Brille auf die Nase.

Die Legende, das Mittelalter sei technikfeindlich gewesen, lässt sich jedenfalls nicht aufrechterhalten. Ganz im Gegenteil – in den Bauernstuben, Handwerksstätten und Klosterzellen saßen findige Köpfe, die gerne tüftelten und ausprobierten. Warum sollte man sich das Leben nicht mit allerlei Hilfsmitteln erleichtern? Gott hatte die Welt erschaffen und dem Menschen den Auftrag erteilt, sie zu nutzen und zu vollenden. Kreative Weltgestaltung wurde im Verständnis der Zeit als göttlicher Auftrag aufgefasst. Dem technischen Fortschritt brachte man daher eine positive Grundhaltung entgegen. In der Ikonografie fand dieser innovationsfreudige Grundzug seinen sinnfälligen Ausdruck in der Darstellung Gottes als Werkmeister. Seit dem 12. Jahrhundert stellte man den Weltenschöpfer gerne mit den Attributen Zirkel, Lineal, Waage, ja sogar dem hochmodernen Kompass dar. Nach Erfinden der mechanischen Uhr verewigten die Tafelmaler Gottvater gar als hemdsärmeligen „mechanicus" im Bild. Der Schar der Heiligen verpasste so mancher Künstler einen Augenzwicker als Zeichen der Gelehrsamkeit. So stellte der italienische Maler Tomaso da Modena um 1352 im Kapitelsaal des Kloster San Niccolo in Treviso die Heroen des Dominikanerordens mit schicken Lesehilfen dar. Dem Kardinal Hugo von Provence setzte er eine Nietbrille auf die Nase, dem Kardinal von Rouen gab er ein Einglas zum Lesen in die Hand. Die älteste deutsche Brillendarstellung findet sich auf einem Altarbild der Stadtkirche von Bad Wildungen, das Conrad von Soest 1403 schuf. Hier studiert der „Brillenapostel" intensiv, mit einer Lesehilfe bewaffnet, die Heilige Schrift. Im 15. Jahrhundert schließlich mehrten sich die allegorischen Darstellungen der Mäßigung mit Attributen neuer Technik. Keine Spur also von Fortschrittsfeindlichkeit im Mittelalter. Ohne Berührungsängste übernahm man auch Neuerungen aus fremden Kulturen, aus dem Orient oder Asien, baute sie um und brachte sie in die eigene Kultur ein. Diese praktische Art der Fortentwicklung wurde jedoch von keiner Grundlagenforschung ergänzt. An den hohen Schulen und Universitäten spielten technische Wissenschaften überhaupt keine Rolle. Die Scholastiker ergossen sich in ausgeklügelten Disputationen über Gott, Aristoteles und die Welt, äußerten sich aber nicht zu mechanischen Problemen und ihren Lösungen. Streng wurde unterschieden zwischen dem Reich der Philosophie, das zur vollen Erkenntnis und damit letztlich zu Gott führte, und der schnöderen Welt der Handwerker, deren tätige Arbeit zwar zu Fortschritt und Arbeitserleichterung führte, nicht aber zu einem höheren Grad an Vollkommenheit. Die strikte Trennung von Theorie und Praxis, Wissenschaft und Broterwerb verhinderte lange ein Eindringen naturwissenschaftlicher Fächer in den Wissenschaftsbetrieb, obwohl es immer wieder Versuche einzelner Gelehrter gab, die „artes mechanicae", also die praxisorientieren Künste, aufzuwerten. Der englische Franziskaner Roger Bacon (geb. um 1220) ging dabei voran und forderte als einer der ersten eine auf exakte Naturerkenntnis ausgerichtete Forschungsarbeit. Ihren Nutzen sah er in einer Erhöhung des Lebensstandards der Menschen durch technische Fortentwicklung. So träumte Bacon von maschinenbetriebenen Land- und Wasserfahrzeugen, von Flugapparaten und Unterseebooten. Doch erst im ausgehenden Mittelalter fanden in der Figur des Künstleringenieurs theoretisches und praktisches Wissen zueinander. Allround-Genies wie der berühmte Leonardo da Vinci (geb. 1452) strebten nach handwerklicher Perfektion ebenso wie nach einer wissenschaftlichen Untermauerung ihrer künstlerischen Ambitionen. Das Künstler-Genie, das neben Malen und Bauen auch noch Geräte erfinden, Festungsbauten errichten und Kanonen gießen konnte, genoss an den Fürstenhöfen hohes Sozialprestige und befreite die praktischen Wissenschaften von ihrem handwerklichen Status. Da Vincis Arbeiten zur Mechanik und seine naturkundlichen Studien zeigten bereits ein hohes Maß an wissenschaftlicher Analyse, die den technikbezogenen Wissenschaften in der Frühen Neuzeit schließlich den Weg in die Bildungsinstitutionen ebneten.

Drei Schwerpunkte der technischen Entwicklung sind im Verlauf des Mittelalters auszumachen: Ein erster Innovationsschub erfolgte zur Blüte des Karolingerreiches ab 800 und umfasste vor allem Neuerungen im Agrarbereich, ein zweiter folgte vom 11. bis zum 13. Jahrhundert mit zahlreichen Erfindungen im gewerblichen Produktions-

prozess, ein dritter setzte nach den verheerenden Pestepidemien im
15. Jahrhundert ein mit weiteren Verbesserungen in der Montan-, Militär-, Bau- und Drucktechnik.

Die Ausnutzung von Wind- und Wasserkraft kannte bereits das
Frühmittelalter. Es gab Wassermühlen, die entweder senkrecht zum
Wasserlauf standen oder horizontal im Wasser lagen, um damit die
natürliche Strömung auszunutzen. Sie dienten dem Mahlen von Getreide und wurden sehr häufig von Klöstern betrieben. Die wachsende
Anzahl der Klosterinsassen hatte es nötig gemacht, sich von der alten
Handmühle mit ihren bescheidenen Erträgen zu verabschieden und die
bereits aus der Antike bekannte Wassermühle einzusetzen. Dabei erforderte der Einsatz der Wasserkraft ein stattliches Repertoire begleitender bautechnischer Maßnahmen, denn um das Wasser stetig in gleichbleibender Stärke durch das Mühlenrad rauschen zu lassen, musste der
Wasserstand kontrollierbar gemacht werden. Das geschah mit dem Bau
von Dämmen, Kanälen und Wehren. Experimentierfreudige Müller
beließen es nicht beim Betreiben des Mühlsteins durch die Wasserkraft,
sondern sie versuchten Rüttelsiebe anzuschließen, die das Mehl von
der Kleie trennten und damit einen weiteren Arbeitsgang einsparten.
Welcher geniale Tüftler auf die Idee kam, die Drehbewegung des Mühlrads in eine Auf- und Ab- sowie eine Hin- und Herbewegung umzuwandeln, ist leider nicht überliefert. Doch die Wiederentdeckung der schon
in der Antike bekannten Nockenwelle war eine folgenschwere Meisterleistung, die das Wasser als Antriebskraft für Arbeitsgeräte der verschiedensten Art geeignet machte. Mit der Nockenwelle konnten
Stampfer, Hämmer, Blasebälge und Sägen betätigt werden. Ihre Erfindung dürfte im ländlichen Bereich im Umfeld der Flachs- und Hanfbearbeitung erfolgt sein. Erstmals urkundlich erwähnt ist die Nockenwelle im deutschsprachigen Raum im 12. Jahrhundert. Zum vollen Einsatz
kam sie jedoch erst in den Städten in der stark arbeitsteiligen Gewerbeproduktion. Wassermühlen mit Nockenwellen bewegten Fallhämmer
in den Tuchwalkereien, pressten Baumrinden für die Gerberei zusammen, schnitten Baumstämme in den Sägemühlen in die rechte Form,
sorgten in der Eisenproduktion für die Sauerstoffzufuhr mittels gewaltiger Blasebälge und halfen durch den Antrieb von Hämmern beim

Ausschmieden des Metalls. Ohne diese technische Errungenschaft wäre die Blüte des Textil- und Montanbereichs im Hochmittelalter nicht möglich gewesen. Selbst zum Abpumpen des Grundwassers in Bergwerken konnten Wasserräder eingesetzt werden.

Doch nicht nur hinsichtlich der Wasserkraft zeigten sich mittelalterliche Ingenieure äußerst erfindungsreich. Auch zum Thema Windkraft fiel ihnen so einiges ein. Die ersten drehbaren Windmühlen gab es in Europa seit den achtziger Jahren des 12. Jahrhunderts, zunächst in England, in Flandern und in der Normandie. Ab dem 13. Jahrhundert verbreitete sich im deutschen Sprachraum die Bockwindmühle, der beliebteste europäische Mühlentyp, der das mittelalterliche Landschaftsbild nachhaltig prägte. Das Konstruktionsprinzip der drehbaren Windmühlen bestand darin, sie von den Launen des Windes unabhängig zu machen und ihnen zu jeder Zeit eine möglichst hohe Auslastung zu garantieren. Daher ruhte bei der Bockwindmühle das gesamte Mühlenhaus auf einem zentralen Pfahl, einem „Bock", der sich durch einen komplizierten Mechanismus drehen ließ und dadurch die Flügel der Windmühle nach der jeweiligen Windrichtung ausrichtete. Bis zur Erfindung der Dampfmaschine blieb die Windmühle neben der Wassermühle die wichtigste Antriebskraft für die vorindustrielle Gesellschaft. Als Getreide- und Ölmühle, als Dresch-, Häcksel- oder Lohmühle, als Pump- und Schöpfwerk versah sie getreulich ihren Dienst. In Holland setzte man Windmühlen auch zur Landgewinnung ein, indem man das Wasser aus den Poldern durch Schöpfräder auf das höhere Niveau eines Abflussgrabens hievte und ableitete. Dadurch ließ sich der Wasserspiegel in den entwässerten Flächen absenken und Neuland gewinnen. Unterstützt wurde das Verfahren noch durch die sogenannte „Archimedische Schraube", auch Schneckenpumpe war, deren wesentliches Bauteil eine Schraube mit ausgeprägten Gewindeflächen war. Insgesamt sind rund 150 historische Nutzungsarten der Windmühle überliefert, was ihren Rang in der mittelalterlichen Energiegewinnung beweist. Und die Pläne, die mancher Erfinder mit der Windmühlentechnik noch hatte, muten durchaus fantastisch an. In Italien stellte man seit dem 13. Jahrhundert vielversprechende windenergetische Versuche an, die zu außergewöhnlichen Hoffnungen Anlass gaben. So tüftelte der Pavianer Arzt Guido da Vigevano 1335 an einem windradgetriebenen Kampfwagen, der zur Rückeroberung des Heiligen Landes dienen sollte. Dem englischen König Eduard III. wurde 1327 eine Bockwindmühle vorgeschlagen, deren Flügel Bienenkörbe schleuderten, um die Insekten zum Angriff auf den Feind zu reizen. Und im Reich dachte man um 1400 allen Ernstes daran, mit Hilfe der Windkraft Aufzüge zu konstruieren, mit denen militärische Nutzlasten auf die Höhe einer Stadtmauer zu hieven waren. So herrliche Blüten trieb der Erfindungsgeist der frühen Ingenieure!

Besonders reich an technischen Neuheiten war die Textilbranche, bei der durch Verdichtung der Arbeitsprozesse höhere Erträge und damit höhere Gewinne erzielt werden konnten. Früh setzten daher Bestrebungen ein, die vielen zeitraubenden Arbeitsschritte des Spinnens, Webens, Walkens und Färbens maschinell auszuführen. Italienische Kaufleute brachten im 13. Jahrhundert aus Asien das Spinnrad mit nach Europa, mit dem sich das Garn viel schneller auf die Spule wickeln ließ als mit der althergebrachten Handspindel. Brauchte man mit der Handspindel etwa elf Stunden, um das für ein einziges Hemd nötige Garn herzustellen, so schaffte eine Arbeiterin mit dem Rad in dieser Zeit ungefähr das Doppelte. Im 15. Jahrhundert verbesserte man die Spinntechnik noch durch die Einführung der Flügelspindel, durch die die Vorgänge des Spinnens und Spulens gekoppelt wurden. Das Flügelspinnrad ermöglichte so einen kontinuierlichen Spinnvorgang, der nicht nur Zeit einsparte, sondern auch eine festere und gleichmäßigere Garnqualität garantierte. Um 1520 erfand man in England den Tretantrieb über ein Pleuel, sodass die Spinnerin beide Hände für die Zuführung des Fadens freibekam, was erneut eine enorme Erleichterung der Arbeit bedeutete und gleichzeitig Quantität und Qualität der Ware steigerte. In der Seidenverarbeitung kam man zu noch spezielleren Lösungen. Die mit Wasserkraft betriebenen Seidenzwirnmühlen trieben über mehrere Zahnradsysteme eine Vielzahl von Spindeln und Haspeln an, die den von den Seidenraupen gelieferten dünnen Faden verzwirnten und aufspulten. Das Urbild aller Seidenzwirnmühlen entstand in Lucca im 13. Jahrhundert und galt als

Wunderwerk damaliger Technik. Etwa 200 bis 240 Spindeln konnten gleichzeitig mit unterschiedlicher Drehgeschwindigkeit in Bewegung gesetzt werden – sie ersetzten damit die mühevolle Handarbeit Hunderter Seidenspinnerinnen.

Beim Webvorgang sorgte der neue Horizontal-Webstuhl für eine Steigerung der Erträge. Im Gegensatz zum senkrecht stehenden älteren Gewichtswebstuhl ließen sich bei dem seit dem Hochmittelalter verbreiteten Horizontal-Webstuhl Fach und Gegenfach mechanisch bilden. Mittels eines Fußpedals hob der Weber die Kettfäden an, um danach das Schiffchen mit dem Schussfaden hindurchzuschießen und die Kettfäden wieder zu senken. Für die verschiedenen Bindungsmuster benötigte man zwischen zwei und vier, manchmal auch noch mehr Schäfte. Der neue Trittwebstuhl ermöglichte Leistungen von zwanzig Schuss pro Minute, sodass auch bei sehr feinen Geweben etwa sechzig Zentimeter Tuch pro Stunde erzielt werden konnten. Allerdings gab die Breite des Webstuhls die Breite der Stoffbahnen vor. Die Grenze, bei der ein geschickter Weber bei gehobenen Kettfäden das Schiffchen noch durchstechen konnte, lag etwa bei siebzig Zentimetern. Im exportorientierten Flandern strebte man daher nach Höherem. Hier entwickelte man im 13. Jahrhundert den Zwei-Mann-Trittwebstuhl, den sogenannten flandrischen Webstuhl, der durch seine Größe breitere Stoffbahnen ermöglichte und von zwei Männern, die sich das Schiffchen in hoher Arbeitsgeschwindigkeit hin und her warfen, bedient wurde. Damit ließ sich die Produktion sprunghaft steigern und die Konkurrenz mit nie geahnten Stoffbreiten in Grund und Boden weben. Allein in Ypern standen 4000 dieser großen flandrischen Webstühle und bescherten der Stadt großen Wohlstand. Auch das anschließende Walken und Färben der Stoffe übernahmen zunehmend Maschinen. Hatten zuvor Heerscharen von Walkern das gewebte Tuch mühevoll mit Füßen oder Händen in großen Trögen durchgeknetet, so übernahmen seit dem Hochmittelalter mit Wasserkraft betriebene Walkmühlen diese Tätigkeit. Große Stempel oder Holzschwinger, über eine Nockenwelle in Gang gesetzt, wirkten nun auf die in Lauge eingelegten Tuche ein, um sie zu reinigen und ihre Oberfläche zu verfilzen und dadurch dichter und geschmeidiger zu machen. Beim nach-

folgenden Färbevorgang erleichterten Lohmühlen, in denen die natürlichen Farbmittel gemahlen oder gepresst wurden, die Arbeit.

Die zunehmende Mechanisierung betraf jedoch nicht allein die
Textilproduktion – nahezu jedes Gewerbe unterlag ihr. Ob in der Roh-
stoffgewinnung, beim Salz- oder Erzabbau, in der Eisenverhüttung
und -verarbeitung, bei der Holzgewinnung oder in der Warenproduk-
tion – allerorten hörte man es hämmern, schlagen, klappern, rauschen. Es entstanden auch völlig neue „Industriezweige", die das Leben der Menschen langsam, aber sicher zu revolutionieren begannen.

„Ich, Ulmann Stromer, begann erstmals Papier herzustellen am Johannistag zur Sonnwende und fing in der Gleißmühle an, ein Rad in
Ordnung zu bringen", berichtete voller Stolz der Nürnberger Fernhandelskaufmann und Ratsherr Ulmann Stromer über das Jahr 1390.
Der Mann hatte Mut, denn die Papierherstellung war im Reich bis
dato unbekannt. Stromer hatte die Technik, die aus China kam und
über den arabischen Raum nach Südeuropa gelangte, vermutlich in
der Lombardei kennen gelernt, wo bereits im 13. Jahrhundert die
ersten Papiermühlen standen. Kurzerhand kaufte er die vor den Toren
der Stadt Nürnberg gelegene Gleißmühle und baute sie zur Papier-
mühle um. Drei Wasserräder trieben anstelle von Mühlsteinen Stampf-
werke an, die in Wasser eingelegte Textilreste – Lumpen oder Hadern
– zu einem diffusen Brei verarbeiteten. Aus diesem schöpfte ein Handwerker mit Hilfe eines Drahtsiebs das Papier, das getrocknet, mit Leim
wasserdicht gemacht und in Bögen zurechtgeschnitten den perfekten
Beschreibstoff abgab. Ulman Stromer erkannte die Zeichen der Zeit
mit sicherem Blick fürs Geschäft. Nicht nur, dass mit der steigenden
Leinenproduktion der für die Papierherstellung nötige Rohstoff billig
und ausreichend zur Verfügung stand, in den städtischen Kanzleien
und in den Schreibstuben der Kaufleute benötigte man für die wachsende Verwaltungsarbeit preiswertes Schreibzeug. Das teure Pergament konnte den Bedarf nicht mehr decken. So stieg Stromer ins ganz
große Geschäft ein. Schon 1392 verkaufte er der Nürnberger Stadt-
verwaltung sein Papier, es folgten die Ratsämter von Ulm, Nördlingen
und Esslingen. Stromer entwickelte sich regelrecht zum Marktführer,
sein Papier wurde auf allen Messen und Handelsplätzen verkauft.

Sein Betriebsgeheimnis hütete er wie einen außergewöhnlichen Schatz, womit er allerdings nicht verhindern konnte, dass auch andere Unternehmer ins Papiergeschäft einstiegen. In Ravensburg, Lübeck, Straßburg, Augsburg und Ulm entstanden ebenfalls Papiermühlen – bis 1500 steigerte sich die Zahl der Standorte auf sechzig. Mit dem Papier verband sich eine grundlegende kulturelle Erneuerung. Denn als Mitte des 15. Jahrhunderts Johannes Gutenberg in Mainz den Buchdruck mit beweglichen Lettern und einer neu konstruierten Druckerpresse erfand, konnten erstmals Schriften aller Art rasch und preiswert produziert und unters Volk gebracht werden. Gutenberg, der gebürtige Mainzer, hatte eine ebenso einfache wie geniale Idee: Er goss die 26 Buchstaben des Alphabets als Einzellettern aus Metall, sodass diese zu beliebigen Texten zusammengesetzt werden konnten. Der Setzer fügte auf dem Satzschiff Buchstabe für Buchstabe und Zeile für Zeile zu ganzen Seiten zusammen, die dann in einer Spindelpresse mit Hilfe einer Druckerschwärze aus Öl, Lampenruß und Firnis zu Textblättern gedruckt wurden.

Gutenbergs zwischen 1452 und 1455 hergestellte 1282-seitige Bibel, erschienen in 180 Rohexemplaren, machte viel Furore. Bischof Enea Silvio Piccolomini, der spätere Papst Pius II. (geb. 1405), lobte die höchst saubere und korrekte Schrift, die er mühelos und ganz ohne Brille lesen könne. Erstmals war es möglich, auch umfangreiche Texte in großer Zahl zu verbreiten. Die mühevolle Handarbeit der Mönche, die in ihren Schreibstuben die Werke der Antike und des Christentums Zug um Zug abgeschrieben hatten, gehörte damit der Vergangenheit an. Doch die Erfindung des Buchdrucks bewirkte noch mehr: Sie revolutionierte den gesamten Wissensbetrieb, für den nun erstmals Bücher in ausreichender Zahl zur Verfügung standen, und schuf mit der Schnelligkeit, mit der Flugblätter und Pamphlete auf den Markt geworfen werden konnten, völlig neue Formen der Kommunikation. Erstmals bildete sich eine öffentliche Meinung, die neue Ideen aufnahm und kontrovers diskutierte. Die rasche Ausbreitung der Reformation z. B. wäre ohne den Buchdruck undenkbar gewesen. Bis 1500 gab es in 60 deutschen Städten fast 300 Druckereien, das größte „Medienimperium" leitete dabei der Nürnberger Anton Koberger (geb. um 1445), der fast 100 Mitarbeiter an 24 Pressen beschäftigte und damit als einer der ersten großen „Meinungsmacher" gelten kann.

In immer stärkerem Maße begann sich die Technisierung der Arbeitswelt auf das Leben der Menschen auszuwirken. Man setzte sich die Brille auf die Nase, las eines der brandneuen Flugblätter, begann im Rhythmus der ersten mechanischen Uhren zu leben und klagte über den Arbeitsplatzverlust infolge von Rationalisierungsmaßnahmen. Mit der neuen Technik zogen auch Hektik, Lohnarbeit und Angst vor Arbeitslosigkeit in die Häuser der Städter ein. Die gemütlichen Zeiten der Wasser- und Sonnenuhren, die nur einen recht ungenauen Stundenverlauf angaben, endeten mit der Erfindung mechanischer Uhrwerke im 13. Jahrhundert. Die mit Hilfe eines Gewichts angetriebenen Räderuhren garantierten mit ihren ausgetüftelten Zahnradsystemen, Hemmungsrädern und Zeigerwerken eine bislang unbekannte exakte Zeitvermessung. Gekoppelt an Glockenwerke zeigten sie jedermann auf der Straße an, welche Stunde es geschlagen hatte. Ab der zweiten Hälfte des 14. Jahrhunderts zählten öffentliche Uhren, die mit Glockenspielen oder Figurenläufen die Stundenzahl akustisch und optisch anzeigten, zu den Schmuckstücken einer jeden großen Stadt. Die Einteilung des Tages in 24 gleichlange Stunden strukturierte den Alltag der Städter dabei neu. Man traf sich nicht mehr irgendwann mittags oder abends, sondern schlag zwei Uhr oder schlag fünf Uhr. Die Arbeitszeit währte nicht länger von Sonnenaufgang bis Sonnenuntergang, sondern orientierte sich an fest fixierten Stundenangaben. Dies bedeutete in der Regel ein Mehr an Arbeit, denn im Winter dauerte der Arbeitstag länger, als es die natürlichen Lichtverhältnisse vorgaben. Mit den ersten tragbaren Uhren ließ sich ab dem 14. Jahrhundert jederzeit die Stundenzahl bestimmen, Ausreden für Zuspätkommen galten nicht mehr.

Am meisten fürchteten die Menschen jedoch den Verlust des Arbeitsplatzes durch die ständig fortschreitende Mechanisierung der Arbeitsprozesse. Lautstark protestierten Spinner, Weber, Walker und Seidenmacher gegen die Einführung neuer Maschinen. Teilweise sah sich die Obrigkeit genötigt, zu Gunsten der Arbeiter tätig zu werden.

So begrenzte der Speyerer Rat im 13. Jahrhundert den Einsatz des Spinnrads in der Stadt auf die Produktion von Schussfäden, während die Herstellung der Kettfäden weiterhin von Hand erfolgen sollte, um die zahlreichen Spinnerinnen nicht arbeitslos werden zu lassen. In Köln scheiterte 1412/13 der Versuch des Kaufmanns Walter Kesinger, die vielspindelige Seidenzwirnmühle nach Luccheser Vorbild einzuführen, da der Stadtrat befürchtete, dass dann „viele Leute in der Stadt, die in der Zunft der Seidenspinner ihre Nahrung finden, in Elend und Verderben geraten". Auch die Walker und die Brettschneider gingen gegen die Walk- und Sägemühlen, die ihnen ihre Arbeitsstellen wegnahmen, vor. Jede Walkmühle ersetzte etwa vierzig Fußwalker. In den großen Textilgebieten von Flandern kam es gelegentlich zu regelrechten „Walkmühlenstürmereien" aufgebrachter Arbeiter; die Städte reagierten häufig mit einem Verbot des mechanischen Walkens. In England sorgte die Gründung von Walkmühlen für eine fundamentale Verlagerung der Textilbranche vom Südosten in den gebirgigen und wasserreichen Nordwesten des Landes, wo die topografischen Voraussetzungen für die Errichtung von Wassermühlen günstiger waren. Städte wie Lincoln, Winchester und York verloren dadurch einen Haupterwerbszweig. Die Vorbehalte in der Bevölkerung gegen den Einsatz moderner Produktionsmittel entsprangen aber keiner generellen Technikfeindlichkeit, sondern der Furcht vor den sozialen Folgen der technischen Umwälzungen. Die Obrigkeit stand dabei nur bedingt an ihrer Seite: Zwar sorgte auch sie sich um den sozialen Frieden in der Stadt, doch stand die Qualitätssicherung der wichtigen Exportware im Vordergrund. Wo höherer Produktionsausstoß bei gleichbleibender Qualität garantiert war, hatten die vornehmen Ratsherren und Fernhandelskaufleute meist nichts gegen den Einsatz neuer Maschinen einzuwenden. Rationales Gewinnstreben war die Maxime ihres Handelns, weniger die Sorge um das Gemeinwohl. Sie gaben ihrer Zeit damit eine innovationsfreundliche Dynamik, die letztendlich zum Aufstieg Europas zur führenden Wirtschaftsmacht der Neuzeit beitrug.

Im Mittelalter herrschten pure Willkür und brutale Folter

Beim Anblick einer mittelalterlichen Folterkammer ergreift den Besucher von heute das blanke Grauen: Der Raum ist meist dunkel und muffig, fensterlos und kalt und mit schauerlichen Gerätschaften zum Peinigen eines wehrlosen Opfers angefüllt. Im Halbdunkel macht der Gast seltsame Folterstühle aus, deren Sitzflächen mit Eisenstacheln bewehrt sind, Streckbänke und Streckleitern, die Arm- und Schultergelenke auskugeln, oder Daumenschrauben und spanische Stiefel zum Zerquetschen der Finger und Schienbeine. Mundbirnen, die das Schreien der Gefangenen verhindern sollen, werden ebenso gezeigt wie bockartige Sitzgelegenheiten, auf denen die Verhörten ausgepeitscht wurden. Die Not und die Pein der Delinquenten, die hier befragt wurden, kann man sich gut vorstellen. Fast meint man, ihre Schreie noch durch die Gänge hallen zu hören. Doch ob alles, was in Kriminalmuseen und sogenannten „historischen" Folterkammern zu bewundern ist, auch zum Einsatz kam, erscheint mehr als fraglich. Zuweilen ging wohl geschäftstüchtigen Sammlern und Fremdenführern der allerjüngsten Vergangenheit die Fantasie durch und ihre Fabulierkunst über mittelalterliche Folterexzesse traf auf ein ebenso sensationslüsternes wie voyeuristisches Publikum. So manches grauenerregende Folterwerkzeug wie die berühmte Eiserne Jungfrau entpuppte sich daher bei genauerem Hinsehen als Erfindung des 19. Jahrhunderts. Wie war es also in Wahrheit um die berühmt-berüchtigten Folterkammern des Mittelalters bestellt?

Unbestritten zeigte das mittelalterliche Rechtswesen einen Hang zur Grausamkeit, denn dem Vergeltungsgedanken kam große Bedeutung zu. In der Regel suchte man dem Täter das zuzufügen, was er seinem Opfer angetan hatte. Den Mörder und Totschläger erwartete folglich der Tod, den Meineidigen das Abschlagen der Fingerglieder, den Dieb und Räuber das Abhacken der Hand. Eine reichhaltige Palette an Leibes- und Ehrenstrafen stand für denjenigen parat, der zwar kein Kapitalverbrechen, aber doch ein strafwürdiges Vergehen begangen hatte. Öffentliche Auspeitschungen, Brandmarkungen, das Stehen am Pranger und das Ausstellen in einem eisernen Käfig gehörten zu den beliebtesten Methoden der Bestrafung. Die Ehrenstrafen bedeuteten für die Normalbürger eine große Demütigung, denn vor der versammelten Gemeinde barfuß oder kahlgeschoren mit einer Schandmaske vor dem Gesicht lächerlich gemacht zu werden, galt als äußerste Peinlichkeit. Doch dieser drastische Strafenkatalog bildete sich erst seit dem 12. Jahrhundert und vor allem im Umfeld der wachsenden Städte mit ihrer zunehmenden Kriminalität heraus. Je unsicherer die Zeiten im Spätmittelalter wurden, desto härter ging man gegen Landstreicher, fahrende Bettler oder Arme vor. Grausame Strafen sollten dabei der Abschreckung dienen und Wiederholungstäter von der Stadt fernhalten. Die Hoch- und Blutgerichtsbarkeit, die über Leibes- und Lebensstrafen entschied, übte der obrigkeitliche Rat aus, der sich in seinen Urteilen aber an die in den Rechtsstatuten fixierten Grundsätze der Stadt zu halten hatte. Bei ihrer Urteilsfindung ist den Ratsherren ein sorgfältiges Vorgehen in der Regel nicht abzusprechen. Sie beschäftigten Notare, Schreiber und Prokuratoren, die in einem stetig anschwellenden Schriftwesen, den Acht-, Buß- und Urteilsbüchern, die Ergebnisse der Prozesse und die Höhe der verhängten Strafen festhielten. Das im Laufe der Zeit weiterentwickelte Strafrecht brachten sie in Willkür- oder Satzungsbüchern immer auf den neuesten Stand. Für besonders knifflige Fälle engagierte die Stadt schon einmal auswärtige Juristen und besonders geschulte Gutachter, um sich Rechtssicherheit zu verschaffen. So hart die einzelnen Strafen auch ausfallen mochten, von einer reinen Willkürjustiz war man im Mittelalter weit entfernt.

Die Leibes-, Ehren- und Todesstrafen hatten im engeren Sinne mit der Folter nichts zu tun, auch wenn ihr Vollzug Schmerzen verursachte. Die Anwendung der Folter zur Erpressung von Geständnissen schlich sich erst über den Umweg des römischen Rechts in die mittelalterliche Rechtspraxis ein. Die antike Gesetzgebung sah das Zufügen von Schmerzen zur Aufklärung von Verbrechen als legitimes Mittel an. Zunächst bedrohte die Folter nur Sklaven, weil diese als nicht rechtsfähig galten, später aber auch freie römische Bürger, wenn sie eines schweren Vergehens wie z. B. des Giftmordes beschuldigt wurden. In der bedeutendsten Rechtssammlung der Spätantike, dem unter Kaiser Justinian im 6. Jahrhundert angelegten Corpus Iuris Civilis, fand sich daher die Folter als erlaubte Methode zur Wahrheitsfindung wieder. Als Bologneser Juristen seit dem 12. Jahrhundert dazu übergingen, das römische Recht aufzuarbeiten, führte dies auch zu einer Neubewertung der Folter, die bis dahin im frühmittelalterlichen Rechtsleben kaum eine Rolle gespielt hatte. Die germanischen Stammesrechte wandten die Folter nur in geringem Umfang und in der Regel nur gegen Sklaven und Unfreie an. Denn sie setzten in erster Linie darauf, dass sich die streitenden Parteien unter Vermittlung eines Schöffengerichts gütlich und unter Zuhilfenahme materieller Sühneleistungen einigten. Es gab daher einen umfangreichen Buß- und Wehrgeldkatalog, der genaue Tarife für verschiedene Verbrechen wie Totschlag, Diebstahl oder Körperverletzung vorsah. War ein Fall jedoch umstritten, rief man eine höhere Instanz zur Urteilsfindung an, nämlich Gott. Wer sich zu Unrecht angeklagt fühlte, der konnte sich mittels eines Reinigungseides von dem Vorwurf lösen. Je nach sozialer Stellung bedurfte es dazu noch mehrerer Eideshelfer, die mit ihrem Schwur die Lauterkeit des Beschuldigten bezeugten. Dabei achtete man genau auf das Verhalten der Schwörenden: Musste jemand niesen oder schnäuzen oder nach einer Fliege schlagen, wurde dies bereits als „Fingerzeig von oben" gedeutet, und der Schwur galt als ungültig. Gelang jedoch die Beibringung von Eideshelfern, war der Angeklagte frei, unabhängig davon, ob er die Tat begangen hatte oder nicht.

Eine weitere Möglichkeit zur Urteilsfindung lag in der Anrufung eines Gottesurteils. Dies konnte ein bewaffneter Zweikampf oder eine andere gefährliche Probe sein, von der man hoffte, dass durch göttliches Eingreifen die Schuld des Täters eindeutig bewiesen werden würde. Beliebt war z. B. die Kesselprobe, bei der der Beschuldigte einen Gegenstand aus einem Topf mit siedend heißem Wasser fischte, oder die Feuerprobe, bei der ein glühendes Eisen angefasst oder über glühende Pflugscharen gelaufen werden musste. Der Legende nach soll selbst Kaiserin Kunigunde (geb. um 980), die Ehefrau Kaiser Heinrichs II., ihre Jungfräulichkeit mit einem Gang über heiße Pflugscharen bewiesen haben. Nach dem Zustand der Brandwunden und ihrer Heilung schloss man auf Schuld oder Unschuld des Angeklagten. Daneben gab es noch eine ganze Reihe weiterer haarsträubender Methoden der Beweisführung: Man warf den Probanden an einer Leine hängend ins Wasser und sah zu, ob er unterging oder nicht, man verabreichte ihm einen riesigen Bissen Brot oder Käse und hielt ihn für schuldig, wenn er sich verschluckte. Beim Rasengang schickte man ihn auf einen lockeren Streifen Rasen – wehe ihm, wenn dieser herabfiel. Nachdenklicheren Geistern fiel schon damals auf, dass diese Art der Rechtsprechung äußerst ungerecht war. Was tun, wenn hartgesottene Zeitgenossen bereit waren, einen Meineid zu schwören oder ihre Eideshelfer zu bestechen, um sich reinzuwaschen? Und gab eine eiternde Brandwunde wirklich schon einen Beweis für die Schuld eines Angeklagten ab?

Mit der Aufarbeitung des römischen Rechts und dem Entstehen einer juristischen Wissenschaft zeichnete sich daher ab dem Hochmittelalter eine Änderung des Rechtsverständnisses und der Verfahrenspraxis ab. Das Kirchenrecht führte unter dem rechtsgelehrten Papst Innozenz III. (geb. um 1160) mit dem Inquisitionsprozess eine bedeutende Neuerung in das Rechtsleben ein. Man suchte nun nach objektiven Gründen für die Schuld oder Unschuld eines Täters. Gemäß der Bedeutung des lateinischen Wortes *inquirere* – untersuchen – bedeutete das Inquisitionsverfahren zunächst einmal nichts anderes als das genaue Nachforschen und Untersuchen eines Sachverhalts durch Zeugenbefragung, die Aufnahme von Beweismitteln und das Auswerten von Urkundenmaterial. Auf der Suche nach der Wahrheit war man auch nicht mehr bereit, auf einen Ankläger zu warten. Hatte vorher der Grundsatz „Wo kein Kläger, da kein Richter" gegolten, konnten nun Ermittlungen „von Amts wegen" eingeleitet werden. Der Richter besaß dabei eine umfassende Verfahrenshoheit. Zunächst wurde die neue, auf Rationalität und Schriftlichkeit gründende Untersuchungsmethode gegen übel beleumundete Kleriker eingesetzt, die sich nun nicht mehr einfach mit einem Reinigungseid davonstehlen konnten. Kochte die Gerüchteküche über einen lasterhaft lebenden Kleriker hoch, konnte der Ortsbischof nach eigenem Ermessen eine Untersuchung einleiten, dazu Zeugen befragen und Indizien sammeln. Die alten Reinigungseide und Gottesbeweise lehnte die kirchliche Rechtsprechung dagegen zunehmend ab. Auf dem IV. Laterankonzil 1215 wurden diese sogar ganz verboten. Das bewährte Verfahren setzte sich seit der Mitte des 13. Jahrhunderts dann vor allem in Ketzerprozessen durch, ging es doch gerade hier um eine genaue Feststellung der inneren Haltung des Beschuldigten, der mit einer irrationalen Beweisführung nicht beizukommen war. Bald übernahm auch die weltliche Rechtsprechung das fortschrittliche Inquisitionsverfahren von der Kirche, so Kaiser Friedrich II., der es in den Konstitutionen von Melfi 1231 für sein Königreich Sizilien verankerte, sowie etliche oberitalienische Kommunen. Ursprünglich hatte das Inquisitionsverfahren mit Folter nichts zu tun. Die Sache hatte nur einen Haken: Wenn man Gottesbeweise zur Urteilsbegründung nicht mehr zuließ, dann musste man in strittigen Rechtsfällen entweder Tatzeugen aufbieten, die die Untat mit eigenen Augen gesehen hatten, oder den Angeklagten dazu bringen, seine Schandtat zu gestehen. Ein Geständnis galt als letzter und unzweifelhafter Beweis der Schuld. Da mancher Beschuldigte aber hartnäckig schwieg, griff man auf die bereits im römischen Recht verankerte Möglichkeit der Folter zurück. Insbesondere in der weltlichen Gesetzgebung machte man von dieser Option ganz gerne Gebrauch. Die Statuten von Bologna erlaubten bereits 1250 den Einsatz von Folter gegen Räuber, Diebe und sonstiges „Gesindel". So wurde ausgerechnet ein Fortschritt in der Rechtsprechung, nämlich die Suche nach der objektiven Wahrheit, zum Auslöser für eine inhumane Rechtspraxis.

Das Erzwingen von Geständnissen durch körperliche und seelische Schmerzen blieb bei weltlichen wie kirchlichen Juristen zwar umstritten, doch glaubte man ohne den Einsatz von Zwangsmaßnahmen nicht auskommen zu können. Das schlechte Gewissen führte aber dazu, dass man die „Erforschung der Wahrheit durch Qualen", wie es in einer zeitgenössischen Quelle heißt, bestimmten Regeln unterwarf, die im 16. Jahrhundert vereinheitlicht und schriftlich fixiert wurden. Demnach achtete man darauf, dass die Folter nur zum Einsatz kam, wenn bereits gewichtige Indizien oder Zeugenaussagen auf die Schuld des Täters hindeuteten. Erst wenn kein anderer Weg zur Überführung eines Täters führte, schritt man zur Folterbank. Doch auch hier gab es Ausnahmen: Schwangere, Kranke, Kinder und Greise blieben von der harten Behandlung verschont. Auch bei hochgestellten Persönlichkeiten, bei Adligen und Akademikern, zögerte man mit der Zwangsmaßnahme.

Bei der Durchführung der Folter mussten in jedem Fall der vorsitzende Richter, mehrere Zeugen und der Notar anwesend sein, der die Aussagen des Opfers aufs Wort genau protokollierte. Es handelte sich schließlich um eine „peinliche Befragung". Zunächst wurden dem Angeschuldigten die Geräte vor Augen geführt und probehalber angelegt, sodass er einen Eindruck davon bekam, was er auszuhalten hätte, wenn er schwieg. Häufig genügte schon dieser psychologische Druck, jemanden zum Reden zu bringen. So manches schauerliche Gerät in der Folterkammer dürfte wohl eher dem Abschreckungseffekt gedient haben als der praktischen Anwendung. Erst wenn das nicht fruchtete, legte man dem verstockten Verdächtigen die einfacheren Foltergeräte wie die Daumenschrauben an. Der Henker begann erst mit einer leichten Tortur und steigerte die Qualen dann, je hartnäckiger der Befragte schwieg. Wichtig für die endgültige Verurteilung war aber das „freiwillige" Geständnis des Täters vor der abschließenden Gerichtssitzung. Erst wenn er hier ohne den Einsatz von Zwangsmitteln bei seinen Aussagen blieb, galt er als überführt. Dies gab dem Angeklagten immerhin die Möglichkeit zu widerrufen, auch wenn er mit Hilfe der bei den Verhören anwesenden Zeugen und der Protokolle leicht der Lüge bezichtigt oder erneut der Folter unterworfen werden konnte. Zuweilen gelang es den Angeklagten aber tatsächlich, sich vor Gericht erfolgreich von ihren unter der Folter gemachten

Aussagen zu distanzieren. In einer kurz vor 1400 entstandenen Fall-
sammlung aus Schlesien ist ein solches Beispiel belegt. Überhaupt
mehrten sich die Zweifel am Wert der Foltergeständnisse. Im Gel-
tungsbereich des sächsischen Rechts standen Richter und Schöffen
der „peinlichen Befragung" recht skeptisch gegenüber. „Man soll von
Rechts wegen niemanden peinigen wegen eines Verbrechens oder einer Missetat, bevor er dessen nicht überführt ist", hieß es z. B. in den
um 1400 entstandenen „Magdeburger Fragen". Auch in den berüchtigten Ketzerprozessen wurde nicht prinzipiell gefoltert. Manche
Inquisitoren lehnten den Einsatz der Folter von vornherein ab und
begnügten sich mit einem ausgefeilten Verhörsystem, wie es der Inquisitor für Toulouse, der Dominikaner Bernard Gui, in seinem Hand-
buch um 1323 dargelegt hatte.

An Foltermethoden standen dem Gericht auch gar nicht so viele
Möglichkeiten zu Verfügung, wie man in der Rückschau immer vermutete. Der Henker war bei der Ausübung seines blutigen Geschäftes
an die lokale Rechtstradition gebunden, er konnte nicht einfach nach
Gutdünken vorgehen. Am häufigsten verwendete man Daumen- und
Beinschrauben, die die Gliedmaßen quetschten und starke Schmerzen verursachten. Der Schmerz ließ sich noch steigern, indem man
die Schrauben kurz löste und sofort wieder anzog oder man mit einem festen Gegenstand auf die Schrauben klopfte. Zum gängigen
Folterrepertoire gehörte auch die Streckbank oder die Streckleiter.
Dabei wurde der Delinquent auf eine Bank oder auf eine an der Wand
lehnende Leiter gespannt, seine Füße wurden am unteren Ende fixiert
und die Arme mittels einer Winde nach hinten bzw. nach oben gezogen, wodurch die Arm- und Schultermuskulatur aufs Höchste ange-
spannt wurde. Je nachdem, wie heftig die Streckung ausfiel, konnten
Hand- und Armgelenke ausgerenkt oder die Durchblutung unterbro-
chen werden. Einen ähnlichen Effekt erzielte auch das Aufziehen über
einen Flaschenzug, bei dem die Beine des Opfers zusätzlich mit Steinen beschwert waren. Auspeitschen mit verschiedenartig bestückten
Ruten und Lederriemen zählte ebenfalls zu den beliebten Foltermethoden, da es keine bleibenden Schäden verursachte. Je nach Anzahl
der Hiebe konnte der Foltergrad gesteigert werden. Als besonders

schmerzhaft erwiesen sich die Schläge, wenn man sie nach einigen Tagen wiederholte, sodass sie die bereits verkrusteten Wunden wieder aufrissen. Die höchste Steigerungsform der Folter, die allerdings nicht besonders häufig zur Anwendung kam, waren die Feuerqualen, die man dem Verhörten durch Kerzenbündel, heiße Eisen oder glühende Kienspäne beibrachte. Die Feuerfolter wendete man meist bei Hexenprozessen an, da der Nachweis des Verbrechens der Zauberei und Ketzerei als besonders schwierig galt und die unschuldigen Opfer oft standhaft schwiegen. In welchem Umfang und mit welcher Intensität in Ketzer-, Hexen- und sonstigen Prozessen gefoltert wurde, lässt sich anhand des spärlichen Aktenmaterials allerdings nur schwer ermitteln. Überliefert sind häufig nur die spektakulären Fälle, in denen es auch zu Regelverletzungen in der Prozessführung kam. Auf die Masse der Prozesse umgerechnet, dürfte im Mittelalter nicht mehr gefoltert worden sein als in anderen Epochen. Die zunehmende „Foltererfahrung" und die stetige Weiterentwicklung der Folterinstrumente legen vielmehr den Schluss nahe, dass in der Neuzeit viel professioneller vorgegangen wurde als im „finsteren Mittelalter". Die peinliche Gerichtsordnung Kaiserin Maria Theresias von 1768 führt mit großer Perfektion die ganze Palette der erlaubten Foltermethoden sowie die dazu gehörigen Instrumente auf und liefert auch noch eine genaue Gebrauchsanweisung.

Bereits im spätmittelalterlichen Rechtswesen erscheint die Folter als fest verankert. Mit der Ausbreitung des Inquisitionsverfahrens gelangte sie in die Rechtsbücher vorwiegend der großen Städte. Im 14. Jahrhundert ist die Anwendung der Folter für Augsburg, Speyer, Köln, Regensburg, Lübeck und Nürnberg belegt. Angewandt wurde sie häufig gegen sogenannte „landschädliche Leute", womit man übel beleumundete und nicht sesshafte Menschen meinte. Da sie von Ort zu Ort vagabundierten, ließen sie sich schwer fassen. So war die Obrigkeit geneigt, sie bei entsprechenden Vorwürfen schnell der Folter zu unterziehen, um Straftätern auf die Schliche zu kommen, Komplizen zu entlarven und verstecktes Diebesgut wieder aufzufinden. In der Krisenzeit des 14. Jahrhunderts genügte schon der Ruf der Landschädlichkeit für eine Verurteilung. Die Nürnberger ließen sich 1320 sogar ein kaiserliches Privileg ausstellen, um diesen Personenkreis aburteilen und hinrichten zu dürfen. Die häufig im Schnellverfahren durchgeführten Prozesse ließen die ansonsten geübte Sorgfalt der Städte im Rechtswesen vermissen. Massenweise wurden missliebige Fremde und Bettler aus der Stadt gewiesen, gefoltert oder zum Tode verurteilt. In einer unübersichtlicher und mobiler werdenden Gesellschaft sah man darin die einzige Möglichkeit, Ordnung und Sicherheit des Gemeinwesens zu wahren. Auch die kaiserliche Gesetzgebung betrachtete die Folter als festen Bestandteil der Rechtsfindung, und zwar nicht nur gegen sozial niedrig stehende Personen, sondern zunehmend auch gegen „normale" Bürger. Es gab aber bis zum 16. Jahrhundert keine einheitliche Vorgehensweise bei der Anwendung der Folter, sodass es zu recht willkürlichem Gebrauch kam. Wegweisend wurde hier die nach langer Vorarbeit auf dem Regensburger Reichstag von 1532 endlich verabschiedete peinliche Halsgerichtsordnung Kaiser Karls V., die sogenannte Constitutio Criminalis Carolina, die als erstes allgemeines deutsches Strafgesetzbuch neben dem gültigen Strafrecht auch das Prozessrecht enthielt. Die Carolina, die das zersplitterte Rechtswesen im Reich ordnen und vereinheitlichen wollte, erklärte mit dem Inquisitionsverfahren auch die Folter für rechtsgültig, unterwarf diese aber strengen Anwendungsregeln. Während der ganzen Frühen Neuzeit und bis weit ins 18. Jahrhundert hinein behauptete die „peinliche Befragung" ihren festen Platz im Rechtssystem.

Trotzdem verband sich in der Rückschau der Begriff „Folter" besonders mit dem Mittelalter. Das lag vor allem daran, dass im 19. Jahrhundert ein fortschrittsgläubiges Bürgertum, stolz auf die eigenen politischen und ökonomischen Errungenschaften, mit einer gewissen Abscheu auf die „rückständigen" Epochen der Vergangenheit blickte. Das Mittelalter kam da gerade recht. Historische Schauerromane griffen dankbar die Geschehnisse aus grauer Vorzeit auf: Hexenverfolgungen, Folterexzesse und die furchtbare Inquisition hatten damals Hochkonjunktur. Gerade beim Thema Foltern ließ es sich herrlich erschauern, hatte man dieses Übel doch gerade selbst erst mit viel Mühe abgeschafft. Allerorten machten sich selbst ernannte Heimatforscher

auf, auf Dachböden und in Kellernischen Relikte bestialischer Methoden und Geschehnisse aufzustöbern. Was sie fanden und nicht ein-
ordnen konnten, möbelten sie mit Hilfe ihrer eigenen Fantasie tüchtig
auf. Aus den Aussagen des letzten amtierenden Henkers des Städt-
chens Lemgo im Kreis Lippe kreierte man z. B. einen stachelgespick-
ten Folterstuhl, von dem niemand so recht wusste, wie das Original
aussah. In alten Quellen fanden sich lediglich vage Hinweise auf
„Marter- und Bedenkstühle". Trotzdem genügten die Angaben, um
1926 zur Einrichtung des Heimatmuseums eine Rekonstruktion anzu-
fertigen, die als authentisch für das 17. Jahrhundert ausgegeben wurde.

Auch in anderen musealen Sammlungen, so in München, Rothenburg ob der Tauber und Halle (Saale) tauchten nun Folterstühle auf,
deren Sitzflächen, Armlehnen und Fußbretter von Eisendornen über-
sät waren, auf denen das angebliche Folteropfer wie ein Fakir saß.
Erst unter dem Einsatz modernster naturwissenschaftlicher Analyse-
methoden gelang es, etliche Exemplare als Fälschungen des 19. Jahrhunderts zu enttarnen. Doch in der Zwischenzeit boomte das Geschäft mit dem Grauen derart, dass kaum noch jemand auf die
historische Wahrheit achtete. Orte, die mit Folterkammern und ent-
sprechendem Gerät aufwarten konnten, wirkten als touristische Mag-
neten. Dabei bekam so mancher Fremde, der ausgezogen war, das
Gruseln zu lernen, einen ordentlichen Bären aufgebunden, wie das
bei dem englischen Hobbyhistoriker Robert Louis Pearsall der Fall
war. Als er während seiner Reisetätigkeit auch nach Nürnberg kam,
erzählten ihm geschäftstüchtige Fremdenführer von einem legendären Tötungsinstrument, der „eisernen Jungfrau". Es soll sich dabei um
einen metallenen Hohlkörper mit nach innen stehenden Dornen gehandelt haben, in den sich der Todgeweihte stellen musste, um nach
Schließung des Gerätes durchlöchert zu werden. Der Leichnam soll
anschließend durch eine Öffnung im Boden in den Fluss entsorgt
worden sein. Ein entsprechendes Loch zeigte man Pearsall in den Gewölben unterhalb der Stadtmauern. Der Reisende war von der Sache
so fasziniert, dass er sich auf Spurensuche nach dem Phantom machte, vom dem sich außer einer angeblichen Chroniknotiz von 1533

nichts Rechtes nachweisen ließ. Auf Burg Feistritz in Niederösterreich wurde er schließlich fündig. Hier fand er ein angebliches Original, das zwar nicht funktionierte, aber aus dem Nürnberger Folterkeller stammen sollte. Die Ergebnisse seiner „Forschungsarbeit" veröffentlichte Pearsall 1838, obwohl er durchaus Zweifel hegte, dass ein aufgespießter Leichnam durch ein Loch im Boden fallen konnte. Kurzerhand deutete man die „eiserne Jungfrau" nun zum Folterinstrument um. Einmal in die Welt gesetzt, ließ sich die Legende kaum mehr aufhalten. Als 1857 in Nürnberg ein privates Foltermuseum eingerichtet wurde, ließ der Museumsgründer extra ein Exemplar der „eisernen Jungfrau" herstellen. Er bediente sich dazu eines mittelalterlichen Schandmantels, mit dem ursprünglich Ehrenstrafen vollzogen worden waren, und bestückte ihn im Inneren mit Bajonett-Spitzen. Das Grusel-Instrument erfreute sich großer Beliebtheit beim Publikum, wurde schließlich von einem englischen Adligen aufgekauft und 1893 sogar in einer Ausstellung in New York gezeigt, bevor es schließlich im Kriminalmuseum Rothenburg ob der Tauber landete. Es dauerte lange, bis die „Jungfrau" entzaubert war als das, was sie in Wirklichkeit darstellte: ein aus Museumsinventar zusammengefügtes Schaustück.

Selbst bei historisch verbürgten Folterinstrumenten ist zuweilen Vorsicht angebracht. Die mancherorts gezeigte Mundbirne, die man dem Opfer zwischen die Zähne schob, ist so ein Fall. Über einen Gewindemechanismus auseinandergedrückt, konnte sie eine schmerzhafte Kiefersperrung verursachen, doch sie hinderte gleichzeitig den Gefolterten am Sprechen, obwohl doch gerade die „Aussage" das Ziel der Folter war. Mit aufgesperrtem Rachen ließen sich weder Geständnisse noch Namen der Mittäter vorbringen, sodass der Einsatz dieses Gerätes dem Zweck der Folter grundsätzlich widersprach. Auch das Argument, die „Birne" habe lautes Schreien und damit eine Störung der Anwohner verhindert, ist nicht recht stimmig. Sowohl die Lage der Folterkammer als auch das Durchführen der Tortur in der Nacht oder in den frühen Morgenstunden sorgten bereits für eine Minderung der Geräuschbelästigung. So lag der größte Nutzen der „Birne" vermutlich in ihrem Abschreckungseffekt. Die in manchen Foltermuseen gezeigte Fülle an Objekten entspricht ebenfalls nicht unbedingt der historischen Realität. Den mittelalterlichen Henkersknechten genügten einige wenige Folterinstrumente wie Daumenschrauben oder die Streckbank für ihre Verhöre. Das Zusammenstellen mehrerer und oft gleichartiger Geräte in einem Raum entsprach vielmehr den dekorativen Bedürfnissen des 19. Jahrhunderts. Der Betrachter sollte sich gehörig gruseln, und insofern erfüllen die Folterkammern bis heute ihren Sinn und Zweck.

Im Mittelalter wurden Hexen verbrannt

Mit einem scheußlichen Lachen greift die knorrige Alte in ihren Besenschrank. Erst nimmt sie einen Salbentopf heraus, um sich mit einer wundersamen Paste aus Krötenblut und Bilsenkraut einzureiben, dann holt sie ihr bestes Stück, den Flugbesen, aus der Ecke hervor. Es ist wieder soweit in dieser Nacht – Hexensabbat! Rasch noch eine Beschwörungsformel gemurmelt, dann klemmt die Alte in jugendlicher Behändigkeit den Besen zwischen die Beine und – hui – fährt sie zum Kamin hinaus in den dunklen Nachthimmel. Irgendwo da draußen, auf Bergen, in Wäldern oder Mooren, wird sie mit anderen Besenreiterinnen zusammentreffen, um mit dem Meister der schwarzen Künste, dem Teufel persönlich, ihrem Herrn und Lehrmeister, ein orgiastisches Fest zu feiern. „Meist alt, lahm, triefäugig und hinfällig, übel riechend und voller Runzeln, hager und missgestaltet, mit trübsinnigem Gesicht, ein Horror für alle, die sie erblicken", so beschreibt der Schriftsteller Reginald Scot im 16. Jahrhundert das herkömmliche Bild der Hexen. Ja, so stellt man sie sich landläufig vor, die besenreitenden Weiber, diese gemeinen, bösartigen Personen, die anderen nur schaden wollen. Mit ihren Künsten verhexen sie das Wetter, bringen Hagel und Gewitter, ziehen mit Liebestränken und seltsamen Gebräuen Menschen in ihren Bann und machen sie impotent und willenlos – und sie stehen im Bunde mit dem Teufel, um die Menschheit ins Unglück zu stürzen.

Doch seit wann gibt es eigentlich diese Vorstellung von der Hexe? Und was unterscheidet eine Hexe von anderen mit magischen Kräften ausgestatteten Personen wie den Zauberern? Zum Bild der Hexe, wie es vor den Hexentribunalen des 16./17. Jahrhunderts definiert wurde, gehörten fünf wesentliche Aspekte: Der Teufelspakt und die Teufelsbuhlschaft, die Kunst zu fliegen, die Teilnahme am Hexensabbat und der Wille zum Schadzauber. In diesem Sinne tauchten Hexen erst im Verlauf des 15. Jahrhunderts auf, auch wenn die einzelnen Bestandteile des Hexenbildes eine lange, teilweise bis in die Antike zurückreichende Tradition hatten. Die Zeit der großen Hexenverfolgungen lag denn auch nicht wie häufig angenommen im „finsteren Mittelalter", sondern in der Frühen Neuzeit mit einem traurigen Höhepunkt in der Periode zwischen 1580 und 1650. Und die letzten Scheiterhaufen, auf denen Hexen den Tod fanden, loderten in Europa im aufgeklärten 18. Jahrhundert. Das Phänomen der Hexenjagden erweist sich als äußerst komplex und vielschichtig, entstanden aus einer Vielzahl von Ursachen und Bedingungen. Umso weniger lassen sich eindeutige Urheber der Verfolgungswellen, denen europaweit etwa 50.000–60.000 Menschen zum Opfer gefallen sein dürften, ausmachen. Weder „die Kirche" noch „der Staat" zeichneten für die Hexenjagden verantwortlich, auch wenn beide Institutionen in unterschiedlicher Ausprägung in das Geschehen involviert waren.

Natürlich kannten auch die Antike und das frühe Mittelalter unbekannte Flugobjekte, doch waren es noch keine Hexen, die da durch die Lüfte rauschten. So erhoben sich die römischen „striges" nachts in Eulengestalt in den Himmel, um ähnlich wie Vampire unbeaufsichtigten Säuglingen das Blut auszusaugen. Unversehens konnten sie dabei der Göttin Diana begegnen, die ebenfalls mit ihrem Gefolge den Nachthimmel unsicher machte. Wirkmächtige Zauberinnen, die fliegen oder sich in Tiergestalt verwandeln konnten, tummelten sich in der antiken Mythologie zuhauf. Von ihnen sei nur die aus der Odysseus-Sage bekannte Zauberin Kirke genannt, doch auch die Mondgöttin Artemis, die Erzzauberin Hekate oder die schreckliche Medusa mit ihren Schlangenhaaren konnten den Menschen schaden. Der germanische Götterhimmel war nicht weniger mobil. Da stürmte der Kriegs-, Toten- und Sturmgott Wodan mit seinem schrecklichen Gefolge in wilder Jagd durch den nächtlichen Himmel; auch seine Frau, die zauberkundige Freya, vermochte durch die Luft zu fliegen und das Wetter zu beeinflussen. Die Kelten nannten ebenfalls mächtige Göttinnen ihr Eigen, die begleitet von Dämonen und Geistern ihre Flugfähigkeit bewiesen. In diesem Umfeld der nachtfahrenden Geister tauchte in Quellen des 13. Jahrhunderts der Begriff der „hagazussa", der Zaunreiterin oder Hexe, auf. Mit Zäunen und Hecken hatte man zu heidnischer Zeit heilige Haine geschützt, sodass die auf einem Zaunstecken reitende „hagazussa" mit einem nächtlichen Dämon oder Waldgeist in Verbindung gebracht und als Grenzgängerin zwischen Diesseits und Jenseits interpretiert wurde. Zauberei, insbesondere der sich an Leib, Leben und Eigentum nachteilig auswirkende Schadzauber, stand in der weltlichen und geistlichen Rechtsprechung schon früh unter Strafe. Kaiser Konstantin der Große verbot im 4. Jahrhundert sogar die Wahrsagerei. Auch die germanischen Stammesrechte stellten Zauberei unter Strafe. Der Kirche war vor allem daran gelegen, die heidnischen Glaubensrelikte als Aberglaube zu brandmarken und zu bekämpfen. Regino von Prüm bezeichnete in seinem „Canon Episcopi" um 900 den Glauben an Frauen, die nachts im Gefolge der Diana durch die Lüfte flögen, und den Glauben an Wahrsagerei und Tierverwandlung als baren Unsinn. Der im 11. Jahrhundert lebende Burchardus von Worms empfahl Kirchenbußen für selbst ernannte Zauberer, Wettermacher und Frauen, die behaupteten, auf Tieren zu reiten, und wies den Priestern die Aufgabe zu, die Gläubigen auf die Heilsangebote der Kirche zu verweisen: Von einer Hexenhysterie also noch keine Spur.

Was die Kirche weitaus mehr erregte als der abergläubische Schnickschnack ihrer Pfarrkinder war der offene Abfall vom rechten Glauben, das Abgleiten in Häresie. Schon die frühchristliche Kirche hatte mit dem Auftreten von Irrlehren zu kämpfen. Doch seit dem 12./13. Jahrhundert wuchsen die Ketzerbewegungen der Katharer und Waldenser zu regelrechten Massenbewegungen an. Die Katharer, die in Südfrankreich, wo man sie Albigenser nannte, in Oberitalien und Deutschland eine reiche Anhängerschaft fanden, etablierten gar eine regelrechte „Gegenkirche" mit Diözesanstruktur und eigener Hierarchie. Die Ausbreitung der Ketzerei machte weltlicher und geistlicher Gewalt große Sorgen, ging es dabei doch nicht nur um den

Bestand an Glaubensaussagen, sondern auch um die Aufrechterhaltung der gottgewollten Ordnung und um die Legitimation von Herrschaft. Unter dem Eindruck der um sich greifenden Häresien und infolge des stärkeren Zusammenwirkens von geistlicher und weltlicher Macht in der Ketzerbekämpfung zeichnete sich im 13. Jahrhundert eine folgenschwere Wendung ab: Ketzerei und Zauberei wurden mehr und mehr gleichgesetzt. Der Kirchenlehrer Thomas von Aquin war unter Rückgriff auf den Kirchenvater Augustinus Mitte des 13. Jahrhunderts felsenfest davon überzeugt, dass jede magisch-zauberische Handlung mit Hilfe von Dämonen zustande kommt und dass dafür ein bewusster oder zumindest stillschweigender Pakt mit dem Teufel Voraussetzung ist. Der Teufelspakt aber bedeutete die rigorose Leugnung des christlichen Glaubens, also den Abfall in Häresie. Die Ketzer sahen sich fortan nicht nur dem Vorwurf ausgesetzt, vom rechten Glauben abgefallen zu sein, sondern auch den Teufel zu verehren, schwarze Messen, Orgien und Unzucht mit ihm zu feiern und mit Hilfe dämonischer Kräfte der Christenheit zu schaden. Diese tödliche Mischung aus Volksglauben und theologisch fundiertem „Überbau" bekamen die Angeschuldigten bald zu spüren. Katharern, Waldensern, aber auch den Angehörigen des Templerordens und anderen unliebsamen Gruppen wie Juden und Homosexuellen warf man in diversen Ketzerprozessen teufelsbündnerische Umtriebe vor. Konnte man sich gegen theologische Anwürfe noch argumentativ wehren, bedeutete die Anklage des Teufelspaktes dagegen eine kaum zu widerlegende Bedrohung. Wie sollte man mit objektiven Mitteln beweisen, dass man nicht mit dem Satan im Bunde war?

Die Furcht vor der Allgegenwart des Teufels führte zu einer allmählichen Verschärfung der Ketzergesetzgebung. Der Stauferkaiser Friedrich II. erließ seit den 1220er Jahren eine Reihe strenger Ketzergesetze und sah für renitente Ketzer den Feuertod vor. Andere weltliche Gesetzeswerke wie der Sachsenspiegel übernahmen den drastischen Bußkatalog. Das Papsttum fühlte sich ebenfalls bemüßigt, gegen das fortschreitende Übel zu Felde zu ziehen. Hatte man zuvor mit den abergläubischen Praktiken des Volkes noch Nachsicht geübt und Zauberei in der Regel mit Kirchenstrafen geahndet, bahnte sich unter Papst Gregor IX. (geb. um 1167) ein härteres Vorgehen an. Gregor ernannte 1231 mit Konrad von Marburg erstmals einen mit weitgehenden Vollmachten ausgestatteten päpstlichen Beauftragten zur Ketzerverfolgung, einen sogenannten Inquisitor, mit der Aufgabe, Ketzer in Deutschland aufzuspüren und abzuurteilen. Er schuf damit eines der gefürchtetsten und am übelsten beleumundeten Ämter der Kirchengeschichte. Auch in die Ketzergebiete Frankreichs, Oberitaliens und ins Königreich Aragon schickte der Papst seine Inquisitoren, die er aus den wegen ihrer Gelehrsamkeit und Beredsamkeit bekannten Orden der Dominikaner und Franziskaner berief. Für die Verurteilten war die ganze Palette der Kirchenstrafen bis hin zu Exkommunikation, Eigentumsverlust und Gefängnishaft vorgesehen und für rückfällige und nicht reuige Sünder eben der Feuertod, den die weltliche Gerichtsbarkeit vollzog. So begannen in einzelnen Regionen Europas die ersten Scheiterhaufen zu brennen, jedoch nicht als flächendeckendes Phänomen. Überhaupt stieß die Inquisition auf erbitterten Widerstand. Die Ortsbischöfe sahen sich in ihrer Jurisdiktionsgewalt eingeschränkt und unterstützten das päpstliche Unternehmen daher nur schleppend, während die Bevölkerung das selbstherrliche Auftreten mancher Inquisitoren regelrecht zum Aufstand reizte. So mancher Inquisitor wie Konrad von Marburg erlag der Lynchjustiz des Volkes. Nicht zuletzt erwiesen sich die aufwändigen Prozesse als äußerst kostspielig, sodass die Inquisitionsgerichte häufig aus Geldmangel ihre Arbeit bald wieder einstellten. Nur dort, wo die staatliche Gewalt ein größeres Interesse an der Verfolgung von Ketzern zeigte, wie dies beim französischen Königtum im Falle des abtrünnigen Südfrankreichs war, zeitigte die Ketzerbekämpfung größere Erfolge. Bis zur Mitte des 14. Jahrhunderts waren die Katharer dort praktisch ausgerottet.

Die Verurteilten der Inquisition galten jedoch immer noch als Ketzer, nicht als Hexen oder Hexenmeister, auch wenn sich mehr und mehr der Straftatbestand der Zauberei in die Prozessakten mischte. Entscheidend für die Ausformung des Hexenglaubens war ein anderes Moment: die Einführung der Folter in das Prozessverfahren. Um Zauberei und Teufelsbund eindeutig nachzuweisen, war ein Geständnis des Angeklagten unumgänglich, da dem Übel mit einer objektiven Beweisführung nicht beizukommen war. Nachdem die Folter in der weltlichen Rechtsprechung bei Kapitalverbrechen bereits vorgesehen war, gab der Papst 1265 seinen offiziellen Segen zur Anwendung der Folter in den Inquisitionsverfahren. Die Schwere des Verbrechens, so die gängige Meinung, rechtfertige die außergewöhnliche Vorgehensweise beim Aufspüren der Täter. Doch damit öffnete man der Willkür Tür und Tor. Unter der Folter oder zumindest ihrer Androhung gestanden Angeklagte alles Mögliche, vor allem jene Dinge, die ihre Peiniger hören wollten. Der Bund mit dem Teufel, besiegelt mit einem Kuss auf sein Hinterteil, die Verehrung von Katzen und Böcken als Verkörperungen des Bösen, das orgiastische Treiben auf den Hexensabbaten – das alles verdichtete sich nun zur Vorstellung einer um sich greifenden „Hexersekte" und einer satanischen Weltverschwörung, die die Menschheit an den Abgrund führen will. Aus dem ehemals allein agierenden Zauberer wurde nun ein Hexer, der mit anderen zusammen am Unglück der Welt strickte. Daran, dass die Hexerei zunehmend ein weibliches Gesicht zeigte, war die Leibfeindlichkeit der Kirche schuld, die in der weiblichen Sexualität die größte Herausforderung für den eigenen Klerus sah. Auch das volksmagische Wissen der Frauen, die in Fragen von Sexualität, Geburt oder Krankenheilung auf alte Praktiken zurückgriffen, erschien von vornherein verdächtig. Doch der Vorwurf der Hexerei blieb nie auf Frauen allein beschränkt, betroffen davon waren genauso gut auch Männer.

Bis zum Ende des 15. Jahrhunderts war das gängige Hexenbild, so wie es die Nachwelt kennt, ausgeformt. Für Papst Innozenz VIII. war in seiner 1484 verfassten „Hexenbulle" die Existenz der Hexensekte bereits feste Realität. Die von ihm geförderten Inquisitoren Heinrich Cramer, genannt Institoris, und Jakob Sprenger, die 1487 als Autoren eines umfassendes Handbuches zur Hexenfrage, des berüchtigten „Hexenhammers", hervortraten, wussten denn auch ganz genau über die Umtriebe der Teufelssekte, ihre Tricks und Schandtaten und die besten Methoden ihrer Bekämpfung Bescheid. Der Hauptautor Institoris, päpstlicher Inquisitor für ganz Oberdeutschland, konnte mit

diesem üblen, in weiten Zügen frauenfeindlichen Machwerk jedoch
nicht darüber hinweg täuschen, dass es um die Hexenbekämpfung gar
nicht gut bestellt war. Er selbst genoss innerhalb der Reihen der Kirche einen äußerst schlechten Ruf, der ihm sogar einen Haftbefehl
Papst Sixtus´ IV. wegen Unterschlagung von Ablassgeldern eingebracht hatte. Kurz vor Abfassung des Buches musste er zudem in Tirol
eine Schlappe als Inquisitor einstecken. Tatsächlich lief das Unternehmen „Hexenverfolgung" recht schleppend an, weshalb Institoris mit
seinem „Hexenhammer" gerade die weltliche Gerichtsbarkeit von den
schrecklichen Umtrieben der neuen Sekte zu überzeugen hoffte. Eindringlich schilderte er die zauberischen Schädigungen und ihre Folgen für die Gesellschaft, definierte die Untaten als Ausnahmeverbre-
chen, die außerhalb der gängigen Rechtsprechung stünden, und
plädierte für den vollen Einsatz von Folter und Todesstrafe. Schon
allein das Leugnen der Hexensekte galt ihm als Häresie. Die Reaktion
auf den „Hexenhammer" war ambivalent – es gab Befürworter, aber
auch Kritiker. Der aufkommende Buchdruck verschaffte dem Buch
jedoch eine weite Verbreitung, die besonders in den folgenden Jahrhunderten ihre Wirkung entfaltete.

Zu ersten „richtigen" Hexenverfolgungen war es nach 1430 im
Gebiet um den Genfer See gekommen. In Savoyen, im Piemont, in der
Dauphiné und in den französischsprachigen Tälern des Wallis führte
die Furcht vor der Hexensekte zu ersten Prozessen vor weltlichen und
geistlichen Gerichten. Auch im Bodenseegebiet und am Oberrhein
kam es noch vor 1500 zu Verurteilungen. Doch nach 1520 ebbte die
Verfolgungswelle ab. Erst vierzig Jahre später flammten die Hexenjagden wieder auf, nun aber in ihrer überwiegenden Anzahl vor weltlichen Gerichten. Dort, wo die Inquisition die Schwelle zur Neuzeit
überschritt, wie in Spanien und Portugal, ging sie in die Hände der
Monarchie über und wurde zu einem politischen Instrument umge-
baut. In Deutschland, Frankreich und England gab es zu diesem Zeitpunkt überhaupt keine Inquisitionstribunale. Warum brach ausgerechnet zu Beginn der Frühen Neuzeit die Hexenhysterie wieder auf?
Ausschlaggebend dafür waren viele Faktoren. Seit dem Spätmittelalter zeigte die Welt krisenhafte Züge. Pest, Agrarverfall und Kirchen-

schisma hatten eine zutiefst verunsicherte Gesellschaft hervorge-
bracht. Dazu kamen die Auswirkungen der „kleinen Eiszeit" zwischen
dem 15. und dem 17. Jahrhundert, in der das Klima merklich abkühl-
te und insbesondere in Regionen mit Wein- und Obstanbau Verfallser-
scheinungen auftraten. Der Anbruch der Reformation, die die abendländische Christenheit in zwei verfeindete konfessionelle Lager
spaltete, führte in der Bevölkerung ebenfalls zu einem Vertrauensver-
lust in die bislang als gottgegeben betrachtete Weltordnung. Unter
den Zeichen der Bedrohung fiel es leicht, den Verfall der göttlichen
Ordnung feindlichen Kräften anzulasten. Der Hexenglaube schuf dafür ein Ventil. In vielen Gegenden ging die Initiierung von Hexenprozessen auf den Druck der Bevölkerung zurück, die sich entweder mit
Petitionen an die Obrigkeit wandte, doch endlich gegen die schrecklichen Umtriebe der Hexensekte vorzugehen, oder sich in nicht autori-
sierten Lynchmorden Luft verschaffte. Traf dieser Druck auf eine be-
reitwillige Obrigkeit, so konnte es zu größeren Hexenverfolgungen
kommen. Neuere Forschungen zeigten, dass gerade in herrschaftlich
zersplitterten Gebieten wie dem Raum zwischen Rhein und Maas,
den kleinen Territorien an Eifel, Mosel, Lahn und Nahe, den kleinräu-
migen Gutsherrschaften Mecklenburgs und der indifferenten Ge-
richtslandschaft des Münsterlandes das Kesseltreiben besonders gut
gedieh, während Regionen mit stärker ausgebildeter Staatlichkeit wie
die Herzogtümer Bayern, Kursachsen oder Württemberg weniger unter dem Wahn litten, sodass es zu großen regionalen Unterschieden in
der Hexenverfolgung kam.

Hatte die Obrigkeit erst einmal grünes Licht für die Hexensuche
gegeben, entwickelte das Unterfangen oft eine nicht mehr zu stoppen-
de Eigendynamik. Hexenausschüsse, in denen Vertreter der lokalen
Honoratiorenschaft saßen, übernahmen die Aufgabe, belastendes
Material und Zeugenaussagen gegen verdächtige Personen zu sammeln, um sie dann den zuständigen Gerichten zu übergeben. Dabei
wurden missliebige Nachbarn, unerwünschte Konkurrenten im Handwerk, Personen mit merkwürdigem Aussehen oder befremdlichen
Verhaltensweisen sowie Kostgänger des Fürsorgesystems nur allzu
leicht Opfer von Denunziation. Gruppeninteressen oder Machtfragen

der lokalen Autoritäten dominierten häufig das Geschehen. Daher fällt es schwer, Schuldzuweisungen an irgendeine Seite abzugeben. Sowohl weltliche wie geistliche, protestantische wie katholische Territorien waren von den Verfolgungsjagden betroffen. Der letzte Hexenprozess fand 1782 im schweizerischen Glarus statt. So bleibt nur die schale Erkenntnis, dass die Suche nach Sündenböcken ein Epochen übergreifendes Phänomen ist, das bis heute nicht so recht beseitigt scheint.

Im Mittelalter war die Frau ein rechtloses Anhängsel des Mannes

In ihrem Beruf war Fygen Lutzenkirchen unbestritten ein großes Ass! Nirgendwo in ganz Köln wurde so hauchzarte, feine Seide produziert wie in ihrer Werkstatt, nirgendwo konnte man die Geheimnisse der Seidenweberei so intensiv erlernen, nirgendwo so herrliche Rohseide verarbeiten wie bei ihr. Als Meisterin ihres Faches machte Fygen Lutzenkirchen rasch Karriere: 1474 stieg sie zur Hauptseidenmacherin der Stadt auf, saß lange Jahre im Zunftvorstand und bildete bis 1497 insgesamt 25 Lehrmädchen aus. Über ihren Mann Peter, einen bedeutenden Kölner Kaufmann und Faktor mehrerer oberdeutscher Handelshäuser, bezog sie zu günstigen Konditionen Seide aus Valencia, die sie in ihrer eigenen Werkstatt verarbeitete. Das Paar brachte es dadurch zu beträchtlichem Reichtum, besaß mehrere Häuser in Köln und hinterließ der Tochter Lysbeth ein blühendes mittelständisches Unternehmen, das diese 1496, frisch zur Hauptseidenmacherin zugelassen, übernahm.

Jung, weiblich, erfolgreich und selbstständig – diese Attribute würde man wohl kaum mit dem Mittelalter verbinden. Und doch gab es auch schon in dieser Zeit freche kleine Mädchen, die frank und frei am eigenen Aufstieg bastelten und sich finanziell unabhängig machten. Gerade im Umfeld der aufblühenden Städte, die mit ihrer handwerklichen Spezialisierung und ihrer Exportproduktion völlig neue Erwerbsmöglichkeiten boten, konnten sich Frauen freier als jemals zuvor entfalten. In Köln, der Wirtschaftsmetropole am Rhein, bildeten Frauen in den wichtigsten Exportzweigen der Textilherstellung und -verarbeitung sogar eigene Berufsgenossenschaften. In den

Zünften der Garnmacherinnen, der Goldspinnerinnen, der Seidenmacherinnen und der Seidenspinnerinnen waren alle Positionen
vom Lehrmädchen bis zur Meisterin vom weiblichen Geschlecht besetzt, und auch in den politisch einflussreichen Zunftvorständen saßen hier zur Hälfte Frauen. Das Ehepaar Lutzenkirchen wirkte insgesamt 18 Jahre lang im Zunftvorstand der Seidenmacherinnen und
übte dadurch auf die Geschicke des Gewerbes maßgeblichen Einfluss
aus. Daneben gab es eine Reihe weiterer Zünfte wie die der Wappen-
sticker, in denen Männer und Frauen gleichberechtigte Mitglieder
waren.

Das Beispiel der selbstständigen Handwerkerfrauen zeigt, dass
sich die Palette weiblicher Gestaltungsspielräume im Mittelalter viel-
gestaltiger ausnahm, als es auf den ersten Blick erscheinen mag. Ob in
der Stadt, auf der Burg oder hinter Klostermauern – immer wieder
gelang es tatkräftigen Frauen, aus dem vorgegebenen Rollenschema
auszubrechen, die rechtliche Benachteiligung zu überwinden und
sich neue Lebenswege zu erschließen. Insgesamt verbesserte sich die
Lage der Frauen zum Spätmittelalter hin, bevor im ausgehenden
16. Jahrhundert die ökonomischen und gesellschaftlichen Rahmenbedingungen wieder zu ihren Ungunsten umschlugen.

Die rechtliche Benachteiligung der Frau ging auf die alten germanischen Stammesrechte zurück. Diese hatten den weiblichen Teil der
Bevölkerung praktisch von allen öffentlichen Angelegenheiten ausgeschlossen, in Fragen der Güterverwaltung ebenso wie vor Gericht,
wo sich die Frau stets durch einen Mann, ihren Muntwalt, vertreten
lassen musste. Das war bei unverheirateten Frauen in der Regel der
Vater, bei verheirateten der Ehemann. Die übliche Form der Eheschließung war die sogenannte Muntehe, bei der das zu verheiraten-
de Mädchen aus der Gewalt des Vaters in die des Bräutigams und
seiner Familie überging. Die Eheabsprache erfolgte dabei ohne Ein-
willigung der Frau und galt als Angelegenheit der verhandelnden
Sippen. Diese altmodische Vorstellung der Geschlechtervormund-
schaft erwies sich als sehr zählebig und ging im Hochmittelalter in
die Rechtssammlungen des Schwabenspiegels und des Sachsenspie-
gels ein. Generell galt die Frau allein als nicht geschäftsfähig, ihr

Vermögen verwaltete ihr Mann, erbrechtlich standen ihr nur die Aussteuer und die nach Vollzug der Ehe vom Mann geleistete Morgengabe als Sondervermögen zur Witwenversorgung zu. Selbst die kirchliche Vorstellung von der Ehe, die auf Freiwilligkeit und Unauflöslichkeit basierte und dadurch den Persönlichkeitsrechten der Frau in stärkerem Maße Rechnung trug, änderte die patriarchalische Grundordnung nicht grundsätzlich. Das „schwache Weib", das stets Gefahr lief, der Sünde anheimzufallen, bedurfte eines starken Mannes, um auf den Pfad der Tugend zurückgeführt zu werden, so die gängige Vorstellung auch der Kirchenväter.

Doch es gab einen gewichtigen Grund, der gegen eine völlige Handlungsunfähigkeit der Frauen sprach, und das war schlichtweg das praktische Leben. Die häufige Abwesenheit der Männer zu Zeiten von Feld- und Kreuzzügen, ihr früher Tod oder ihre Invalidität wiesen den Frauen eine gewichtigere Rolle zu, als es die verstaubten Rechtsbücher glauben machen wollen. Gerade die Damen des Hochadels konnten sich nicht mit einem bequemen Leben hinter hohen Burgmauern begnügen, sondern mussten bei der Verwaltung der Familiengüter und bei der Sicherung der Erbfolge für ihre Kinder tatkräftig mithelfen. Eine ganze Reihe kraftvoller Königinnen und Herrscherinnen tritt uns schon im 10. Jahrhundert entgegen: Adelheid von Burgund (geb. um 931), die zweite Gattin Ottos des Großen, die schwungvoll in die Regierungsgeschäfte des Reiches eingriff, oder ihre Schwiegertochter Theophanu (geb. um 960), die schöne Prinzessin aus Byzanz, die nach dem Tod ihres Gatten Otto II. voller Umsicht die Regentschaft für ihren unmündigen Sohn führte. Beide Frauen erscheinen in Urkundentexten als von ihren Ehemännern als „Mitherrscherinnen" und „Teilhaberinnen des Reiches" ausgezeichnet. Sie griffen aktiv in die Politik ein, vor allem während der Unmündigkeit Ottos III. Nach dem frühen Tod Theophanus leitete Adelheid jahrelang allein die Geschicke des Reiches bis zur Volljährigkeit ihres Enkels und sicherte ihm dadurch die Nachfolge. Auch Gisela von Schwaben (geb. um 999), die Ehefrau Kaiser Konrads II., des ersten Herrschers aus dem Geschlecht der Salier, spielte eine herausragende Rolle auf dem politischen Parkett. Eine „unentbehrliche Gefährtin" nennt ein zeitgenössischer Chronist die gebildete Kaiserin, die ihren Gatten auf allen Reisen begleitete und in das politische Tagesgeschäft einschließlich der Verhandlungen zur Erbfolge eingriff. Zahlreiche Beispiele für selbstständig handelnde Frauen gibt es auch auf der „mittleren Führungsebene" des Adels. Mathilde, Markgräfin von Tuszien (geb. um 1046), verwaltete nach dem Tod ihres ungeliebten Gatten ihr reiches Erbe in der Toskana und der Po-Ebene selbstständig und schenkte ihre Güter aus eigenem Gutdünken dem apostolischen Stuhl. Während des Investiturstreits versuchte sie zwischen Papst Gregor VII. und ihrem Cousin, König Heinrich IV., zu vermitteln und sorgte dafür, dass Heinrichs Bußgang nach Canossa 1077 ein Erfolg wurde. Politische Verantwortung musste auch die junge Landgräfin Elisabeth von Thüringen (geb. 1207) während der häufigen Abwesenheit ihres Gatten übernehmen. Dabei sah sie sich oft ungeahnten Schwierigkeiten ausgesetzt: Als 1226 in Thüringen eine große Hungersnot ausbrach, hatte die erst 19-jährige Fürstin allein die Gegenmaßnahmen einzuleiten und zu verantworten. Die großherzige Öffnung aller Kornspeicher und die tägliche Speisung von bis zu 900 Armen brachten ihr jedoch nicht nur Lob ein, sondern auch die Kritik ihrer Verwandtschaft, die ein solches Vorgehen für verschwenderisch hielt. Doch die charakterstarke Elisabeth ließ sich von ihrem caritativen Engagement nicht abhalten. Nach dem frühen Tod ihres Gatten verließ sie die Wartburg, verklagte die Familie ihres Mannes auf Herausgabe ihrer Witwengüter und gründete auf ihren Eigengütern in Marburg ein Hospital, in dem sie bis zu ihrem Tod Arme und Kranke rührend umsorgte.

Ein fast unerschöpfliches Reservoir weiblicher Selbstverwirklichungsmöglichkeiten bot über viele Jahrhunderte die Kirche. Nirgendwo boten sich jungen, unverheirateten Frauen so vielfältige Bildungsmöglichkeiten wie in Klöstern. Hier konnten sie abgeschirmt von der Außenwelt in aller Ruhe Lesen und Schreiben, aber auch Latein und manch eine Kunstfertigkeit wie Sticken, Musizieren oder Illuminieren erlernen. Trotz der strengen Klausur und der regelmäßigen Gebetszeiten erschien daher vielen Mädchen ein Leben hinter Klostermauern als bessere Alternative zu einem freudlosen Ehedasein mit ständigen Schwangerschaften. Dabei entfalteten die jungen Damen oft ein erstaunliches Talent, wie z. B. die außerordentlich begabte Dichterin Hroswitha von Gandersheim (geb. um 935), die schon als Kind ins Kloster gegeben wurde und dort eine sorgfältige Erziehung erhielt. Sie begeisterte sich für römische Dichter wie Vergil, Ovid, Horaz oder Terenz und begann selbst lateinische Theaterstücke und gereimte Heiligenviten zu schreiben. Mit ihren „Lesedramen" im Stil eines Terenz schuf sie die Grundlagen für das mittelalterliche Bühnenspiel, wobei sie nie einen Sinn für pikante Szenen vermissen ließ. Ihre frommen Helden versetzte sie in mancherlei delikate Situationen, sogar in Bordelle, um deren christliche Tugenden unter Beweis zu stellen. Als Autorin einer Familiengeschichte Ottos des Großen zeichnete sie sich überdies als gewissenhafte Chronistin aus.

Nicht weniger berühmt wurde eine andere begabte Nonne, die Benediktinerin Hildegard von Bingen (geb. 1098). Sie erlangte als Mystikerin und Visionärin überregionale Bedeutung – selbst Kaiser und Papst, Herzöge und Bischöfe suchten bei ihr Rat. In drei umfassenden religiösen Werken und in vielen Briefen meldete sich Hildegard zu Wort, mahnte ihre Zeitgenossen zur Umkehr, warnte die Mächtigen vor Machtmissbrauch und Hochmut und nahm Stellung zu politischen Themen ihrer Zeit. Die Nachwelt begeisterte sich vor allem für ihre natur- und heilkundlichen Schriften, denn die Äbtissin des Frauenklosters Rupertsberg bei Bingen zeigte ein außergewöhnlich profundes Wissen über Pflanzen, Metalle und Mineralien und deren medizinische Wirkung. Die hoch angesehene Frau scheute sich am Ende ihres Lebens nicht, öffentlich aufzutreten und zu predigen – ein Recht, das sonst nur Männern zustand. Bei so vielen Freiheiten nimmt es nicht Wunder, dass im Hochmittelalter ein wahrer „Run" auf die Klöster ausbrach. Zahlreiche neue Orden wie die Zisterzienser, Prämonstratenser und später die Bettelorden gründeten weibliche Ableger, sodass die Zahl der Frauenklöster im Reich stetig zunahm. Befreit von Alltags- und Familiensorgen verfolgten die Nonnen ihre ganz persönlichen Ziele: Sie illuminierten und kopierten Bücher, schufen wertvolle liturgische Gewänder, pflegten Malerei und Musik und wandten sich der Schriftstellerei zu. Gerade die visionär veranlagten Mystikerinnen des 13. Jahrhunderts wie Gertrud von Helfta, Mechthild von Hackeborn und Mechthild von Magdeburg hinterließen ein reiches spirituelles Schrifttum. Ermöglicht wurde diese Art der Selbstverwirklichung unter anderem durch eine weitgehende Arbeitsteilung im Kloster, die die harte körperliche Handarbeit bezahlten Mägden oder Laienschwestern überließ. Denn ganz ohne Vermögen kam man auch im Kloster nicht unter. In der Regel waren es „überzählige" Töchter des Adels oder wohlhabende Bürgerstöchter, die den Weg ins nächstgelegene Kloster fanden. Ihre Eltern tätigten dafür eine großzügige Stiftung, bezahlten die „Mitgift" sozusagen an das Kloster. Als „Habenichts" blieben einem auch die Klosterpforten verschlossen.

Eine neue Welt erschloss sich Damen aller Stände dagegen in den aufblühenden Städten. Wieder einmal waren es die nach Selbstständigkeit strebenden Kommunen, die die gesellschaftliche Entwicklung dynamisch vorantrieben. Die Stadtluft machte nicht nur Männer, sondern auch Frauen frei und entband sie lästiger Heiratsbeschränkungen ihrer Grundherren. Denn auf dem Land hatten die hörigen Bauersfrauen noch nie die Möglichkeit gehabt, ihren Partner frei zu wählen, sondern waren stets abhängig vom Willen ihrer Leib- oder Grundherrn geblieben, die über den Verbleib oder den Wegzug ihrer dringend benötigten Arbeitskräfte eifersüchtig wachten. Diese Abhängigkeit betraf allerdings nicht nur die Frauen, sondern auch die Männer. Die Stadt hob solche Beschränkungen auf und garantierte freie Partnerwahl sowie freies Besitz- und Erbrecht für Mann und Frau. Damit konnte es auch Frauen gelingen, durch geschickte Partnerwahl oder eigenes Können zu einem bescheidenen Vermögen zu kommen und dieses weiterzuvererben. Und die Stadt bot genügend neue Verdienstmöglichkeiten! Gerade die großen Fernhandels- und Exportstädte suchten für ihre stark arbeitsteiligen Gewerbe helfende Hände, und die Frauen ergriffen die Chancen, die sich ihnen dadurch boten, dankbar. Für einen ehrgeizigen Kauf- und Handelsherrn, der häufig auf Fernreisen weilte, gab es nichts Besseres als eine tüchtige Ehefrau, die ihn zu Hause in seinen Geschäften vertrat. Sie musste die Warenlieferungen annehmen, die Rechnungen bezahlen, Wechsel einlösen, das Gesinde anweisen und die Rechnungsbücher führen. Die Gattin des Regensburger Großkaufmanns Matthias Runtinger z. B. zeigte in der Geschäftsführung großes Geschick: Sie übernahm auf eigene Verantwortung die gesamte Buchführung und das komplizierte Wechselgeschäft. Zeitweise stand Margarete Runtinger selbst am Wechseltisch, um die vielen unterschiedlichen Währungen zu verrechnen. Ihr erhaltenes Geschäftsbuch aus dem späten 14. Jahrhundert zeigt ihre besondere Sorgfalt und Geschicklichkeit im Umgang mit dem Währungs- und Darlehensgeschäft. Auch der Nürnberger Großkaufmann Hans Praun verließ sich bei der Führung der Rechnungsbücher ganz auf seine Frau.

Gemeinsam mit ihren Männern beteiligten sich die Frauen mit ihrem Vermögen auch an Handelsgesellschaften und führten diese im Falle der Verwitwung eigenständig weiter. So übernahm die Kölnerin Grietgen von Burg nach dem Tod ihres Gatten ohne Scheu dessen weitverzweigtes Italiengeschäft, und die verwitwete Wienerin Margarete Funck stürzte sich mutig ins Osteuropageschäft, obwohl sie kein Ungarisch beherrschte und dazu einen Dolmetscher brauchte. Zuweilen fanden die cleveren Geschäftsfrauen so viel Spaß an der Sache, dass sie ihre Handelstätigkeit auch ganz ohne männliche Hilfe ausübten. In Erfurt dominierte im letzten Drittel des 15. Jahrhunderts ein von zwei Frauen geleitetes Handelsunternehmen das lukrative Exportgeschäft mit dem wichtigen Färbemittel Waid. Mindestens acht Jahre lang verkauften Katharina Amlingyn und ihre Tochter die begehrte Ware mit Erfolg nach Osteuropa. In Jena, Neuss, Schwäbisch Hall und Köln lag der Weinhandel ganz in Frauenhand, in Köln lag der Marktanteil der Weinhändlerinnen zwischen 1468 und 1469 sogar bei beachtlichen zehn Prozent. Im Zuckergeschäft hielt in etwa dem gleichen Zeitraum eine einzige Frau rund 24 Prozent aller Importe. Aber auch bei Stahl, Kupfer, Blei und Metallwaren besaß die Damenwelt einen beachtlich hohen Marktanteil gegenüber ihrer männlichen Konkurrenz. So manche Großhändlerin brachte es dabei aus eigener Kraft zu einem ordentlichen Vermögen. Die Görlitzerin Agnes Fingerin verfügte nicht nur über ein großes Barguthaben, mit dem sie zahlreiche Stiftungen an städtische Einrichtungen tätigte, sondern besaß auch ein Haus auf dem repräsentativen Federmarkt und leistete sich am Ende ihres Lebens eine lang ersehnte Reise nach Rom, die sie 1465 schließlich antrat.

Fast ungezählt sind die Beispiele für Kleinhändlerinnen und Krämerinnen, die die Versorgung des lokalen Marktes mit einem breiten Warenangebot sicherstellten. In den Krambuden der Städte fand der Kunde so ziemlich alles, was er zum Leben benötigte: Gewürze, Kräuter, verschiedene Arten von Textilien, Färbemittel, ein wenig Schmuck, bestickte Hauben, Haushaltswaren. Manch geschäftstüchtige Krämerin stellte ihren Warenkatalog je nach politischer Großwetterlage um. Die Görlitzer Krämerin Czachmannin setzte angesichts der heraufziehenden Hussitenkriege auf Kriegsbedarf und bot erfolgreich Armbrusthüllen, Satteltaschen, Zäume, Gurte, Sporen und Steigbügel, Köcher und Brustriemen an. Daneben gab es eine Vielzahl von Hökerinnen, die Obst und Gemüse verkauften, Käuflerinnen, die im Zwischenhandel mit geringen Warenmengen ihr Geld verdienten, und Gebrauchtwarenhändlerinnen mit kleinen Gewinnspannen. So unterschiedlich die Vermögenssituation der einzelnen Groß- und Detailhändlerinnen auch war, eines zeigte sich immer deutlicher: Ihre Rechtsstellung musste sich gründlich ändern. Denn wer Waren verkaufte, Einnahmen verwaltete und Lieferabsprachen traf, der musste auch geschäftsfähig sein. Die Stadtväter reagierten im Allgemeinen auf diese Bedürfnisse und begannen, die alte Geschlechtsvormundschaft in ihren eigenen Stadtgesetzen zu Gunsten der Frauen aufzuweichen. Die Kauffrau erhielt volle Verfügungsgewalt über ihr Hab und Gut, konnte auch vor Gericht auftreten, musste dafür aber auch für ihre Schulden voll haften. Die verheiratete Frau bildete mit ihrem Ehemann eine Haftungsgemeinschaft und musste im Notfall auch ihren Brautschatz zur Tilgung von Schulden opfern. Besonders weitreichende Freiheiten genossen die Kölnerinnen: Sie konnten als Treuhänder, Vormünder, Testamentsvollstrecker, Pächter oder Mieter auftreten, hatten dafür aber auch die gleichen Pflichten wie die Männer. Im politischen Bereich jedoch blieb die Frau das ganze Mittelalter hindurch benachteiligt. Das aktive und passive Wahlrecht zu den Führungsämtern der Stadt enthielt man ihr überall vor.

Ein weites Betätigungsfeld ergab sich für die Frauen im handwerklichen Bereich. Viele Handwerksmeister waren auf die Mithilfe ihrer Familien angewiesen, wenn sie einen kleinen Wohlstand erwirtschaften wollten. Die Mitarbeit der Frauen und Töchter des Hauses war daher sehr willkommen. Die Zünfte trugen diesem Umstand Rechnung, indem sie auch Frauen als vollwertige Zunftmitglieder zuließen. In der Regel konnten Meisterwitwen nach dem Tod ihres Gatten den Betrieb mit Hilfe ihrer Gesellen weiterführen, auch wenn sie das betreffende Handwerk nicht erlernt hatten. Doch die Damen strebten nach Höherem: Sie wollten die handwerklichen Tätigkeiten von der Pike auf erlernen. Und so tauchen schon bald in den Zünften Meisterinnen aus eigenem Recht auf.

Die älteste Zunftordnung, die den Frauen gleiche Rechte einräumte wie den Männern, war die der Kürschner von Basel aus dem Jahr 1226. Andere Städte wie Köln, Frankfurt am Main, Regensburg, Lübeck und Quedlinburg zogen nach, und bald blieb die Entwicklung nicht mehr nur auf das Kürschnerhandwerk beschränkt. Vor allem in den „typischen" Frauenberufen der Textilherstellung und in den hauswirtschaftsnahen Bereichen des Backens, Bierbrauens und des Gartenbaus erhielten Frauen Zugang zu den entsprechenden Zünften. Wollweber und Tuchmacher, Schneider und Handschuhmacher, Färber und Garnspinner und viele andere Berufe öffneten sich der zunehmenden „Weiberwirtschaft". Dabei mussten die Mädchen die gleiche Ausbildung durchlaufen wie ihre männlichen Kollegen. Die Leineweber legten beispielsweise die Lehrzeit für Jungen und Mädchen gleichermaßen auf zwei Jahre fest. Nach Ablauf der Lehrzeit musste ein Gesellenstück angefertigt und von den Zunftmeistern begutachtet werden, dann war auch für ein junges Mädchen der Weg zu den höheren Weihen der Meisterschaft frei, sofern sie eheliche Geburt und guten Ruf nachweisen und eine Aufnahmegebühr bezahlen konnte. Als Meisterin durfte die Frau selbstständig ihren Betrieb führen und eigene Lehrlinge ausbilden. Die Größe der Handwerksbetriebe wurde dabei häufig von den Zünften festgelegt, so standen den unverheirateten Goldspinnerinnen vier Lehrmädchen zu, den verheirateten drei. Als selbstständige Meisterin musste die Frau aber auch alle Pflichten, die sich durch die Zunftmitgliedschaft ergaben, mit übernehmen, so die üblichen Wach- und Verteidigungsdienste für die Stadt, die sie durch Geldzahlungen jedoch ablösen konnte. Aber auch die Teilnahme an den Zunftversammlungen war verpflichtend.

Im Laufe des Mittelalters sind Frauen in einem überraschend breiten Berufsspektrum nachzuweisen – in der Metallbranche ebenso wie im Bauwesen, im Gastgewerbe genauso gut wie in der Lederverarbeitung. Allein in der St. Sebald-Pfarrei in Nürnberg sind zwischen 1439 und 1477 neun Rothschmiedinnen, sieben Messingschlägerinnen, eine Messerschmiedin, eine Fingerhüterin, eine Drahtzieherin, drei Blechschmiedinnen, eine Zirkelmacherin und sechs Kannengießerinnen belegt. Unter besonders günstigen Umständen wie in der reichen, vom Export lebenden Handelsstadt Köln schlossen sich Frauen zu eigenen Zünften zusammen, in denen sie unter sich blieben. So entstand hier zwischen 1370 und 1397 die Zunft der Garnmacherinnen, die den begehrten Exportartikel „Kölner Garn", einen leinenen, meist blau eingefärbten Zwirn, herstellten, gefolgt von den Goldspinnerinnen, die hauchfeine Gold- und Silberfäden für die Fertigung kostbarer Brokatsorten herstellten, sowie den Seidenmacherinnen und Seidenspinnerinnen, die ihre Zunftbriefe jeweils im 15. Jahrhundert erhielten. In diesen hoch spezialisierten Gewerben, in denen zarte Frauenhände ungleich bessere Arbeit leisteten als grobe Männerfinger, bildeten die Meisterinnen ausschließlich ihre eigenen Töchter und solche fremden Lehrmädchen aus, die in ihrem Hause lebten und der gleichen sozialen Schicht entstammten. Jedes Jahr wählten die Seidenmacherinnen je zwei Frauen und zwei Männer zu Zunftmeistern, die die Qualitätsstandards der Markenprodukte überprüften. Zwischen 1437 und 1504 sind 116 Seidenmacherinnen in Köln mit selbstständigen Betrieben nachgewiesen. Zu den angesehensten gehörten neben der eingangs erwähnten Fygen Lutzenkirchen Grietgen van Berchem und die aus einer Seidenweberfamilie stammende Tryngen Loubach. Alle drei Damen waren mit Kölner Kaufherren verheiratet, die Rohseide importierten.

Mit der weiblichen Erwerbsarbeit zog Wohlstand in die Bürgerhäuser ein. Ein Gutteil des gehobenen spätmittelalterlichen Lebensstandards wurde von Frauen mit ihrem „Zweiteinkommen" erwirtschaftet. Ohne ihre tatkräftige Mithilfe wäre weder das unbezahlte Engagement ihrer Männer in den städtischen Führungsämtern noch die standesgemäße Versorgung der zahlreichen Kinder möglich gewesen. Auch manches gute Stück Mobiliar wäre wohl nicht ohne den Zuverdienst der Frauen in die Stube gekommen. Ihre Bedeutung für die wirtschaftliche Situation der Familie spiegelte sich in einem gesteigerten Selbstbewusstsein der Frauen wieder. Zahlreich strömten unverheiratete junge Mädchen in die Stadt, um ihr Glück zu machen. Sofern sie berufstätig und wirtschaftlich erfolgreich waren, erwarben sie selbstständig das Bürgerrecht und leisteten den Bürgereid, was ihre Position in der Stadtgemeinde nachhaltig stärkte. Denn als Vollbürgerinnen konnten sie allein Rechtsgeschäfte durchführen und auf die Unterstützung des Rates bei Klagen vor fremden Gerichten zählen. Anerkennung fanden die Frauen aber auch innerhalb ihrer Familien. In vielen spätmittelalterlichen Eheverträgen und Testamenten spiegelt sich das Bemühen um den Erhalt des Familienerbes und die standesgemäße Altersversorgung der Witwen oder Töchter wider. Häufig wurden die Ehefrauen als Alleinerbinnen mit voller Verfügungsgewalt über das Vermögen eingesetzt. So erscheinen gerade Witwen immer wieder als Grund- und Hausbesitzerinnen, als Inhaberinnen von Leibrenten und städtischen Pfandeinnahmen, als Eigentümerinnen von Mühlen, Ziegeleien und Bergwerksanteilen, die sie ihrerseits weitervererbten. Die Ehe- und Vermögensvormundschaft des Mannes wurde dadurch allmählich unterhöhlt.

Die neue Lust an der Freiheit ließ die Frauen auch in religiösen Dingen neue Wege gehen. Neben den althergebrachten Nonnenklöstern etablierten sich in den großen Städten seit dem 13. Jahrhundert locker organisierte Frauengemeinschaften, in denen die Insassinnen ein wirtschaftlich unabhängiges, an der kirchlichen Armutsbewegung orientiertes Leben führen konnten. Die Beginen legten jedoch kein Gelübde ab, das sie auf Dauer an die Gemeinschaft band, sondern konnten den Konvent jederzeit auf eigenen Wunsch verlassen. In den Beginenhäusern fanden Frauen aus allen Ständen Arbeits- und Wohnmöglichkeiten auf Zeit. Sie trugen schlichte graue Kleidung, verdien-

ten ihren Lebensunterhalt in der Textilherstellung oder in der Kran-
ken- und Altenpflege und versprachen Keuschheit und Gehorsam nur
für die Zeit, in der sie der Gemeinschaft angehörten. Diese offene
Form des religiösen Lebens sprach viele selbstbewusste Städterinnen
an. Ausgehend von den großen niederländischen Textilstädten Brügge, Lüttich und Brüssel breitete sich die Bewegung rasch über das
Rheinland nach Frankreich und Deutschland aus. In Köln gab es Mitte
des 14. Jahrhunderts bereits 169 Beginenhäuser mit insgesamt rund
1170 Bewohnerinnen. In Straßburg lebten zur gleichen Zeit etwa 600
Beginen. So viel weibliche Selbstständigkeit erschien den Zeitgenossen dann aber doch verdächtig: Die Zünfte taten alles, um die unliebsame weibliche Konkurrenz vom Markt zu verdrängen, sodass die
Stadträte den Tätigkeitsbereich der Beginen immer mehr einschränk-
ten und sie dadurch wirtschaftlich in die Knie zwangen. Aber auch die
Kirche betrachtete das unkontrollierte religiöse Streben der Frauen
mit zunehmendem Misstrauen. Mehr und mehr gerieten die Frauen in
den Ruch der Ketzerei. Auf Grund des Drucks „von oben" lösten sich
viele Beginenhäuser auf oder gingen in den weiblichen Zweigen der
Bettelorden auf.

Überhaupt verschlechterten sich die Bedingungen für weibliche
Selbstentfaltung an der Schwelle zur Neuzeit zusehends. Die Neigung
der Zünfte, sich bei schlechter Wirtschaftslage zunehmend abzu-
schließen, wirkte sich vor allem für die Frauen negativ aus. Ende des
16. Jahrhunderts herrschte im ehemals frauendominierten Kölner
Seidengewerbe Männerarbeit vor. In Leipzig durften schon seit Mitte
des 15. Jahrhunderts Frauen nicht mehr das Weberhandwerk ausüben. „Ordentlicher Weise darf keine Weibsperson ein Handwerk
treiben, ob sie es gleich so gut als eine Mannsperson verstünde",
konnte man dann 1688 in einer gelehrten Abhandlung über das
Handwerksrecht lesen. Neue Formen der Produktion wie das Verlags-
wesen mit seiner starken Arbeitsteilung und das in der Frühen Neuzeit entstehende Manufaktur- und Fabrikwesen machten aus den
ehemals selbstständigen Handwerkerinnen schlecht bezahlte Lohn-
arbeiterinnen. Vor allem die nun vollzogene Trennung von Haus und
Arbeitsplatz erschwerte es den Müttern, am Wirtschaftsleben teilzu-

haben. Die verheiratete Frau und Mutter wurde zunehmend in den häuslichen Bereich abgedrängt. Ein weiterer Nachteil ergab sich für die Frauen dadurch, dass für qualifizierte Berufe immer öfter ein Universitätsstudium erforderlich war. Wer als Jurist oder Mediziner eine gut dotierte Stelle im Umfeld der Fürstenhöfe und Städte suchte, musste eine akademische Ausbildung nachweisen. Doch Frauen blieben bis weit ins 19. Jahrhundert hinein vom Universitätsstudium und damit von höheren Berufslaufbahnen ausgeschlossen. Die zaghaften Ansätze weiblicher Selbstständigkeit im Mittelalter fanden damit ein recht abruptes Ende.

Das Mittelalter war eine zutiefst religiöse Zeit

Der Zisterziensermönch Cäsarius von Heisterbach (geb. um 1180) war sich ganz sicher: Der Teufel ist immer und überall! Vor allem, wenn es kracht und stürmt, der Wind heulend durch die Bäume fährt, dann breche der Höllenfürst gerne aus dem Dickicht hervor. Der Gestalt nach zeige er sich bald als Pferd, Hund, Katze, Bär, Affe, Kröte, Rabe, Geier, bald erscheine er in menschlicher Form als großer, dunkel gekleideter Mann von hässlichem Aussehen, als vierschrötiger Bauer, bald mit weiblichem Gesicht, schwarzem Schleier, schwarzem Mantel, selbst als fliegender Drache, als schattenhafter Körper, als Mohr sei er schon gesehen worden. So viel war dieser vielfältigen Beschreibung schon mal zu entnehmen: Man konnte sich niemals sicher sein, dem Leibhaftigen zu begegnen. Cäsarius, als braver Novizenmeister im Zisterzienserkloster Heisterbach bei Königswinter stets um das Seelenheil der ihm anvertrauten Schäfchen besorgt, brachte damit eine tief verwurzelte Gefühlslage des Mittelalters zum Ausdruck, nämlich die panische Furcht vor dem Übernatürlichen. Überall lauerten Gefahren, die selbst den rechtschaffensten Menschen vom Pfad der Tugend ablenken und geradewegs in den Höllenschlund führen konnten. Da gab es im Dorf Frauen mit dem bösen Blick, Zauberinnen, die Liebestränke brauten, Magier, die einem mit Beschwörungsformeln eine schwere Krankheit anhexten oder den Ertrag der Felder minderten. Ganz zu schweigen von Gottes gefallenem Engel, dem Teufel höchstpersönlich, der mit Hilfe seiner Dämonen und seiner phänomenalen Zauberkünste die Menschheit ins Unglück zu stürzen trachtete. Dagegen halfen nur die Segnungen der Mutter Kirche: die Sakramente und die Fürbitten der Heiligen, ohne die es laut Konzilsbeschluss kein Heil und keine Rettung vor ewiger Höllenqual gab.

Viel Abergläubisches prägte das religiöse Leben im Mittelalter. Die Volksfrömmigkeit zeigte ein geradezu übersteigertes Interesse an allem Jenseitigen, wobei es in Zeiten der Not zu regelrechten Massenhysterien kommen konnte. Rechtgläubig ging es dabei keineswegs immer zu, denn der Grat zwischen Aberglaube, Ketzerei und „rechtem" Glauben war äußerst schmal. Unter dem dünnen Firnis der Christianisierung hatte der alte, heidnische Aberglaube aus den Tagen der Germanen fortgelebt. Das vorchristliche Erbe Mitteleuropas hinterließ dem Mittelalter einen reichen Schatz an magischen Ritualen, aus dem sich selbst das Christentum recht unbekümmert bediente. So mancher heidnische Zauber tauchte in Form einer christlichen Segens- oder Beschwörungsformel oder in Gestalt eines christlichen Schutzpatrons wieder auf. Die Verwendung von Bibel- und Psalmzitaten zur Beschwörung göttlichen Beistands war vom Gemurmel heidnischer Zaubersprüche nicht weit entfernt und das allgegenwärtige Besprengen von Menschen und Gegenständen mit Weihwasser von vorchristlichen Wasser- und Quellritualen nur schwer zu unterscheiden. Was noch „erlaubter" Aberglaube in christlicher Umformung war und was schon in den offenen Irrglauben abdriftete, ließ sich häufig gar nicht so genau ausmachen.

Was hatte sich der angelsächsische Missionar Bonifatius (geb. um 672/73) beim Papst beklagt über die heidnischen Riten der germanischen Stämme! Da wurden im alten Stil Gelage bei Kirchen und auf Friedhöfen abgehalten, Opfer in Wäldern und auf Felsen dargebracht und alle Arten von Wahrsagerei und Zeichendeutung geübt. Mit dem Blick für die sinnfällige Aktion hatte der Missionar zur Axt gegriffen, um die Donar-Eiche bei Fritzlar in Nordhessen zu fällen und damit die überlegene Stärke des Christengottes zu demonstrieren. Die Eiche war zwar gefallen, ohne dass sich Donar beschwert hätte, und ihr Holz benutzte Bonifatius zum Bau einer christlichen Kirche, doch waren Wodan und Co. damit noch längst nicht vollständig besiegt.

Mit großer Hartnäckigkeit schwirrten auch noch in den folgenden Jahrhunderten Dämonen und Geister durch die Lüfte, ließen sich Orakel aus Gestirnen, Flammen und Luftbewegungen ablesen. Angesichts einer übermächtig erscheinenden Natur hatten magische Praktiken, mit denen man hoffte, die geheimen Kräfte der Mutter Erde positiv beeinflussen und für sich nutzen zu können, Hochkonjunktur. Selbst höchste Kreise in Adel und Klerus glaubten an die Macht der Magie und übten sich in okkulten Zeremonien. Das Beschwören von Dämonen zur Bewältigung übernatürlicher Aufgaben gehörte dabei zu den beliebtesten Ritualen der Volksmagie. Man bediente sich dazu eines magischen Kreises. Auch hier zeigt sich Cäsarius von Heisterbach in seinem „Dialogus Miraculorum" als kenntnisreicher Gewährsmann. Denn er beschreibt das Beschwörungszeremoniell eines Priesters namens Philipp, der mit der Schneide seines Schwertes einen Kreis zog und mit Hilfe von Zaubersprüchen erfolgreich Dämonen und sogar den Teufel herbeirief. Die in der Kreismitte stehenden Personen waren vor dem Zugriff der Dämonen nur so lange geschützt, wie sie den Kreis nicht verließen. Schaudernd berichtet Cäsarius von einem Mann, der sich aus Schreck aus dem Kreis ziehen ließ und vom Teufel zu Tode gemartert wurde. Der „Schlüssel Salomons", ein beliebtes Ritualwerk aus dem 14. Jahrhundert, zählte mit Akribie die aufwändigen Vorbereitungsarbeiten auf, die zum Ziehen eines magischen Kreises nötig waren. So mussten bestimmte Planetenkonstellationen beachtet werden, die Requisiten des Zeremoniells wie Dolch, Schwert und Lanze selbst geschmiedet und in Maulwurfsblut gekühlt sein, und der Kreis musste bestimmte Inschriften tragen. Zuweilen wurde auch noch das Auftragen des Siegels Salomons mit dem Blut eines schwarzen Hahnes auf jungfräulichem Pergament für notwendig erachtet.

Wer es nicht ganz so aufwändig liebte, für den hatte die Volksmagie noch andere Methoden parat. Ungebrochener Beliebtheit erfreute sich das ganze Mittelalter hindurch das Anfertigen von kleinen Figuren oder Wachspuppen, mit denen eine nicht anwesende Person krank oder zu Tode gezaubert werden konnte. Die Puppen symbolisierten das zu schädigende Opfer und erhielten erhöhte Wirksamkeit, wenn zusätzlich noch dessen Haare oder Fingernägel eingearbeitet waren. Unter dem Murmeln von Zaubersprüchen durchstach man die Puppen mit Nägeln oder verbrannte sie, wodurch die abgebildete Person Schmerzen erlitt oder sogar starb. Eine erträglichere Variante war, die Figuren nur in den Wind zu hängen, um die Menschen, deren Namen sie trugen, nicht zur Ruhe zu kommen zu lassen. Wie verbreitet der Glaube an Bildzauber war, zeigt die Anekdote von Papst Johannes XXII. (geb. um 1245), der sich von solchen Praktiken verfolgt fühlte. Er beschuldigte seine Gegner, ihm mit Wachsmodellen nachgestellt zu haben. Nach seinem Tod klagte man denn auch zwei Personen, darunter den Bischof von Cahors, wegen Zauberei an. Die Verbindung von Bild- und Liebeszauber zeigt dagegen ein Fall von 1329, bei dem ein Karmelitermönch namens Peter Ricardi Puppen aus Wachs, Blut, Speichel und Krötenblut herstellte und unter der Hausschwelle angebeteter Frauen vergrub. Um Liebe zu bewirken und einen geliebten Menschen für immer und ewig an sich zu binden, ließen sich die Menschen überhaupt so allerlei einfallen. Pülverchen und Getränke aus den abartigsten Zutaten sollten der Liebe Flügel verleihen. Die „Rhetorimachia" des Anselm von Besate schlug um die Mitte des 11. Jahrhunderts eine Mischung aus der Asche von Katze und Hahn vor, die der geliebten Person zu verabreichen sei. Aber auch Haare, Nägel, Schweiß oder Blut des Betroffenen, vermischt mit narkotisierenden und berauschenden Säften von Pflanzen wie dem Schlafmohn oder der Tollkirsche, konnten die gewünschte Wirkung erzeugen. Gefragt waren natürlich auch alle Ingredienzien, die nur irgendwie mit dem Genitalbereich oder dem Sexualtrieb von Menschen und Tieren in Verbindung standen. Tiere, deren Fruchtbarkeit außer Zweifel stand wie Kaninchen, Tauben, Sperlinge oder Schwalben gerieten dabei in den Blickwinkel liebestoller Volkszauberer, von ihnen wurden dann vorwiegend Herz, Blut, Hoden oder Samen entnommen. Giftige Tiere wie Schlangen oder Kröten lieferten zusätzliche Stoffe, die in unterschiedlicher Zusammensetzung für die Gebräue zum Einsatz kamen.

Ein Großteil der magischen Bemühungen richtete sich indes auf die Heilkunst, denn Erkrankungen der inneren Organe oder Infektionskrankheiten stand man weitgehend hilflos gegenüber. Kaum verwunderlich also, wenn gerade auf diesem Feld die Magie üppige Blüten trieb. An natürlichen Kräutern und Pflanzengiften bestand kein Mangel, denn sie wuchsen mehr oder weniger vor der eigenen Haustür. Sehr beliebt waren Nachtschattengewächse, wie Tollkirsche, Bilsenkraut oder Stechapfel, aber auch Fingerhut und Schierling, die auf Grund der in ihnen enthaltenen Alkaloide zur Schmerzbekämpfung und Beruhigung eingesetzt wurden. Auch bei Fieberanfällen oder Entzündungen versahen sie gute Dienste.

Als regelrechte „Allzweckwaffe" diente die Alraune, deren verzweigte Pfahlwurzel einer menschlichen Gestalt glich und der man daher mythische Kräfte zuschrieb. Selbst Hildegard von Bingen (geb. 1098) glaubte fest daran, dass in ihr der Teufel wohnt. Ihre halluzinogene Wirkung machte die seit der Antike bekannte Alraune zur perfekten Zauberwurzel. Was ließ sich nicht alles mit ihr anstellen: Man konnte sie trocknen und mit Kampfer gemischt essen, man nahm sie mit ins Bett oder hängte sie sich um den Hals, zuweilen wurde sie gar eingekleidet wie eine Puppe. Ihre Wirkung reichte von der Heilung der Schwermütigkeit bis zur Dämpfung des Sexualtriebs, als Talisman und Amulett getragen verhinderte sie aber auch bösen Zauber. Um ihre Ernte rankten sich zahlreiche Legenden. Beim Herausziehen aus dem Boden soll die Wurzel einen markerschütternden Schrei ausstoßen, der den Tod herbeiführen konnte, weshalb man für diese Arbeit besser einen Hund einsetzte. Die Wirkung der Pflanze erhöhte sich, wenn man sie am Johannistag zur Mitternachtsstunde am besten unter einem Galgen ausriss. Denn dem Volksglauben nach erhöhten Urin und Samen eines Gehenkten deren magische Kräfte. So zeigt sich gerade am Beispiel dieser biologischen „Wunderwaffe" die fließende Grenze zwischen Heilkunst, Aberglaube und Zauberei. Da bei einer Vergiftung durch die der Alraune innewohnenden Alkaloide tatsächlich Halluzinationen, Unruhe, Herzrhythmusstörungen und komatöse Zustände auftraten, tauchte die Wurzel später im Zuge der zunehmenden Hexenhysterie auch als Bestandteil von Hexensalben auf, die angeblich zum Fliegen befähigten. Das Herstellen von Flugsalben war jedoch im Verständnis der Zeit eindeutig ein Zeichen von schwarzer

Magie, dienten die Pasten doch dazu, die Frauen zu ihren geheimen Treffen mit dem Teufel zu bringen. Hexerei galt seit dem ausgehenden Mittelalter als todeswürdiges Verbrechen und konnte schnurstracks auf den Scheiterhaufen führen.

Vor den Auswüchsen des Volksglaubens war nicht einmal die christliche Botschaft sicher. Die nach sinnlicher Erfahrung strebende Volksseele suchte und fand im Heiligen- und Reliquienkult ein fassbares Moment. Jedem noch so kleinen Knöchelchen eines Heiligen, jedem Stückchen seines Gewandes oder seines Marterwerkzeugs kamen Heil- und Wunderkräfte zu, die es zu nutzen galt. Verehrt wurde buchstäblich alles, was landauf, landab zu finden war: Stroh aus der Krippe von Betlehem, die Nähausrüstung der Gottesmutter, die Milch Mariens, die Vorhaut Christi, dazu ungezählte Arm- und Beinknochen, abgeschnittene Zungen, abgeschlagene Köpfe und halb zerfallene Textilreste. In der unmittelbaren Anschauung oder Berührung der heiligen Reliquie glaubte man, deren Segen bringende Kräfte auf sich lenken zu können und dadurch Heilung von Seelenpein und Krankheiten zu erwirken. An großen Wallfahrtsorten drängten sich oft Hunderttausende von Pilgern, die von weither kamen. Sehr beliebt war die Aachener Heiligtumsfahrt, bei der die vier Hauptreliquien des Aachner Doms – die Windeln und das Lendentuch Christi, das Kleid Mariens und das Enthauptungstuch Johannes des Täufers – aus dem Marienschrein herausgenommen und öffentlich zur Schau gestellt wurden. Da die Heiligtumsfahrt nur unregelmäßig, seit 1349 alle sieben Jahre stattfand, stieß sie auf überragendes Interesse der Gläubigen. Der Platz in der Kirche reichte für den Andrang der Massen nicht mehr aus, weswegen man die Reliquien ab 1322 unter freiem Himmel zeigte. Obwohl die Heiligtümer für den einzelnen Besucher aus der Ferne nur schwer zu erkennen waren, strömten Jahr für Jahr mehr Pilger in die Stadt. 1496 zählte man an einem einzigen Tag an den Stadttoren 142.000 Gäste. Immer wieder kam es wegen des Andrangs zu schweren Unfällen. Menschen wurden im Getümmel erdrückt, Fährschiffe kenterten auf dem Rhein wegen Überladung, völlig überlastete Gerüste und Dächer brachen ein. Die hygienischen Verhältnisse und die Versorgungslage in der hoffnungslos überfüllten Stadt erwiesen sich schlichtweg als katastrophal, doch der Glanz und die Anziehungskraft der Heiligtümer blieben ungebrochen. In anderen Wallfahrtsorten ging es ähnlich zu. Zum Dreikönigsschrein in Köln, zum Andechser Reliquienschatz in München und zu den Heiltümern des Wiener Stephansdoms strömten die Menschen in Massen. Zu groß waren die damit verbundenen Hoffnungen auf Heilung, auf Sündenerlass und Erlösung der Verstorbenen aus dem Fegefeuer.

Seit dem Hochmittelalter gehörte der Glaube an das Fegefeuer zum festen Repertoire eines jeden Christenmenschen. Denn die Frage, was nach dem Tod mit den Verstorbenen geschehen würde, beschäftigte die Fantasie der Gläubigen wie der Theologen nachhaltig. Wo, so fragte man sich besorgt, verblieben bis zum letzten Gericht, an dem Jesus selbst die Verdammten von den Seligen trennen würde, die Seelen der Verstorbenen, die auf Grund ihrer Unvollkommenheit nicht sofort nach ihrem Tod in den Himmel eingingen? Man beantwortete die Frage, indem man zwischen Himmel und Hölle einen Zwischenbereich einschob, das Fegefeuer, in dem jene Toten, die noch lässliche Sünden zu büßen hatten, ihre Läuterung erfuhren. Die Vorstellung eines reinigenden Feuers als Bußort für arme Sünder existierte zwar bereits seit der Zeit der Kirchenväter, doch wurde der Ort des großen Schmachtens erst von der scholastischen Theologie stärker ausgebaut. Dem Gebet für die „armen Sünder" kam seit dem Hochmittelalter ein hoher Stellenwert im religiösen Leben zu, so pflegten die Mönche des burgundischen Klosters Cluny einen ausgeprägten Totengedächtniskult. Zu einer regelrechten fixen Idee entwickelte sich das Fegefeuer aber erst, als der Volksglaube sich seiner bemächtigte. Allenthalben stürzte man in Todesängste bei dem Gedanken, dereinst im Vorhof der Hölle zu schmoren, gequält von bösen Dämonen und Geistern. In Bild und Wort erfuhr die Vorstellung vom Fegefeuer eine eindrückliche Ausgestaltung: Dante Alighieris (geb. 1265) Schilderung des „Purgatoriums" in seiner „Göttlichen Komödie" ist eines der berühmtesten Beispiele dafür. Doch es gab eine Möglichkeit, den Geschundenen zu helfen: Durch Gebete, Messelesen und Almosengeben konnten die Angehörigen die Aufenthaltsdauer ihrer Verwandten im Fegefeuer abkürzen. Und so artete die

Furcht vor dem Fegefeuer in einen regelrechten Gebetsmarathon aus. Man überbot sich buchstäblich in der Stiftung von Seelen- und Totenmessen, im Versprechen von Wallfahrten und in der Errichtung von Votivkapellen. Bruderschaften und Handwerkerzünfte gründeten Gebetsgemeinschaften für ihre verstorbenen Mitglieder, manche gelobten gar, für jeden Verstorbenen dreißig Seelenmessen zu lesen. Viele wohlhabende Erblasser bestimmten testamentarisch einen Geldbetrag, um nach ihrem Tod Messen lesen lassen zu können. Setzte der Wiener Bürger Ulrich der Wild im Jahre 1416 fünfhundert Seelenmessen aus, so überbot ihn der Graf von Zimmern mit eintausend Messen, während Kaiser Friedrich III. sein Heil in der Stiftung von sage und schreibe 30.000 Seelenmessen suchte. Immer wieder wandte man sich auch an die Heiligen, auf deren Fürsprache man hoffte. Wer es sich leisten konnte, erwarb selbst Reliquien und legte umfangreiche Sammlungen an, wie der reiche Nürnberger Nikolaus Muffel, der für das Jahr 1468 308 Reliquienstücke in seinem Gedenkbuch aufführte. Kardinal Albrecht von Brandenburg brachte es zu Beginn des 16. Jahrhunderts sogar auf über 30.000 Objekte. Ärmere Zeitgenossen begaben sich dagegen auf Wallfahrt, etwa an das Grab eines berühmten Heiligen.

Der um sich greifende Heiligenkult führte bald dazu, dass es für alle Lebenslagen einen eigenen Schutzpatron gab. Hatte man Zahnweh, wandte man sich an die heilige Apollonia, weil sie bei ihrem Martyrium alle Zähne verloren hatte; bei Brandwunden half der heilige Florian, der ertränkt worden war, bei Halsschmerzen oder Erstickungsgefahr der heilige Blasius, der einst einem Jungen, dem eine Fischgräte im Hals stecken geblieben war, das Leben gerettet hatte. Augenleiden kurierte man am besten mit der französischen Heiligen Geneviève, die ihre blinde Mutter kuriert hatte, gegen Steinleiden erwies sich der Märtyrer Stephanus als hilfreich, weil er gesteinigt worden war. Ganze Städte, Zünfte oder Bruderschaften wählten sich einen eigenen Schutzpatron, so die Metzger den heiligen Bartholomäus, die Goldschmiede den heiligen Eligius oder die Schuhmacher den heiligen Crispinianus. Besonderer Beliebtheit erfreute sich im Spätmittelalter der Kult der Vierzehn Nothelfer, einer Gruppe männlicher und weiblicher Heiliger, überwiegend Märtyrer, die in allen Nöten und Sorgen des Alltags angerufen werden konnten: bei Blitzschlag ebenso wie bei Viehschaden, Feuersbrünsten oder Epidemien. So stand Dionysius bei Kopfschmerzen bei, Vitus bei allen Geisteskrankheiten, Margareta half allen Gebärenden, Barbara dagegen allen Sterbenden. Große Verehrung kam dem historisch nicht belegten, dafür umso legendenverklärteren Christophorus zu, der gemäß der Überlieferung das Christuskind über einen reißenden Strom getragen hat und daher als Patron der Reisenden und als Helfer gegen einen unvorbereiteten Tod galt. An zahlreichen Kirchen prangte seine überlebensgroße Darstellung mit dem Christuskind auf den Schultern von den Wänden. Mit ihrer vielseitigen Schutzfunktion ähnelten die Heiligen häufig den alten heidnischen Schutzgottheiten und guten Dämonen längst vergangener Tage. Da man ihnen so starke heilende Kräfte nachsagte, konnte es nicht ausbleiben, dass sich bald jede Stadt, jedes Bistum oder Kloster um einen zugkräftigen Heiligen bemühte, der seine segensreiche Wirkung am Ort seiner Verehrung auch auf ökonomischem Gebiet entfaltete.

Fälle von Reliquienraub sind das ganze Mittelalter hindurch in großer Zahl belegt. Man scheute sich nicht, in Kirchen einzubrechen, Gräber zu öffnen und Gebeine zu entnehmen, um sie in die eigene Kirche zu überführen. Ein schwunghafter Handel brachte aus Italien und dem Orient immer neue Knöchelchen, Kreuzsplitter oder -nägel, wobei kein Mensch mehr zu sagen vermochte, woher die Gegenstände stammten. Der gelehrte Philosophieprofessor Gabriel Biel (geb. um 1415) warnte vergeblich vor der Verehrung falscher Heiliger, deren Existenz durch nichts belegt ist. Auch sein Zeitgenosse Nikolaus Cusanus schritt energisch gegen den frommen Wahn ein und verbot in seinem Bistum Brixen die allzu fabulöse Predigt seines Ortsklerus über das Wirken der Vierzehn Nothelfer. Seit dem 10. Jahrhundert bemühte sich die Kirche um ein geregeltes Heiligsprechungsverfahren, bei dem durch Zeugenaussagen und schriftliche Lebens- und Wunderberichte die Würdigkeit einer verehrten Person überprüft wurde. Der erste Heilige, der anscheinend ein offizielles Kanonisationsverfahrens bekam, war Bischof Ulrich von Augsburg, der 993 heiliggesprochen wurde, wenn auch die Kanonisationsurkunde erst aus späteren Abschriften überliefert ist. Doch erst im Laufe des 13. Jahrhunderts setzten die Päpste ihr alleiniges Zuständigkeitsrecht für Kanonisationen durch. Dem Verehrungsdruck von unten kamen sie dennoch nicht bei – im krisengeschüttelten Spätmittelalter fieberten die Menschen nach Erlösung vom irdischen Jammertal.

Wie schnell religiöse Gefühle in wahre Massenhysterien umschlagen konnten, bewies die sich rasch ausbreitende Geißlerbewegung, die 1260 vom italienischen Perugia ausging. Auf Anraten eines Franziskanereremiten konstituierte sich dort eine Bruderschaft, die öffentliche Geißelungen als Buße für die Sünden der Welt zelebrierte. Begleitet von Klerikern mit Kreuzen und Prozessionsfahnen zogen sie von Ort zu Ort, um mit Bußgesängen das Erbarmen Gottes herabzuflehen und sich zum Zeichen ihrer Bußbereitschaft mit Peitschen, deren Enden mit kleinen Eisenstücken behaftet waren, den Rücken blutig zu schlagen. Obwohl Papst Alexander IV. die öffentlichen Auspeitschungen schon im Jahr darauf verbot, entwickelten sie sich im Zuge der Pestepidemien zu einer europaweiten Bewegung. 1348 tauchten erste Geißlerzüge in Österreich auf, 1349 in Böhmen, dann rasch in Sachsen, Franken, Schwaben und im Rheingebiet, bald sah man Geißler auch in den Niederlanden, in Nordfrankreich und England. Wohin sie auch kamen, erregten sie höchstes Aufsehen. Die Gruppen aus etwa 50 bis 200 Männern standen unter der Leitung von vier Meistern, denen sie unbedingten Gehorsam schuldeten. Sie mussten sich für die Dauer des Zuges, der in Angleichung an das Lebensalter Jesu 33,5 Tage dauerte, selbst verköstigen und zur Keuschheit verpflichten. Ihr Einzug in eine Stadt lief nach einem gleichbleibenden Ritual ab. Die Geißler sammelten sich vor den Toren der Stadt, marschierten dann paarweise und singend unter Glockengeläut zur Hauptkirche, wo sie sich ihrer Kleider entledigten. Nur mit einem bis zu den Füßen reichenden Tuch und einer Kapuze bekleidet, versammelten sie sich auf dem Marktplatz oder dem Kirchhof, um sich in zunehmendem Tempo mit der Peitsche den nackten Oberkörper aufzureißen und ihre Sünden zu bekennen. Nach dem blutigen Spektakel wurde ein Brief, den ein Engel in Jerusalem direkt vom

Himmel gebracht haben soll, verlesen, der mit markigen Worten zu Reue und Buße aufrief und verstockten Sündern harsche Strafen androhte. Das Unterminieren des Bußsakraments durch die öffentliche Inszenierung machte die Bewegung der Kirche rasch verdächtig. Der Einfluss der Anführer auf die Massen, ihr selbstherrliches Auftreten und ihr Anspruch, die Absolution zu erteilen, erschienen äußerst anmaßend. Schon im Oktober 1349 wurden die öffentlichen Geißelungen vom Papst verboten, nochmals auf dem Konzil von Konstanz 1417.

Der Fall der Geißler zeigte, wie dünn das Eis war, auf dem die religiös Suchenden wandelten. Nur allzu leicht schlug fromme Erregung in offenen Irrglauben um. Die im 12./13. Jahrhundert zu Massenbewegungen anschwellenden Ketzersekten der Katharer und Waldenser mussten diese Erfahrung machen. Die Katharer, deren Hochburgen in Südfrankreich und Italien lagen, huldigten einem extremen Dualismus, den sie von den bulgarischen Bogomilen übernommen hatten. Nach ihrer Vorstellung trat der Satan als starker, selbstständig handelnder Antigott auf. Die materielle Welt betrachteten sie als Emanation des Bösen, was zu einer rigorosen Weltabkehr führte. Die Führer der Bewegung, die sich als „Perfecti", „Vollkommene", bezeichneten, lebten in strengster Askese und beachteten viele Speisevorschriften. Gegen ihre Lebensweise und ihren eingefleischten Satansglauben hätte die Amtskirche eigentlich nichts einzuwenden gehabt – Aberglaube und Teufelsfurcht akzeptierte sie in anderen Formen auch, aber die Annahme zweier gleichstarker Prinzipien wertete den Teufel in seiner Hölle doch allzu ungebührlich auf. Man konnte ihn durchaus als gottebenbürtig deuten. Mehr noch störte die Amtskirche der Aufbau einer eigenen katharischen Kirchenorganisation in Teilen Südfrankreichs, wodurch weite Teile der Region dem katholischen Glauben verloren zu gehen drohten. Nicht zuletzt gab die eigenwillige Bibelinterpretation der Katharer den Anstoß zu ihrer Verketzerung. Denn wer die Welt als von Grund auf Böse ansah, der leugnete den göttlichen Schöpfungsakt. Die Ablehnung des Alten Testaments und die Kritik an der offiziellen Sakramentenlehre drängten die Katharer in die offene Häresie. Nicht besser erging es der zweiten großen Laienbewegung des Jahrhunderts, den Waldensern. Sie wurde gegen Ende des 12. Jahrhunderts durch den Lyoner Kaufmann Petrus Valdes begründet und verschrieb sich ebenfalls einem Leben in strenger Askese. Was die „Armen von Lyon" verdächtig machte, war ihre unautorisierte Laienpredigt in der Volkssprache. Und was die Waldenser so alles von sich gaben, konnte den Kirchenoberen gar nicht gefallen. Sie kritisierten nämlich nicht nur den Reichtum der offiziellen Kirche, sondern lehnten auch die Heiligenverehrung, das Fegefeuer, den Ablass, die Sakramente und die Todesstrafe ab. Das war nun endgültig zu viel, erschütterte es doch die Grundfesten des Glaubensgebäudes. Die Waldenser wurden ebenso wie die Katharer zu Ketzern erklärt und im Bunde mit der weltlichen Macht verfolgt. Dass die Türe zur Rückkehr in die Rechtgläubigkeit damit noch nicht ganz zugeschlagen war, zeigte sich im Jahr 1207, als der waldensische Gelehrte Durandus von Osca mit etlichen italienischen Glaubensbrüdern unter den Schutz des Papstes zurückkehrte. Als „Katholische Arme" lebten diese Waldenser fort und gingen nach 1245 im Augustinerorden auf.

Kreuzzüge waren rein religiöse Unternehmungen und dienten nur der Verteidigung des Glaubens

Es war eine der folgenschwersten Reden des Mittelalters, die Papst Urban II. an einem trüben Wintertag, dem 27. November 1095, zum Abschluss des Konzils von Clermont vor den Toren der südfranzösischen Stadt hielt: Mit tränenerstickter Stimme schilderte der Papst dem zahlreich unter freiem Himmel versammelten Kirchenvolk die Leiden der östlichen Christenheit durch das Vordringen der türkischen Seldschuken. Schon hätten die Muslime Anatolien bis zum Bosporus überrannt, dabei Menschen getötet, Kirchen zerstört und das Land verwüstet. Auch die heiligen Stätten in Jerusalem, darunter das altehrwürdige Grab Jesu, seien in ihrer Hand. Flehentlich wandte sich der Papst an seine staunenden Zuhörer, den bedrängten Christen zu Hilfe zu eilen. Arme wie Reiche, so Urban, sollten in einem Akt der Buße in den Orient ziehen und gegen die Feinde des Glaubens kämpfen, besonders aber die Ritterschaft, die ihre Zeit in nutzlosen und blutigen Fehden vergeude. „Oh, ihr allermutigsten Krieger und Nachfahren siegreicher Ahnen, entsprecht an Mut den Erwartungen eurer Vorväter und lasst euch davon anfeuern", so überliefert der Ohrenzeuge Robert von Reims, Mönch in Saint-Remi, die flammenden Worte des Papstes. Das Publikum geriet, wie nicht anders zu erwarten, gehörig in Wallung. „Deus lo vult!", scholl es aus allen Ecken, „Gott will es!". Spontan meldeten sich Hunderte Teilnehmer, allen voran der Bischof Adhémar von Le Puy, für einen Zug ins Morgenland. Zum Zeichen ihres Gelübdes hefteten sie sich Stoffkreuze auf ihre Kleidung, sie nahmen im wörtlichen Sinne „das Kreuz".

Mit seinem spektakulären Aufruf zum ersten Kreuzzug löste Urban II. (geb. um 1035) eine Massenbegeisterung aus, die das ganze Mittelalter hindurch nicht mehr abebbte. Immer wieder brachen große Menschenmassen auf, um andernorts für den „rechten Glauben" einzustehen und das Christentum zu verteidigen. Der Kreuzzugsgedanke führte dabei nicht nur zu einer 200-jährigen Konfrontation mit den Muslimen des Nahen Ostens, sondern erwies sich auch als wirkungsvolle Waffe gegenüber allen Andersgläubigen – ob im multireligiösen Spanien, im heidnisch geprägten Baltikum oder im von vielfältigen häretischen Gruppierungen zerrissenen Herzen Europas. In Form der Türkenkriege übertrat die Bewegung sogar die Schwelle zur Neuzeit und nahm erst ab, als die Bedrohung Mitteleuropas durch die Osmanen im 17. Jahrhundert allmählich nachließ.

Im Allgemeinen deutet man die Kreuzzüge als religiöse Unternehmen, ausgerufen vom Papst und realisiert von einer fanatisierten Christenheit. Doch komplexe Phänomene entziehen sich einfachen Deutungen. Eine so zählebige und erfolgreiche Idee wie die der Kreuzzüge spross nicht nur aus einer, nämlich der religiösen Wurzel, sondern nahm ebenso die jeweiligen sozialen, politischen und ökonomischen Rahmenbedingungen ihrer Zeit auf. Und so dienten die Kreuzzüge nicht allein religiösen Zwecken, obwohl diese schon allein aus propagandistischen Gründen immer im Vordergrund standen, sondern zugleich handfesten machtpolitischen Ambitionen, die die Träger der Militäraktionen – Adel und Ritterschaft – stets hatten. Nur allzu häufig wussten die hohen Herren das fromme Werk zu eigenem Nutzen umzubiegen.

Religiöse Unternehmungen waren die Kreuzzüge insofern, als nur die Päpste sie ausrufen und legitimieren konnten. An sich stand das Christentum der Kriegführung fern, widersprach sie doch den Geboten der Nächstenliebe und der Friedfertigkeit. Gemäß den Ausführungen des Kirchenvaters Augustinus aus dem 5. Jahrhundert konnte ein Krieg aber unter bestimmten Umständen gerechtfertigt sein, z. B. wenn er der Wiederherstellung des Friedens und der rechten Ordnung diente. Dahinter stand der Gedanke, dass ein dauerhafter Friede nur zu verwirklichen ist, wenn man gültiges Recht einhält und Rechtsbrecher bestraft. Zur Verteidigung des eigenen Landes oder zur Wiedererlangung geraubten Gutes akzeptierte daher der Bischof der nordafrikanischen Hafenstadt Hippo Regius die Anwendung von Gewalt, sofern sie von einer rechtmäßigen Autorität ausgerufen und von Teilnehmern mit lauterer Gesinnung angewendet wird. Der Kirchenvater verstand Kriegführung also eher im Sinne eines modernen UNO-Mandats, lehnte aus eigennützigen Motiven geführte Kriege aber strikt ab. Im 10. Jahrhundert hatte Europa dann über geraubtes Gut viel zu klagen. Der Einfall der Wikinger, Ungarn und Araber machte Verteidigungskriege zwingend nötig und verband sie gleichzeitig mit dem Motiv der Heidenabwehr.

Urban II. handelte daher durchaus im Einklang mit seinen Vorgängern, als er 1095 den ersten Kreuzzug ausrief. Vorausgegangen war dem Aufruf ein Hilfegesuch des byzantinischen Kaisers Alexios I. Komnenos, der sein Staatsgebiet durch das Vorpreschen der Seldschuken aufs Äußerste bedroht sah. Das türkische Nomadenvolk hatte dem christlichen Kaiserreich in der Schlacht von Manzikert 1071 eine fürchterliche Niederlage bereitet und sich danach in Anatolien und Kleinasien niedergelassen. Dabei waren viele christliche Gemeinden unter die Herrschaft der muslimischen Eroberer geraten. Für Papst Urban II. waren folglich die Voraussetzungen für einen „gerechten Krieg" gegeben. Vermutlich dachte er an ein kleines, schlagkräftiges Ritterheer zur Unterstützung der byzantinischen Armee. Was sich dann aber im Frühjahr 1096 spontan und ohne große Organisation auf den Weg machte, waren riesige kampfunfähige Horden, bestehend aus einfachen, militärisch völlig ungeschulten Männern, Frauen, Kindern und Habenichtsen. Dieser „Volkskreuzzug", der noch vor dem offiziellen Aufbruchstermin, dem 15. August 1096, loszog, stand unter dem Einfluss dubioser Wanderprediger wie Peters von Amiens, der auf einem Esel von Ort zu Ort zog und vorgab, einen Brief von Gott zu besitzen. Diese undisziplinierte Schar stiftete nur Unheil, brandschatzte die Judengemeinden des Rheinlandes auf üble Weise und zog dann plündernd und mordend den Balkan hinab bis vor die

Tore des mächtigen Byzanz. Der byzantinische Kaiser ließ sie entsetzt über den Bosporus schaffen, wo sie von den Seldschuken völlig aufgerieben wurden. Dieser unglückselige Auftakt des ersten Kreuzzuges zeigte exemplarisch, was sich später bei fast allen Kreuzzügen wiederholte: Regelmäßig liefen die Unternehmungen ihren päpstlichen Initiatoren aus dem Ruder. Im fernen Rom weilend, hatten sie kaum Einfluss auf die Geschehnisse während des Zuges, ihre Legaten besaßen keine militärischen Vollmachten und mussten die Führung des Unternehmens anderen, weltlichen Kräften überlassen.

Wie stark und unabhängig diese Kräfte wirken konnten, bewies ebenfalls schon der erste Kreuzzug. Die ab dem Spätsommer 1096 auf unterschiedlichen Wegen aufbrechenden Ritterheere standen unter der Regie mächtiger, kriegserfahrener Adliger. Graf Raimund IV. von Toulouse stellte mit seinen Süd- und Westfranzosen das größte Kontingent, aber auch der Herzog von Niederlothringen, Gottfried von Bouillon, und sein Bruder Balduin von Boulogne erschienen mit großem Gefolge. Graf Stephan von Blois, Graf Robert II. von Flandern und Herzog Robert II. von der Normandie gehörten ebenfalls zu den führenden Köpfen des Unternehmens. Selbst der Bruder des französischen Königs Philipp I., Graf Hugo von Vermandois, nahm am Kreuzzug teil. Die kampferprobten Normannen schickten mit dem Haudegen Bohemund von Tarent und dessen Neffen Tankred von Lecce zwei ebenso ehrgeizige wie eigenwillige Kämpfer ins Rennen. Diese Ritter samt ihrem umfangreichen Tross aus einfachen Männern, Frauen und Klerikern, zusammen etwa 60.000 Personen, trafen im Frühjahr 1097 nacheinander am Bosporus ein. Sicher trieben das Gros der Kreuzfahrer religiöse Motive, hatte doch der Papst jedem Teilnehmer mit aufrechtem Herzen einen Erlass seiner Sündenschuld in Aussicht gestellt und ihm die gleichen Privilegien wie einem Pilger gewährt, so den umfassenden Schutz seiner Güter und seiner Familie während seiner Abwesenheit, Schuldenmoratorien und die Entbindung von Lehnspflichten. Somit erschien der Kreuzzug als fromme Bußleistung, als bewaffnete Pilgerfahrt zum Sehnsuchtsziel Jerusalem. Denn Jerusalem hatte in der christlichen Vorstellungswelt seinen festen Platz als Stätte des Heils und der Verheißung. Einmal am Ort des Lebens und

Wirkens Jesu zu stehen, einmal in der Grabeskirche dem Wunder der
Auferstehung nahe zu sein, das bedeutete für jeden Christenmenschen den Höhepunkt seines religiösen Lebens. Doch aller religiöse
Idealismus konnte nicht darüber hinwegtäuschen, dass es auch noch
andere Motive gab, sich dieser gefahrvollen Reise zu unterziehen. So
hatten einige hochrangige Kreuzfahrer handfeste politische Probleme
am Hals und in der Heimat folglich nicht viel zu verlieren. Der Herzog
von Niederlothringen musste um sein Erbe bangen, der Herzog der
Normandie lag mit seiner englischen Verwandtschaft im Dauerstreit,
Bohemund von Tarent kämpfte als Sohn aus der ersten Ehe des Nor-
mannenfürsten Robert Guiscard um Anerkennung, Tankred von Lecce
und Balduin von Boulogne suchten als junge, ehrgeizige Männer nach
Ruhm und Reichtum. Auch unter dem Fußvolk gab es etliche, die
hofften, im Gelobten Land einen Zipfel vom Paradies zu erhaschen.
Das Bevölkerungswachstum des Hochmittelalters schuf einen gewissen Druck, überschüssige Kräfte nach außen abzuleiten. Wen zu Hause nichts hielt, der war schnell bereit, die Fahrt nach Jerusalem anzu-
treten.

So nahm der erste Kreuzzug rasch eine unkalkulierbare Eigenent-
wicklung. Kaum im Heiligen Land angekommen, strebten die rivalisie-
renden Fürsten nach höchst eigenen Zielen. Nach ersten militärischen
Erfolgen gegen die Seldschuken setzte sich Balduin von Boulogne,
Gottfried von Bouillons jüngerer Bruder, vom Hauptheer ab, um auf
eigene Faust die Stadt Edessa am oberen Euphrat unter seine Kontrolle zu bringen. Aus den überwiegend von armenischen Christen be-
wohnten Gebieten westlich und östlich des Euphrat schuf er die Grafschaft Edessa als ersten christlichen Kreuzfahrerstaat. Sein Beispiel
machte rasch Schule, denn auch der ehrgeizige Bohemund von Tarent
nutzte die Gunst der Stunde, um nach der Eroberung der stark befestigten Stadt Antiochia, an deren Fall er tatkräftig mitgewirkt hatte,
diese für sich und seine Nachkommen in Besitz zu nehmen. Im Streit
verließ ihn Raimund von Toulouse, um mit den verbliebenen 14.000
Mann endlich dem großen Ziel Jerusalem entgegenzuziehen, das sie
am 7. Juni 1099 erreichten. Die Stadt stand zwar bereits mehrere Jahrhunderte und nicht erst seit dem seldschukischen Vordringen unter

muslimischer Herrschaft, doch das hinderte die Kreuzfahrer nicht, zum Sturm auf ihre Mauern zu blasen. Unter Einsatz von Belagerungstürmen und Leitern gelang den Rittern am 15. Juli der entscheidende Durchbruch. Jerusalem versank in einer Orgie von Blut und Gewalt. Nach der brutalen Eroberung setzte sich auch hier ein christlicher Herrscher durch. Gottfried von Bouillon nahm die Ehre eines „Beschützers des Heiligen Grabes" an, da ihm der Königsrang am Ort des Leidens und Sterbens Jesu als unpassend erschien, und ein katholischer Geistlicher wurde zum neuen Patriarchen von Jerusalem ernannt. Nach dem frühen Tod Gottfrieds trat dessen energischer Bruder Balduin, der Graf von Edessa, seine Nachfolge in Jerusalem an und nannte sich ganz unbescheiden „König". Zielstrebig erweiterte er das Gebiet seines jungen Königreiches um die Küstenstädte Cäsarea, Akkon, Beirut und Sidon. Somit war nur Raimund von Toulouse leer ausgegangen. Doch holte er das Versäumte in den folgenden Jahren tatkräftig nach und gaunerte sich den Grundstein zur Grafschaft Tripolis zusammen. Mit der Gründung von gleich vier christlichen Kreuzfahrerstaaten war der erste Kreuzzug zu einem vollen Erfolg geworden. Alle folgenden Kreuzzüge dienten mehr oder weniger der Verteidigung dieser Gebiete gegenüber den erstarkenden muslimischen Herrschaften.

Zumindest für einige Familien hatte sich der Zug in den Nahen Osten ausgezahlt. Die aus der Île-de-France stammende Familie der Montlhéry mit ihren weit verzweigten Heiratsverbindungen hatte in den Siedlungen der levantinischen Küste das Sagen. Vertreter ihrer Sippschaft dominierten in Galiläa und Jaffa, in Edessa und Jerusalem. In zwei Generationen lieferte die Großfamilie 26 Kreuzfahrer, die zumindest zum Teil auch dort siedelten. Andere Familien wie die Hautevilles, Courtenays oder die Saint-Gilles, deren Sprösslinge für Generationen im Orient blieben, taten es ihnen nach. Ihre Verquickung mit europäischen Hochadelshäusern wie den Anjou sorgte dafür, dass das Interesse am Heiligen Land niemals erlahmte. Zuweilen gelang es ihren Mitgliedern sogar, ins byzantinische Kaiserhaus einzuheiraten, was ihr Prestige nochmals erhöhte. Für so manchen aufstrebenden Adligen wie Konrad von Montferrat, Guido von Lusignan, Heinrich von Champagne oder Johann von Brienne bedeutete die Einheirat in die Jerusalemer Königsfamilie ein Sprungbrett zum Aufstieg. Sie kamen zu einer eigenen Krone! So stießen die päpstlichen Kreuzzugsaufrufe des 12. und 13. Jahrhunderts bei der Ritterschaft immer wieder auf ein begeistertes Echo. Selbst Kaiser und Könige fühlten sich bemüßigt, an den gefahrvollen Zügen teilzunehmen. Die Verbindung des Jerusalemer Königshauses mit den Anjou veranlasste auch den legendären englischen König Richard Löwenherz, 1190 am dritten Kreuzzug teilzunehmen. Unterwegs eroberte er die Insel Zypern, die eigentlich zum byzantinischen Kaiserreich gehörte, doch erschien sie ihm aus strategischen Erwägungen erstrebenswert. Er vergab sie später an den vertriebenen König Guido von Lusignan, seinen Vasallen, der daraufhin das Königreich Zypern begründete, das bis 1489 im Besitz seiner Familie verblieb. Das Königreich Jerusalem ging nach einem kurzen Intermezzo Konrad von Montferrats an Heinrich von Champagne über, der die verwitwete Königstocher Isabella heiratete. So mischten sich an der Küste der Levante mehr und mehr politisch-dynastische Ziele in die Kreuzzugsangelegenheiten. Selbst das staufische Kaiserhaus fühlte sich berufen, in diese Familie einzuheiraten, um den Titel eines Königs von Jerusalem an sich zu bringen.

Wie stark höchst diesseitige Motive auf den Kreuzzugsgedanken einwirkten, zeigt der Verlauf des vierten Kreuzzuges. Nach dem Verlust Jerusalems durch die Eroberungen des muslimischen Machthabers Sultan Saladin (1187) und dem Scheitern des dritten Kreuzzuges rief der 1198 gewählte neue Papst Innozenz III. zu einer weiteren Anstrengung auf, Jerusalem für die Christenheit zurückzugewinnen. Dieses Mal wollte man alles richtig machen und nach Ägypten, dem Zentrum der muslimischen Macht, vorrücken. Dazu bedurfte es aber einer gewaltigen Flotte, die die Kreuzfahrer, überwiegend nordfranzösische Ritter ohne seemännische Erfahrung, nicht besaßen. Sie wandten sich daher an die damals führende Seemacht Venedig. Die mächtige Handelsstadt war seit langem im östlichen Mittelmeerraum kaufmännisch tätig und besaß die meisten Erfahrungen im Schiffstransport. Der Doge Enrico Dandolo, der greise Führer der Seerepublik, sagte nach langen Verhandlungen den künftigen Kreuzfahrern die Bereitstellung einer riesigen Flotte zu: 33.500 Ritter, Knappen und Fußvolk sollten übers Mittelmeer transportiert und ein Jahr lang verpflegt werden. Das hatte allerdings seinen Preis: Umgerechnet rund dreißig Tonnen Feinsilber mussten die Ritter dafür aufbringen. Als Tag der Abfahrt war der 2. Juni 1202 vorgesehen. Doch zum entsprechenden Termin trafen nur etwa 11.000 Ritter in Venedig ein, also nur knapp ein Drittel. Die geschäftstüchtigen Venezianer pochten jedoch auf die Einhaltung der Vertragsbestimmungen und vor allem auf die Begleichung des festgesetzten Betrages. Der gerissene Doge schlug einen Kompensationshandel vor: Zum Ausgleich für die entgangenen Zahlungen sollten die Kreuzfahrer die früher zu Venedig gehörende Stadt Zadar an der dalmatinischen Küste für die Serenissima zurückerobern. Dass die Stadt dem christlichen König von Ungarn unterstand, störte ihn dabei nicht. Notgedrungen gingen die Kreuzfahrer auf das unheilige Geschäft ein. Mit einhundert Galeeren, fünfzig Transport- und sechzig Kriegsschiffen machte man sich auf den Weg an die östliche Adriaküste. Zadar wurde erobert und geplündert. Der Papst zeigte sich erbost und exkommunizierte die gesamte Armee. Doch das Unglück nahm seinen Lauf. Die Nahrungsmittel wurden im Laufe des Winters knapp, sodass es fraglich erschien, ob die weite Fahrt bis nach Ägypten gewagt werden konnte. Da bot ein neuer Zufall einen Ausweg aus der Misere. Der byzantinische Prinz und Thronkandidat Alexios traf in Zadar ein und versprach den resignierten Kreuzfahrern Geld, Proviant und Soldaten sowie die Wiedervereinigung der orthodoxen Kirche mit Rom, wenn, ja wenn sie ihm im Gegenzug auf den byzantinischen Thron helfen würden. Angestachelt von Venedig, das in der Bosporusmetropole einen Handelsrivalen ersten Ranges sah, ließen sich die Ritter auf das Abenteuer ein und nahmen im Frühjahr 1203 tatsächlich Kurs auf Byzanz. Hier brachten sie mit militärischen Scharmützeln einen Thronwechsel zunächst zustande, doch als das Unterfangen am Widerstand des Volkes scheiterte, kam es zur Katastrophe: Die Kreuzfahrer eroberten Byzanz am 13. April 1204 und plünderten die reiche Stadt drei Tage lang auf grausamste Weise. Unermessliche Schätze und wertvolle Reliquien fielen ihnen in die Hände. Das war die Gelegenheit, auf die sie alle gewartet hatten! Gold, Silber, Tafelgeschirr, Juwelen, Seide, Satin und feinste Pelze rafften die beutegierigen Eroberer zusammen und schafften sie beiseite. Das kunstfreudige Venedig sicherte sich gleich die besten Stücke. Für seinen prächtigen Markus-Dom konnte es so ziemlich alles gebrauchen: Stein- und Marmorstatuen und auch die vier Bronzepferde vom Hippodrom, die bis heute in der Lagunenstadt zu bewundern sind. Auch wertvolle Reliquien wie das Turiner Grabtuch und die in Paris aufbewahrte Dornenkrone Christi wechselten damals den Besitzer. Neben der fetten Beute winkten politische Vorteile. Das byzantinische Kaisertum ging an einen westeuropäischen Ritter über, Graf Balduin von Flandern, der in der Hagia Sophia, der Hauptkirche der Stadt, in feierlichem Zeremoniell als Balduin I. inthronisiert wurde. Während Angehörige des byzantinischen Kaiserhauses ins Exil flüchteten, teilten die Sieger die territoriale Beute unter sich auf. Ein Viertel des byzantinischen Staatsgebietes ging an den neuen Kaiser, drei Achtel an die Franken und drei weitere Achtel an die eigentlichen Gewinner des Kreuzzuges, die Venezianer. Venedig sicherte sich wichtige Küstenstriche an Adria und Ägäis, die Inseln Kreta und Korfu sowie Teile der Peloponnes, dazu viele handelspolitische Vorteile, die seine Konkurrenten Pisa und Genua aus dem Felde stachen. Der vierte Kreuzzug endete mit einer völligen Pervertierung seiner Ziele. Anstatt dem byzantinischen Reich zu Hilfe zu eilen, hatten die Kreuzzugsteilnehmer es nun geplündert und geschwächt. Dieser Zustand dauerte bis zur Rückeroberung der Stadt durch die Dynastie der Palaiologen 1261 an.

Die Kreuzzugsidee kam trotz dieser „Fehlleistungen" nicht zum Erliegen. Immer neue Züge führten ins Heilige Land, bis die christlichen Kreuzfahrerstaaten nach langem Zermürbungskampf endgültig an die neue starke Macht im Vorderen Orient, die Mamluken, verloren gingen. Der Fall Akkons 1291 besiegelte das Ende der lateinischen Herrschaften. Doch noch während der Kreuzzüge hatte sich der Kampf gegen die Feinde der Christenheit in andere Regionen zu verlagern begonnen. Muslime und heidnische Stämme gab es schließlich auch an der Peripherie des europäischen Kontinents. Schon im

8. Jahrhundert hatten arabische Kämpfer, die über die Straße von Gibraltar anstürmten, die Iberische Halbinsel von Süden nach Norden aufgerollt. Bis auf wenige Inseln christlicher Herrschaft im Norden verharrte Spanien seitdem unter muslimischer Dominanz. Die Rückeroberung der einstmals christlichen Gebiete, bezeichnet als Reconquista, setzte im 11. Jahrhundert ein und erhielt durch den Aufruf Papst Urbans II. zum ersten Kreuzzug insofern eine neue Qualität, als für die spanischen Feldzüge nun jene Privilegien gewährt wurden, die auch für die Kreuzzüge ins Heilige Land galten: päpstliche Legitimierung, Sündenablass und Schutz der Kämpfer. Die Privilegien zogen auch auswärtige Kämpfer wie Raimund von Toulouse an, der seine ersten Meriten im „Heidenkampf" ausgerechnet in Spanien verdiente. Während des zweiten Kreuzzuges 1147–49 beteiligten sich die nach Palästina aufbrechenden Ritterscharen tatkräftig an den spanischen Feldzügen. So konnten mit Hilfe englischer und niederrheinischer Kreuzfahrer Lissabon und Tortosa eingenommen werden, und auch während des dritten Kreuzzuges unterstützten 1189 zwei Kreuzfahrerflotten das Vorgehen der Portugiesen.

Als seit der Mitte des 12. Jahrhunderts die Almohaden, eine Berberdynastie aus Nordafrika, in Spanien vordrangen und die Truppen König Alfons VIII. von Kastilien besiegten, unterstützte Papst Innozenz III. den Abwehrkampf der christlichen Königreiche erneut mit Kreuzzugsaufrufen, die dafür sorgten, dass vor allem Ritter aus Frankreich nach Spanien eilten. Ein großes Kreuzfahrerkontingent brachte mit den vereinten Heeren der Könige Kastiliens, Aragons und Navarras den Almohaden 1212 in der Schlacht bei Las Navas de Tolosa eine verheerende Niederlage bei, die als Wende in der Geschichte der Reconquista gilt. Denn von diesem Zeitpunkt an gelang den christlichen Königen die schrittweise Zurückdrängung der muslimischen Machtbereiche, deren letzte Bastion Granada 1492 fiel. Doch achteten die Monarchen stets darauf, dass die Feldzüge unter ihrer eigenen Kontrolle blieben und nicht allzu viele ausländische Kämpfer anzogen, die womöglich hinterher eigene Ansprüche stellten. Für sie ging es bei der Expansion gen Süden um Land, Macht und Einkünfte und weniger um das eigene Seelenheil. Hatten die Könige den Aufbau geschlossener Landesherrschaften im Blick, lockte ihre Granden vor allem die Aussicht auf lohnende Beute. Denn in den zurückeroberten Gebieten wurden Bistümer und neue Städte gegründet und durch planmäßige Ansiedlung christlicher Kolonisten abgesichert. Für mutige junge Leute winkten hier Chancen zum eigenen Aufstieg. Der im Nationalepos „El Cid" verewigte Ritter Rodrigo Diaz, der erfolgreich zum eigenen Vorteil die Fronten zwischen Muslimen und Christen wechselte und 1094 auf eigene Faust die Stadt Valencia eroberte, um hier eine lehnsunabhängige Herrschaft zu begründen, gehörte dabei zu den viel bewunderten Vorbildern.

Nicht nur unter Spaniens heißer Sonne verband sich die Idee des Glaubenskampfes mit handfesten politischen Motiven zu einer unübersichtlichen Gemengenlage. Auch im hohen Norden begaben sich ehrgeizige Ritter für den eigenen Vorteil auf eine religiös überhöhte „Heidenjagd". Die Elbslawen verharrten wie die im Ostseeraum siedelnden baltischen Stämme hartnäckig im Heidentum und gaben damit ein geeignetes Missionsobjekt für die christlichen Nachbarstaaten ab. Die dünn besiedelten Weiten des „wilden Ostens" boten zugleich ideale Bedingungen für territorialen Zugewinn und Kolonisation. Die agrarischen Ressourcen des Landes waren unübersehbar, und über die Gründung von Städten ließ sich auch eine rege Handelstätigkeit über die Ostseeküste organisieren. So konnte es nicht ausbleiben, dass gleichzeitig mit den Planungen zum zweiten Kreuzzug die noch nicht missionierten Stämme des Nordostens ins Blickfeld der hohen Politik gerieten. Zuerst traf es die zwischen Elbe, Trave und Oder siedelnden Stämme der Elbslawen. Auf Vorschlag des sächsischen Adels setzte sich der eloquente Kreuzzugsprediger Bernhard von Clairvaux für einen „Wendenkreuzzug" ein, dem Papst Eugen III. in einer Bulle vom April 1147 seinen Segen erteilte. Allen teilnehmenden Rittern wurden darin die gleichen Privilegien zugestanden wie den Jerusalemfahrern. Die sächsischen, dänischen und polnischen Ritter ließen sich das nicht zweimal sagen, gab es für sie östlich der Elbe doch weitaus mehr zu holen als am Jordan. Als Führer des Unternehmens taten sich Markgraf Albrecht der Bär aus dem Geschlecht der Askanier und der Welfenspross Heinrich der Löwe, Herzog von

Sachsen, hervor, die beide Gebietsansprüche in diesem Raum ver-
fochten. Das Kreuzzugsheer teilte sich daher in zwei Heerhaufen auf,
die in den jeweiligen fürstlichen Interessensphären operierten. Der
Markgraf richtete seine Aktivitäten auf Vorpommern, belagerte die
Festung Demmin und stieß weiter bis nach Stettin vor. Der sächsische
Herzog dagegen wandte sich – unterstützt von dänischen Truppen –
gegen die Abodriten und das stark befestigte Dobin am Schweriner
See. Auch wenn die Ergebnisse des Feldzuges zunächst enttäuschend
ausfielen – sie endeten mit Verhandlungsfrieden –, so bildeten sie
doch den Auftakt zu einer lang anhaltenden Expansionsphase in diesem Raum. Am Ende des Jahrhunderts waren die slawischen Stämme
tatsächlich unterworfen, missioniert und in die Herrschaftsstrukturen des Reiches integriert. Die Stoßrichtung nach Osten behielten die
landhungrigen Fürsten auch in den folgenden Jahrhunderten bei. Die
heidnischen Stämme im Baltikum bekamen diesen Druck bald leidvoll zu spüren. Papst Alexander III. stellte 1171 alle Feldzüge gegen
die Heiden des Nordens mit den Kreuzzügen ins Heilige Land gleich.
Der Deutsche Orden, gegründet Ende des 12. Jahrhunderts als Ritter-
orden im Heiligen Land, beteiligte sich maßgeblich an der Eroberung
und Kolonisation der Ostseegebiete und schuf auf dem Boden der
baltischen Prußen einen eigenen Ordensstaat, der stetig erweitert
wurde. Schon bald machten sich junge Ritter einen Spaß daraus, auf
„Heidenfahrt" gen Osten zu ziehen. Regelmäßig trafen sie sich im
Winter, wenn Flüsse und Seen zugefroren waren, um gegen die Litau-
er zu Felde zu ziehen. Die besten Kämpen wurden hinterher ausgezeichnet.

Derart pervertiert ließ sich die Kreuzzugsidee auch in der Innen-
politik für alle möglichen Ziele instrumentalisieren. Ob gegen die
große Ketzerbewegung der Katharer in Südfrankreich, ob gegen die
päpstlichen Widersacher in Italien oder das widerborstige Kaiserhaus
der Staufer – für alles Mögliche konnte ein Kreuzzug ausgerufen werden. Im 14. Jahrhundert gab es eine regelrechte Kreuzzugsinflation.
Mal ging es gegen Venedig, mal gegen Mailand, mal gegen die auf
dem Balkan vordringenden Osmanen. Im 15. Jahrhundert traf es die
rebellischen Hussiten in Böhmen. Mit dem Übergang zu Söldnerhee-

ren verloren jedoch die ritterlichen Kämpfe allmählich ihren militärischen Wert, sodass auch Kreuzritter nicht mehr gebraucht wurden. Die dahintersteckende Idee eines verbissen geführten Kampfes zu Gunsten einer „gerechten" Sache blieb allerdings weiterhin lebendig und verlor nie ihre Attraktivität. Gelegentlich wird sie auch in modernen Zeiten wiederbelebt.

Im Mittelalter waren die Menschen sittenstreng

Mit Glanz in den Augen schwärmte der italienische Humanist Poggio Bracciolini über seine süßen Erlebnisse in einer Badestube während eines Aufenthalts im Kurort Baden im Aargau 1417. Was hatte er nicht alles gesehen: Die schönsten Frauen nackt im Badezuber, „an Gestalt und Sitten Göttinnen gleich. Ihr leichtes Gewand ist zurückgeworfen und schwimmt auf dem Wasser, dass man so ein Mädchen für eine zweite Venus halten sollte", schrieb er seinem florentinischen Freund begeistert. Erstaunt stellte der Italiener, der als Apostolischer Sekretär am Konzil von Konstanz teilnahm, fest, dass Männer und Frauen völlig schamlos gemeinsam ins Bad stiegen, dabei schäkerten, aßen und zusammen tranken. Es störte die Badenden auch überhaupt nicht, dass ihnen fremde Besucher von den umlaufenden Galerien aus zusahen. „Jeder nämlich, der einen Besuch machen, einen Scherz haben, sich erheitern will, darf in fremde Bäder gehen und sich in denselben aufhalten und beim Hereintritt in das Bad und beim Aussteigen das Frauenzimmer am größten Teile des Leibes nackend sehen", wunderte sich der Fremde. „Nicht selten trägt es sich zu, dass ein Mann einem nackten Frauenzimmer, das Frauenzimmer einer nackten Mannesperson begegnet." Doch seine anfängliche Scheu legte der Tourist rasch ab, und so sah man den vornehmen Konzilsteilnehmer schon recht bald über der Brüstung lehnen und enthusiastisch den badenden Maiden kleine Münzen zuwerfen. „Die Frauenzimmer haben die Sitte, wenn Männer ihnen von oben herab zusehen, dass sie scherzweise um eine Gabe bitten. Da wirft man denn, besonders den schöneren, kleine Münzen zu, die sie mit Händen oder mit ausgebreitetem Gewand auffangen, indem eine die andere wegstößt, bei welchem Spiele sehr oft die geheimeren Schönheiten enthüllt werden." So viel Sinnenfreude hatte Bracciolini den schwerfälligen Nordeuropäern gar nicht zugetraut. Er bewunderte die Gleichmütigkeit der Männer, die ihre Frauen mit Fremden flirten ließen. „Man besucht täglich drei bis vier Bäder, und bringt den größten Teil des Tages mit Singen, Trinken oder Tanzen zu."

Ja, ja, so ein Badetag im Mittelalter hatte es in sich. Da wurde geschmaust und gelacht, gesungen und getrunken und hie und da auch Liebe gemacht. Man kann den mittelalterlichen Menschen viel nachsagen, aber nicht, dass sie prüde gewesen seien. Ganz im Gegenteil herrschten häufig und nicht nur in den Badstuben lose Sitten, gegen die die Moralprediger der Kirche ziemlich machtlos anredeten. Was nützte es schon, wenn strenge Kirchenmänner gegen Völlerei und Unzucht, gegen Wettspiele und modische Accessoires wetterten? Was halfen schon die sich regelmäßig wiederholenden Standpauken eines Bernhard von Clairvaux, eines Berthold von Regensburg oder eines Burchard von Worms gegen die allgegenwärtige Lebenslust? Den Spaß ließen sich die Menschen nicht verderben – bis zum Fegefeuer war schließlich noch Zeit –, und so strotzte gerade das Mittelalter im Gegensatz zur prüden und sittlich wesentlich rigoroseren Reformationszeit vor Sinnenfreude und Feierlaune. Das schlug sich im Alltag in einem reichen Repertoire an Volksvergnügungen nieder, die vielfältige Ausbruchsmöglichkeiten aus dem harten Arbeitsleben boten.

Eine unerschöpfliche Quelle der Freude war der regelmäßige Besuch einer Badeanstalt. Badstuben gab es seit dem frühen Mittelalter in Dörfern und Städten. Schon Kaiser Karl der Große (geb. 742) pflegte mitsamt seinem großen Gefolge in die heißen Quellen von Aachen zu steigen und sich im warmen Wasser zu räkeln. Diese Tradition setzte sich fort, sodass gerade in den Städten die mittelalterliche Badekultur zur vollen Blüte gelangte. Bekannt waren Schwitz- wie Wasserbäder – die größeren Badstuben boten beides an. Für gewöhnlich genoss man erst ein Dampfbad, bei dem Kieselsteine erhitzt und mit Wasser übergossen wurden. Die Gäste saßen dabei wie in einer Sauna auf Holzbänken unterschiedlicher Höhe und schlugen sich mit belaubten Zweigen den Rücken, um die Durchblutung noch zusätzlich anzuregen. Bademägde boten ihre Dienste als Masseurinnen an. Nach dem großen Schwitzen ließ man sich mit warmem Wasser und Seife abduschen und begab sich ins Warmwasserbad, wo man in einem der großen Bottiche oder Holzzuber in die wohlige Wärme abtauchen konnte. Da der Betrieb einer Badestube wegen des hohen Holzverbrauchs ziemlich teuer war, stieg man selten allein in die Wanne, sondern in der Regel zu mehrt. Allenfalls die vornehmen Ritter auf ihren Burgen nahmen allein oder nur im engsten Familienkreis ein Bad, was sie allerdings um das Vergnügen brachte, in geselliger Runde frohe Stunden zu verbringen. Denn im Bad erwarteten den Gast nicht nur Zuber voll heißen Wassers, sondern auch Musik, gute Unterhaltung und Tafelfreuden.

Größere Badstuben warteten mit eigenen Küchen auf, in denen regelrechte Festmähler zubereitet werden konnten. Die Speisen nahm man in der Wanne ein. Man legte einfach ein Brett über den Trog – und fertig war die Freudentafel. Auf diese Weise fanden ganze Hochzeitsgesellschaften ihren Weg in die Badstuben. Gleich nach der Kirche begab sich das Paar mit seinen Gästen ins Bad, um gemeinsam nackt im Wasser liegend ein rauschendes Fest zu feiern. Dabei spielten auch Musikanten auf. Man kann sich gut vorstellen, dass es dabei hoch herging, und so nimmt es nicht Wunder, wenn sich die ganze Stadt- oder Dorfgemeinde schon auf den nächsten Badetag freute. Für gewöhnlich hatten die Bäder der hohen Kosten wegen nicht täglich geöffnet, sondern meist nur an zwei bis drei Tagen in der Woche, wobei der Samstag der traditionelle Badetag war. Der Bader schickte Trommler und Posaunenbläser aus, um die Öffnungszeiten anzukündigen. Dann strömte das Volk bereits weitgehend entblößt und nur mit einem Badesack bewaffnet aus den Häusern, denn die teuren Kleider ließ man nur ungern in der Garderobe der Badstuben liegen. So konnte man schon auf dem Weg zum Bad manch nackter Gestalt begegnen, doch das störte niemanden. Baden gehörte zum guten Brauch im Alltag, und so erhielten die Handwerker kein Trinkgeld, sondern ein Badegeld für getane Dienste. In manchen Zünften bekamen die Handwerksgesellen am Samstag sogar früher frei, um in ein Bad zu gehen. Und reiche Mitbürger setzten immer wieder Stiftungen ein, sogenannte Seelbäder, um ärmeren Zeitgenossen den Besuch einer Badeanstalt zu ermöglichen. Natürlich brachte der Anblick so vieler leicht bekleideter Menschen einige Besucher auf dumme Gedanken. Die Männer trugen ja nur einen slipartigen Schurz als „Badehr", die Frauen eine Art Schürze, die um den Hals gebunden wurde, den Rücken aber frei ließ. Leicht bekleidet erschienen auch die jungen, feschen Bademägde zur Arbeit, die nur ein hauchdünnes Trägerkleidchen trugen. Wer mehr als harmlose Badefreuden suchte, fand in den Badestuben hin und wieder auch kleine Separees mit Betten darin, in die man sich mit einer Bademaid zurückziehen konnte. So rückten die Bader und ihr Personal in die Nähe von Zuhältern und Prostituierten, was sie jedoch beileibe nicht immer waren. Doch einige „schwarze Schafe" im Gewerbe genügten, um den Ruf der Branche zu ruinieren. Letzten Endes war es jedoch nicht der schlechte Ruf der Badestuben, die ihnen am Ende des Mittelalters den Garaus machten, sondern die Verbreitung der Syphilis und der eklatante Holzverbrauch der Einrichtungen. Eine große Reichsstadt wie Ulm, die um 1489 über 168 Bäder besaß, kam mit der Abholzung ihrer umliegenden Wälder gar nicht mehr hinterher und musste das teure Brennholz von weit her holen. Immer mehr Badestuben schlossen daher im Laufe des 16. Jahrhunderts.

Die Prostitution nahm man das ganze Mittelalter hindurch als ein zwar leidiges, aber doch notwendiges Übel hin. Gerade in den wachsenden Städten gab es zu viele Bevölkerungsgruppen, die aus finanziellen Gründen keinen eigenen Hausstand gründen konnten und daher auf außereheliche Beziehungen angewiesen waren. Die Knechte und Mägde, die unselbstständigen Handwerksgesellen, die Tagelöhner und Gelegenheitsarbeiter besaßen meist nicht die nötige wirtschaftliche Basis, um eine eigene Familie zu gründen. So blühte zu allen Zeiten und Orten die Prostitution, auch wenn die Stadtobrigkeit diese immer wieder zu reglementieren und kontrollieren suchte. Ein gewisses Dilemma blieb: Einerseits wurden die Dirnen aus dem öffentlichen Leben ausgegrenzt und durch das verpflichtende Tragen von

Kleidungsstücken in auffälligen Farben im Stadtbild kenntlich gemacht, andererseits erfüllten sie eine wichtige Funktion zum Schutz ehrbarer Bürgersfrauen und -töchter vor sexuellen Übergriffen durch ledige Männer. In dieser Hinsicht hatten die „Hübschlerinnen", „gemeinen Frauen" oder „freien Töchter", wie man die leichten Mädchen nannte, sogar eine gewisse Bedeutung für die Stadtgemeinde. Kein größeres Fest, kein Empfang, Reichstag oder Konzil verging, ohne dass nicht die Dirnen der Stadt ihren großen Auftritt hatten. Kaiser Sigismund wurde 1413 mit seinen Gästen im Frauenhaus von Bern auf Kosten des Rates freigehalten und rühmte noch Jahre später die Qualität des Etablissements in den höchsten Tönen. Auch in Ulm ließ er sich knapp zwanzig Jahre später zum Frauenhaus führen. Die Wiener „Hübschlerinnen" bekamen 1435 sogar ein gewisses Quantum Samt zugeteilt, um sich beim Empfang des Kaisers adrett gekleidet präsentieren zu können. König Albrecht II. hatte bei seinem Einzug in Wien 1438 ebenfalls keine Probleme, sich von einer Delegation Prostituierter begrüßen zu lassen. Der junge König Ladislaus zeigte gar ein besonderes Herz für die jungen Damen: Nicht nur, dass er sich von den leichten Mädchen 1452 festlich empfangen ließ, zwei Jahre später richtete er gar ein Rennen für Prostituierte aus, bei dem der Siegerin ein gutes Stück Barchent winkte. Zum Gaudium des Publikums mussten die Frauen dabei ihre Röcke hoch raffen, um schneller laufen zu können.

Bei großen Menschenansammlungen strömten regelmäßig auch fahrende Dirnen in die Städte. Während des Konzils von Konstanz (1414–18) zählte man einschließlich der eingesessenen Liebesdienerinnen insgesamt 1500 Prostituierte. Das Frauenhaus „Zum süßen Winkel" hatte Hochkonjunktur und kam mit der Bedienung der sexuellen Bedürfnisse der hochwohlgeborenen Konzilsteilnehmer gar nicht mehr nach, sodass man munkelte, selbst ehrbare Bürgerstöchter hätten sich bereit erklärt, eventuelle Marktlücken zu schließen. Während des Baseler Konzils (1431–49) stieg die Zahl der werktätigen „freien Töchter" des guten Geschäftes wegen nochmals, nämlich auf 1800! Selbst die geistlichen Herren hielten sich nicht zurück, auch sie hatten ganz gern ein Schäferstündchen. Ebenso vehement wie folgenlos forderte die Amtskirche die Einhaltung des Zölibats, doch bis zum Ende des Mittelalters hielten Kardinäle wie Bischöfe, Domherrn wie Landpfarrer hartnäckig an ihren geheimen Liebschaften fest – und das nicht nur zu Konzilszeiten. Gerade auf dem flachen Land lebten viele Pfarrer mehr oder weniger offen mit ihren Pfarrhaushälterinnen zusammen und hatten auch Kinder aus diesen Beziehungen. Die strengen Sittenwächter innerhalb der Kirche zeigten sich zwar entsetzt über die Zustände, doch fügte man sich letztlich in das Unvermeidbare. Gegen einen Dispens bei der Kurie, der mit Hilfe einer kräftigen „Handsalbe" zu erlangen war, stand den Pfarrerssöhnen sogar eine Karriere innerhalb der Kirche offen. Allein im Erzbistum Köln sind zwischen 1310 und 1352 gut sechzig Dispense für Priestersöhne überliefert. Unter Papst Innozenz IV. (1243–1254) wurde 24 unehelich geborenen Männern, darunter sechs Priestersöhnen und einem Bischofssohn, die Bischofsweihe gespendet. In manchen Weltgegenden wie in Spanien oder England verweigerte man dem Zölibat so sehr die Beachtung, dass die geistliche Versorgung in diesen Gebieten zusammengebrochen wäre, wenn man es gar so genau mit der Herkunft der Kandidaten genommen hätte. Und warum auch? Für die Forderung nach einer lebenslangen Enthaltsamkeit der Priester gab es keinen theologischen Rechtfertigungsgrund, und den Zölibatsbefürwortern stand eine ebenso große wie prominente Gruppe an Zölibatsgegnern gegenüber. Erst die Gegenreformation setzte hier neue moralische Wertmaßstäbe.

Neben den herausragenden Ereignissen wie Konzilien, Hof- und Reichstagen stand dem gemeinen Volk eine Reihe weiterer Festivitäten ins Haus, an denen es einmal so richtig über die Stränge schlagen konnte. Jahrmärkte, Heiligenfeste, Kirchweihfeiern, aber auch Hochzeiten oder Taufen boten genügend Anlass zum Feiern. Musiziert und getanzt, gegessen und getrunken wurde dabei besonders ausgiebig. Fahrende Musikanten und Spielleute boten ihre Dienste an, schlugen die Harfe, die Leier und die Laute, bliesen kräftig in Flöten, Schalmeien und Dudelsack, strichen die Fiedel und die Viola. Den Takt zum Tanz gaben Zimbeln und Tamburine. Gerne hüpfte die Landbevölkerung in lebhaften Reigentänzen, im gehobenen Bürgertum und im

Adel gab man sich gesetzter und bevorzugte mäßig geschrittene Reigen –, seit dem 13. Jahrhundert auch Paartänze. Diente den Bauern die Dorfwiese als Tanzboden, zogen sich die oberen Stände in abgeschlossene Festsäle oder eigene Tanzhallen zurück. Der Kölner Gürzenich, zwischen 1441 und 1447 erbaut, ist wohl das bekannteste Beispiel für ein repräsentatives städtisches Tanzhaus.

Handelte es sich um größere Feste, engagierte der Gastgeber zusätzlich zu den Musikanten auch noch Artisten, Gaukler, Bärenführer oder sonstige Attraktionen zur Unterhaltung seiner Gäste. Vor adligem Publikum sangen Troubadoure ihre neuesten Liebeslieder, bäuerlichen Zuschauern genügte schon ein fahrender Sänger mit einer schauerlichen Moritat. Man erfreute sich an Possenreißern, Jongleuren und Seiltänzern, bestaunte wunderliche Tiere oder monströse Missgeburten. 1482 sahen die Kölner zum ersten Mal in ihrem Leben einen Elefanten, „ein groß Tier, desgleichen nie in diesen Landen gesehen worden war", wie es in der zeitgenössischen Ankündigung hieß. Selbstverständlich kamen bei solchen Gelegenheiten die leiblichen Genüsse nicht zu kurz. Quer durch alle Stände war die Todsünde der Völlerei weit verbreitet. Selbst der ärmste Bauer holte aus Kammer und Scheune noch die letzten Vorräte hervor, um zu gebotenem Anlass ein üppiges Gelage zu geben. Essen und Trinken bedeutete Repräsentation, und jeder versuchte den anderen dabei zu übertreffen. So kam es nicht allzu selten vor, dass eine Hochzeitsfeier oder ein ganz „normales" Bauernfest in eine regelrechte Fressorgie ausartete. Selbst die Bewirtung eines einfachen Schöffengerichtes auf dem Land konnte schon ein siebengängiges Festmenü mit einer Vielzahl an Fisch- und Fleischsorten sowie Käse- und Erbsengerichten auslösen. Erst recht bogen sich die Tische bei besonderen Anlässen. So servierte der Rat der Stadt Weißenfels zur Einweihung der neuen Stadtkirche Bischof Benno von Seitz 1303 ein Elf-Gänge-Menü: Eiersuppe mit Safran, Schaffleisch mit Zwiebeln, Brathuhn mit Zwetschgen, Stockfisch mit Öl und Rosinen, Bleie in Öl, gesottenen Aal mit Pfeffer, geröstete Bücklinge, gebackene Barben, in Schmalz gebackene Vögel, Schweinekeulen mit Gurken und anderes mehr. Und auch der Nürnberger Bürger Gustav Scheuerl ließ sich nicht lumpen, als er zu Ehren

Philipp Melanchthons ein Festessen gab, und tischte Schweinekopf und Lendenbraten, Forellen und Äschen, Rebhühner, Kapaune und Hecht in Sülze, Wildschweinbraten und Käse auf. Dabei galt die Grundregel, je exotischer die Zusammenstellung, und, je kräftiger gewürzt die Speisen, umso mehr gereichten sie dem Gastgeber zu Ehre. So kam es zuweilen zu haarsträubenden Überwürzungen. Safran, Pfeffer, Ingwer, Zimt, Muskat und Gewürznelken schüttete man im Überfluss in die Speisen, um den Reichtum des Gastgebers standesgemäß zum Ausdruck zu bringen. Selbst Wein genoss man stark gewürzt. Gerne färbte man auch die Gerichte, um die Tafel besonders prunkvoll zu gestalten. Blautöne stammten dabei von den zerstoßenen Blüten der Kornblume, der Lilie oder des Veilchens, Grün gewann man aus Petersilie, Rot aus roten Rüben, die Gelbfärbung erzielte man durch Safran. Wenn zu den üppigen Speisen noch Ströme von Met, Most, Wein und Bier flossen, stand einer rauschenden Party nichts mehr im Wege. Als Herzog Georg der Reiche aus dem Landshuter Zweig der Wittelsbacher 1475 die polnische Königstocher Hedwig heiratete, gab er in seiner Residenzstadt ein acht Tage währendes Fest für geladene Gäste und das gesamte Volk. Dabei verzehrte man 320 Ochsen, 1750 Schafe, 1520 Lämmer, 500 Kälber und 40.000 Hühner!

Zu einem Fest putzte man sich selbstverständlich vorteilhaft heraus, und so entstand gerade im Spätmittelalter ein ausgesprochenes Modebewusstsein. Bis zum 12. Jahrhundert genügte den Menschen einfach geschnittene Kleidung: bei den Männern ein leinener, etwa bis zu den Knien reichender Leibrock und dazu eine Hose, bei den Frauen ein knöchellanger Rock und ein darübergeworfenes Oberkleid. Da Wollstoffe in Naturfarben bevorzugt wurden, besaß die Kleidung eine dunkle, freudlose Farbgebung. Doch schon im Hochmittelalter begann sich das Modebewusstsein allmählich zu entwickeln. Die Dame von Stand bevorzugte nun kostbare, aus Byzanz oder Oberitalien stammende Stoffe und engere Schnitte. Für ihr Unterkleid genügte ihr nur noch feinstes Leinen, darüber warf sie ein prächtiges Oberkleid und heftete als modisches Accessoire lange, fast bis zum Boden reichende Prunkärmel an. Mit diesen abnehmbaren Ärmeln wurde besonderer Luxus getrieben, sie bestanden meist aus Brokat oder Seide und konnten je nach Anlass entsprechend gewechselt werden. Ging es ganz festlich zu, trugen die Frauen zusätzlich noch eine Schleppe, aufwändige Gürtel und Schmuckstücke. „Die Damen ziehen ihre Schleppen mehr als eine Elle hinter sich her", ereiferte sich ein zeitgenössischer Moralapostel, „ und sündigen damit ganz wunderbar, wie sie mit schwerem Geld sie erkaufen, Christus in den Armen berauben, Flöhe sammeln, in der Kirche die Andächtigen im Gebet stören, den Staub aufwirbeln, die Kirche dadurch verdüstern, die Altäre gleichsam beräuchern (…) und auf eben diesen Schleppen den Teufel tragen und fahren".

Doch die Standpauke nutzte nichts. Es kam sogar noch schlimmer, denn die Herren der Schöpfung zogen im modischen Outfit bald hinterher. Sie schlüpften nun in ein äußerst knappes Höschen, einem Tanga-Slip nicht unähnlich, das man „Bruoch" nannte. Daran befestigten sie mit Hilfe langer Schnüre zwei eng anliegende Strümpfe, deren Sohlen mit Leder verstärkt waren und somit gleichsam als Schuhe dienten. Im Spätmittelalter fielen die Modetrends dann immer verrückter aus und wechselten auch viel rascher. Vor allem aus Frankreich kam der letzte Chic. Die Männer verkürzten ihre Mäntel, sodass die Beine ungeniert zur Schau gestellt wurden. Die Manneszier betonte nun ein auffälliger „Hosenbeutel", wattierte Wämser und Brustlätze ergänzten das Outfit. Wer besonders punkten wollte, zeigte sich in buntscheckigen, karierten oder gestreiften Stoffen, trug Ärmel und Mantelränder gezackt und schlüpfte in überlange Schnabelschuhe, die manchmal so lang waren, dass ihre Spitzen mit Baumwolle ausgestopft und an den Knien hochgebunden werden mussten. Ganz offensichtlich hatte die Menschen die Putzsucht ergriffen. In der Frauenmode rutschten die Dekolletés immer tiefer, sodass die Brüste kaum noch bedeckt waren, und die enger werdenden Kleider betonten die Körperformen stärker als je zuvor. Fantasievoll fielen auch die Kopfbedeckungen aus, die sich die Damenwelt aufs Haupt stülpte. Als besonders modisch galt der Hennin, ein bis zu einem Meter hoher kegelförmiger Hut, von dessen Spitze noch ein Schleier herabhing. Aber auch Hörnerhauben standen hoch im Kurs – sie waren die allerdings so breit, dass die Trägerinnen nur noch quer durch die Tür kamen. Der Aufputz mochte unbequem sein, doch er bewies auch einen neuen Umgang mit der eigenen Körperlichkeit. Frauen und Männer zeigten, was sie hatten, warben mit modischen Auffälligkeiten um die Gunst des anderen Geschlechts und wussten um ihre eigenen Vorzüge. Bis zur Entdeckung des Körpers durch die Renaissance war es nicht mehr weit.

Der Begriff „Freizeit" war zwar im Mittelalter unbekannt, doch konnten die Menschen, wenn sie einmal ohne Arbeit waren, auf eine Reihe von müßigen Beschäftigungen zurückgreifen. Gerne spielte man in Stadt und Land ein Brett- oder Würfelspiel. Kegeln ging man bereits im 12. Jahrhundert. Eine Xantener Handschrift von 1265 belegt, dass zu diesem Zeitpunkt bereits eine Kegelbruderschaft existierte, in die man gegen eine geringe Aufnahmegebühr eintreten konnte. Die Kegelbahn lag unmittelbar neben dem Dom. Zunächst wurde offenbar mit nur einem, später dann mit elf Kegeln gespielt. Wie bei sehr vielen Spielen ging es auch hier überwiegend ums Geld. Mancher Kegelbruder verlor dabei Haus und Hof, sodass die Obrigkeit das Kegeln wie auch andere Arten des Glücksspiels immer wieder verbot. König Richard II. untersagte das Kegeln 1388 für sein Königreich England, und auch in Frankreich traf das Volksvergnügen immer wieder das Verdikt. In Braunschweig war „Räubern und Keglern" nur die Durchreise gestattet. Auch bei diversen Würfelspielen trieb mancher Spielwütiger seine Familie in den Ruin. Es kam daher häufig zu Prügeleien und Messerstechereien. Etwas zivilisierter ging es bei den Brettspielen zu. Das Mittelalter kannte bereits viele der bis heute gängigen Brettspiele wie Dame, Mühle, Backgammon und das königliche Schach. Gerade Schach galt als ein würdiger Zeitvertreib für den Adel, stärkte es doch angeblich das strategische Denken des Spielers. Die Spielfiguren Bauer, Läufer, König und Dame bildeten überdies die zeitgenössische Gesellschaftsordnung ab. So erschien in einer Schrift von 1115 das Schachspiel als eine der sieben Grundfähigkeiten des Ritters. Die Schachfiguren und -bretter wurden häufig aus wertvollen Materialien wie Bergkristall, Walrosszahn, Elfenbein, Hirschgeweih oder Glas hergestellt und galten als künstlerisch sehr wertvoll. Seit der Mitte des 14. Jahrhunderts verbreiteten sich Kartenspiele vom Orient her in ganz Europa. Holz- und Kupferstich, später auch der Buchdruck sorgten für die rasche Popularisierung der Kartenspiele. In Wirtshäusern und Dorfschenken klopfte man künftig kräftig Tarock und blätterte die Trümpfe auf den Tisch. Dabei konnte man sich über einen sozialkritischen Aspekt ganz besonders freuen, denn bei dem beliebten Kartenspiel „Karnöffel", das seit 1426 belegt ist, stachen die Unter die Ober. Welches Gelächter brach am Stammtisch aus, wenn die Trumpfsieben in Teufelsgestalt die Sechser-Karte mit dem Abbild des Papstes aus dem Rennen stach, und welches Gejohle folgte, wenn die Zwei noch den Kaiser übertrumpfte, der in diesem Spiel der geringste Trumpf war, während der namensgebende Karnöffel, der grobe Landsknecht, den höchsten Wert besaß.

Sobald es das Wetter zuließ, strömten die Menschen ins Freie, um sich dort zu vergnügen. Der Augenzeuge Bracciolini wusste auch darüber Einiges zu berichten: „Hinter dem Dorfe, nahe am Fluss, liegt eine grüne, von vielen Bäumen beschattete Wiese. Hier kommen nach dem Essen alle zusammen und belustigen sich mit mancherlei Zeitvertreib. Einige tanzen, die anderen singen, die meisten spielen Ball. Dies geschieht nicht auf unsere Weise, sondern Männer und Weiber werfen sich, jeder der Person, die er am liebsten hat, einen Ball voller Schellen zu. Alles läuft ihn zu haschen; wer ihn fängt, hat gewonnen, und wirft ihn wieder der Geliebten zu." Ballspiele waren beliebt, doch über die einfache Form des Zuwerfens hinaus gab es schon kompliziertere Arten, wie das in nordfranzösischen Klöstern gern gespielte Jeu de paume, den Vorläufer des Tennis. Offenbar hatten die Mönche einen besonderen Bewegungsdrang, den sie in den Kreuzgängen ihrer Klöster auslebten. Sie benutzten dazu einen aus Rosshaar, Werg oder Wolle hart gestopften Ball, den sie auf das zum Innenhof hin geneigte Dach des Kreuzganges warfen, von wo er ins Feld zurücksprang und von einem Spieler mit der flachen Hand wieder zurückgeschlagen werden musste. Da man mit Handschuhen oder ledernen Manschetten schlug, trug das Spiel den Namen „jeu de paume", „Spiel mit der flachen Hand". Erst Ende des 15. Jahrhunderts kamen saitenbespannte Schläger auf. Das Match im Klosterhof blieb freilich nicht lange geheim und fand bald Anklang in weltlichen Kreisen. Bereits 1451 wetterte der Bischof von Exeter gegen ein auf dem Friedhof der Stiftskirche von Sankt Marien stattfindendes Tennisturnier, an dem auch Laien beteiligt waren. Entsetzt drohte der sittenstrenge Mann Klerikern und Laien mit der Exkommunikation, falls das würdelose Treiben auf dem Friedhof nicht sofort aufhörte. Dem frommen Bischof waren gar schon mehrere Fälle von Vandalismus zu Ohren gekommen, da die Spieler über ein angrenzendes Holzdach spielten und alles aus dem Wege räumten, was ihnen nicht passte – von den Flüchen, Verwünschungen und Raufereien während des Spiels ganz zu schweigen! Das konnte den Siegeszug des Ballspiels jedoch keineswegs aufhalten. Bereits zu Beginn des 14. Jahrhunderts erschien es im Adel weit verbreitet. Auf Burghöfen und Marktplätzen sah man die vornehmen Ritter allenthalben fröhlich einem Ball hinterherhopsen, das Schrägdach baute man entweder künstlich auf oder ersetzte es durch einen umgestülpten Waschzuber oder ein Getreidesieb, bis man endlich im 16. Jahrhundert auf die Idee kam, eine gespannte Schnur oder ein Netz zu verwenden. In eigens dafür errichteten Ballhäusern frönte der Hochadel fortan seiner neuen Leidenschaft. Der englische König Heinrich VII. (geb. 1457) war ein leidenschaftlicher Spieler, der für teures Geld Stunden bei einem professionellen Tennislehrer nahm. Auf Schloss Windsor bat er einmal den jungen Philipp den Schönen (geb. 1478), der zur Krönungsfahrt nach Spanien unterwegs war, zu einem Match. Über den Ausgang des Turniers schweigen die Chroniken allerdings höflich. Seine Spielsucht bekam dem Habsburger Philipp gar nicht gut. Nach einem Tennisturnier, bei dem er sich völlig verausgabt hatte, starb er nach einer heftigen Fieberattacke 1506 in Spanien. Man sieht: Der Sport hatte die Menschen bereits fest im Griff.

In den mittelalterlichen Klöstern herrschten skandalöse Missstände

Peinlich betroffen nahmen die Bürger des umbrischen Bergstädtchens Assisi im Jahr 1206 einen handfesten Familienzwist auf offener Straße wahr: Der wohlhabende Tuchhändler Pietro Bernardone stellte in aller Öffentlichkeit seinen Sohn Giovanni, genannt Francesco, wegen seines unsoliden Lebenswandels zur Rede. Bettelnd trieb sich der Familienerbe seit einiger Zeit auf der Straße herum, verschenkte Hab und Gut seines Vaters an Arme und baute verfallene Kirchlein im Walde wieder auf. Der Vater forderte endlich Rechenschaft – entweder die Familie oder weiterhin diese Spinnerei! Doch für Francesco war die Antwort klar. Er riss sich die Kleider vom Leib, schleuderte sie seinem Vater vor die Füße und lebte fortan in tiefster Armut und Demut.

Sein Beispiel machte Schule. Franz von Assisi, den die Kirche nur zwei Jahre nach seinem Tod 1226 in den Kreis der Heiligen aufnahm, scharte schon zu Lebzeiten eine große Anhängerschaft um sich. Bettelarm und den Menschen zugewandt, begründete er eine neue Form des religiösen Lebens, das den urbanen Strukturen des Hochmittelalters entgegenkam. Der Franziskanerorden wandte sich der Predigt und der Seelsorge in den Städten zu, dort, wo die Schere zwischen Arm und Reich immer weiter auseinanderging, wo soziale Spannungen und Not sich mehrten. Schon bald verließ die Bewegung die sanften Hügel Umbriens und breitete sich über ganz Europa aus. Im Jahr 1282 zählte der Orden bereits knapp 1600 Niederlassungen. Und nicht nur Männer machten sich auf den Weg hinaus in die Welt, auch

Frauen schlossen sich nach dem Vorbild der jungen Stadtadligen Klara di Favarone, der Weggefährtin des Franziskus und Begründerin des Klarissenordens, der Armutsbewegung an. Wortgewaltige Prediger und scharfe Denker wie Bonaventura, Duns Scotus, Wilhelm von Ockham, Berthold von Regensburg oder David von Augsburg gingen aus den Reihen der Franziskaner hervor und bestimmten die theologischen Debatten ihrer Zeit mit. Die Saat aus Assisi trug reiche Frucht.

Die Erfahrung des düpierten Kaufmanns Pietro Bernardone machten damals viele Väter, die ihre Söhne und Töchter plötzlich hinter die Mauern eines Klosters verschwinden sahen. Die erst 18-jährige Klara von Assisi etwa verschwand am Palmsonntag des Jahres 1211 in einer gewagten Nacht-und-Nebel-Aktion aus dem Haus ihres Vaters, um sich den Bettelmönchen anzuschließen. Große religiöse Unruhe ergriff nicht nur das 13. Jahrhundert. Das ganze Mittelalter hindurch suchten Menschen nach dem adäquaten Weg der Christusnachfolge. Entgegen den Darstellungen der Reformationszeit, in der der dicke, gefräßige Mönch und die lüsterne Nonne zur Zielscheibe der Kritik avancierten, lebten in den Klosterzellen viele aufrichtige Gläubige, die aus Überzeugung der Welt entsagten. Seit den Tagen des Benedikt von Nursia, der im 6. Jahrhundert auf dem Montecassino südlich von Rom das Urbild aller abendländischen Klöster begründet hatte, gab es einen überzeugenden Gegenentwurf zum weltlichen Leben in der Ständegesellschaft. Benedikts Ordensregel ermöglichte Menschen, die sich ganz dem Dienst an Gott widmen wollten, ein Dasein fernab der sündhaften Welt, aber doch in fester Gemeinschaft. Stilles Gebet und überlebensnotwendige Handarbeit sollten sich in ausgewogenem Verhältnis begegnen. „Ora et labora", „bete und arbeite", hieß Benedikts goldene Regel. Bestimmten Reichtum, Macht und Ehre draußen in der Welt die Handlungsspielräume des Einzelnen, so strebte der Klosterinsasse in Gebet und Meditation nach persönlicher Vollkommenheit. Jeder Novize legte vor seinem Eintritt in das Kloster die Gelübde der Armut, der Keuschheit und des Gehorsams ab, um sich von weltlichen Einflüssen völlig frei zu machen. Ein strenger Tagesablauf mit Gebetszeiten am Tage und in der Nacht, eine von Fastengeboten geprägte Ernährung, der Verzicht auf überflüssige Gespräche und harte körperliche Arbeit dienten der Überwindung aller menschlichen Gelüste und Begierden. Selbst den eigenen Willen hatte der Mönch rigoros seinem Abt zu unterstellen. Trotz der Strenge der Regel übte das Klosterleben große Anziehungskraft auf weite Bevölkerungskreise aus. Arme und Reiche, Bauern und Adlige, Männer und Frauen strömten den Klöstern zu. Im Karolingerreich schossen die Klöster nur so aus dem Boden. Bedeutende Abteien wie Fulda und Lorsch in Hessen, St. Gallen in der Schweiz, Corvey in Westfalen, Kremsmünster in Österreich oder Tegernsee in Bayern nahmen damals ihren Anfang. Die Benedikt-Regel wurde dabei für das ganze fränkische Reich als verbindlich erklärt. Und auch die Frauen schlossen sich der Bewegung an, hatte doch schon Scholastika, die Schwester Benedikts von Nursia, eine Gemeinschaft frommer Frauen um sich geschart.

Den hehren Absichten der Aussteiger und Aussteigerinnen vor dem Herrn mischten sich jedoch bald andere, höchst weltliche Intentionen von außen bei. Die Mönche und Nonnen waren schließlich keine Eremiten in menschenfreien Wüsten, sondern eingebunden in ihre Umgebung und bei der Gründung eines Klosters auf das Wohlwollen der weltlichen Machthaber angewiesen. Grund und Boden mussten gestiftet, Baumaterial und liturgisches Gerät zur Verfügung gestellt werden. Der fränkische Adel und das Herrscherhaus der Karolinger förderten die Klostergründungen in ihrem Reich nach Kräften – nicht nur des eigenen Seelenheils und des Gebets der Mönche und Nonnen für die Toten der Familie wegen, sondern auch, weil sie die Klöster als politische und wirtschaftliche Zentren zu nutzen gedachten. Die gelehrten Mönche beherrschten das Lesen und Schreiben, verstanden Latein und verfügten über ein solides Grundwissen, das sie zu Verwaltungsarbeiten im Dienste der weltlichen Macht geradezu prädestinierte. Hochgebildete Mönche und Äbte stiegen zu Beratern an den Fürstenhöfen Europas auf, an ihren Klosterschulen bildeten sie den Nachwuchs für die königlichen Kanzleien aus. Gleichzeitig verwalteten sie als Grundherren das klostereigene Land, erwirtschafteten beachtliche landwirtschaftliche Erträge und erschlossen in unbewohnten Gebieten Neuland. Die auf Autarkie ausgerichteten Klöster wirkten so als Inseln der Gelehrsamkeit und als blühende Wirtschaftszentren in ihrer Umgebung. Damit aber war eine Konstellation entstanden, die den Klöstern das ganze Mittelalter hindurch schwer zu schaffen machte. Die Welt mit all ihren Belangen rückte gefährlich nahe an die Klostermauern heran. Die politischen Aufgaben, die Geschäfte der Diplomatie und der Machtausübung widersprachen eigentlich dem Geist der Enthaltsamkeit von allen irdischen Dingen und schienen zuweilen regelrecht überhandzunehmen. Und konnte die Machtposition mancher Klöster mit ihren riesigen Ländereien, ihrer Herrschaft über Land und Leute überhaupt noch mit dem Geist des Evangeliums in Einklang gebracht werden?

Bewundernswerter Weise entfaltete das Klosterwesen im Abendland über Jahrhunderte eine große Reformbereitschaft. Immer wieder standen eiserne Männer auf, die die Freiheit der Klöster von jeglichem weltlichen Einfluss und die Rückbesinnung auf die alten benediktinischen Ideale forderten. Die Verquickung mit der Politik hatte es mit sich gebracht, dass die alte Benediktinerregel nicht immer streng eingehalten werden konnte. Da waren gefragte Mönche während der gemeinsamen Gebetszeiten im „Außendienst" unterwegs, da wurden Gäste bewirtet und dabei die Fasten- und Speisegewohnheiten nicht eingehalten, oder es wurde im Kreuzgang über allzu viel Weltliches geschwatzt. Das bedeutete aber nicht, dass in den Klosterzellen flächendeckend das lockere Leben ausgebrochen wäre. In der Abgeschiedenheit ihrer Klausur lebten die meisten Mönche und Nonnen nach wie vor ein frommes Leben, von kleineren Verfehlungen wie dem Einnicken bei Gottesdiensten oder dem beherzten Zugreifen an der Tafel einmal abgesehen. Trotzdem begann sich eine immer breitere Opposition gegen die Zustände zu wehren. Die Welt sollte vor der Klosterpforte gefälligst Halt machen. Die Forderung nach einer Erneuerung des monastischen Lebens bezog sich jedoch unter dem Einfluss des beginnenden Investiturstreits in erster Linie auf die Zurückdrängung des politisch-öffentlichen Aufgabenbereiches der Klöster. Auch sollten die Abts- und Äbtissinnenstühle nicht nach dynastischen oder politischen Gesichtspunkten besetzt werden, sodass ungeeignete Kandidaten in die Führungsämter eines Klosters aufstiegen. Im 10. Jahrhundert ging vom burgundischen Kloster Cluny und vom lothringischen Kloster Gorze eine breite Erneuerungsbewegung aus, die eine strengere Askese anstrebte, Gebet, Liturgie und Gottesdienst wieder in den Mittelpunkt des Klosteralltags stellte und jede Einflussnahme von außen ablehnte. So wurde das Kloster Cluny bei seiner Gründung direkt dem Heiligen Stuhl in Rom unterstellt, um weltliche wie bischöfliche Zwischengewalten von vornherein auszuschalten und dem Kloster die freie Abtwahl zu gewähren. Die rigorose Konzentration auf das Gotteslob und das Totengedenken bescherten Cluny eine überragende Anziehungskraft. „Was soll ich sagen von der strengen Abtötung der Sinne, von der Disziplin im Einhalten der Regel, von der Ehrfurcht vor dem Kloster und vom Stillschweigen?", schrieb der italienische Bischof und Kirchenreformer Petrus Damiani bewundernd um 1063. „Außer im Notfall wagt es niemand, zur Zeit des Studiums, der Arbeit oder der geistlichen Lesung im Kreuzgang umherzugehen oder zu reden." Trotz strapaziöser stundenlanger Chorgebete und liturgischer Feierlichkeiten, die den Mönchen kaum eine halbe Stunde Freizeit ließen, musste sich der Orden nicht um Nachwuchs sorgen. Gerade seine Strenge führte ihm Novizen in großer Zahl zu. Zu seiner Blütezeit bestand der Konvent aus etwa 400 Personen. Die nach 42-jähriger Bauzeit im 12. Jahrhundert fertig gestellte dritte Klosterkirche nahm riesige Dimensionen an. Das fünfschiffige Langhaus war 187 Meter lang und damit noch fünfzig Meter länger als der Speyrer Dom. Zwei Querhäuser mit zehn Apsiden und ein Chor mit fünf Kapellen ergänzten den Monumentalbau, der lange Zeit der größte Kirchenbau des Abendlandes war. Über die Bildung eines ausgedehnten Klosterverbandes verbreitete sich die kluniazensische Reform in ganz Europa. In Deutschland wurde das Schwarzwaldkloster Hirsau zu einem bedeutenden Reformzentrum.

Doch auch Cluny mit seiner baulichen und liturgischen Prachtentfaltung, seinem Einfluss am französischen Königshof und seiner Dominanz über andere Klöster erntete Kritik. Einer der größten Kritiker des „Systems Cluny" klopfte 1112 an die Pforten eines in der Wildnis von Citeaux in Burgund gelegenen Klosters, das sich vorgenommen hatte, in der Einsamkeit die alten benediktinischen Wurzeln wieder lebendig zu machen. Der junge Adlige Bernhard von Fontaines nahm gleich dreißig Verwandte und Freunde bei seinem Eintritt mit ins Kloster. Damit begann der Aufstieg des neuen Ordens der Zisterzienser, der für sich in Anspruch nahm, die Regel des Benedikt getreulicher zu beachten als das Vorbild Cluny, dem man vorwarf, bei allem Gebetsgerassel den rechten Sinn für das fromme Werk verloren zu haben, zu wenig Handarbeit zu betreiben und an den üppig berechneten Heiligenfesten die Klostertafel mit Fleischgerichten zu überladen.

Bernhard (geb. 1090), der als Abt von Clairvaux Berühmtheit erlangte, war ein ebenso wortgewaltiger wie einflussreicher und überzeugender Mann. Rigoros belebte er die alten Ideale Benedikt von Nursias wieder, verbannte Fleisch, Fisch und Eier von den Tischen, brachte Gebet und körperliche Arbeit ins Gleichgewicht und empfahl zur besseren Einkehr und Besinnung die Klosteranlagen in bewusst abgeschiedenen Einöden und Tälern zu errichten. Nur so, glaubte er, könne er die Klostergemeinschaften vor dem schädlichen Einfluss der Welt bewahren. Bernhard machte seinen Novizen keine Hoffnungen auf ein bequemes Leben: „Unser Orden bedeutet Entsagung, Demut, freiwillige Armut, Gehorsam, Friede und Freude im Heiligen Geist. Unser Orden heißt, sich einem Meister zu unterwerfen, einem Abt, einer Regel, einer Disziplin zu gehorchen. Unser Orden verlangt Schweigen, Fasten und Wachen. Unser Orden ist schließlich Übung des Gebets und der Hände Arbeit", schrieb er. Doch das wirkte nicht abschreckend. Fast explosionsartig verbreitete sich der junge Orden über Europa, überall fanden sich junge Männer und Frauen bereit, an den entlegensten Winkeln des Landes Rodungs- und Kulturarbeit zu leisten. Fleißige Hände legten Sümpfe trocken, schufen aus Wald fruchtbares Ackerland, bewirtschafteten Fischteiche und Mühlen. Allein die Abtei Clairvaux gründete bis 1155 69 Tochterklöster, die ihrerseits weitere 75 Filialen begründeten. Auf dem Höhepunkt der Bewegung dürfte es etwa 2000 Zisterzienserklöster im Abendland gegeben haben, darunter auch viele Frauenklöster. Ohne die religiöse Begeisterung weiter Teile der Gesellschaft wäre dieser Aufbruch nicht möglich gewesen. Die Pionierarbeit der Zisterzienser ist dabei gar nicht hoch genug einzuschätzen. Ihre agrarischen Musterbetriebe brachten auch abgelegene Regionen zum Blühen, und viele adlige Grundbesitzer holten sie ganz bewusst ins Land, um die Wirtschaftskraft ihrer Herrschaftsgebiete zu heben. Die tatkräftigen Mönche im weißen Habit holte die irdische Welt, der sie entflohen waren, recht bald wieder ein. Nicht nur, dass Bernhard von Clairvaux sich als Berater von Königen und Päpsten und als Kreuzzugsprediger allzu sehr in die Politik verstrickte, auch seine Mitbrüder mussten mehr und mehr weltlichen Zwängen gehorchen. Als Eigentümer riesiger Ländereien beherrschten sie die bäuerliche Bevölkerung, machten ihr auch noch Konkurrenz durch die eigene erfolgreiche landwirtschaftliche Produktion und beschäftigten in zunehmendem Maße für die handwerklichen Tätigkeiten Laienbrüder, sogenannte Konversen, die weniger Rechte als die Vollmönche besaßen und in eigenen Gebäuden innerhalb des Klosterareals wohnten.

Aus der Traum vom Leben in der Einsamkeit – so könnte man meinen. Doch weit gefehlt. Die religiöse Unruhe der Epoche fand Ausdruck in einer steigenden Zahl neuer Ordensgründungen. Leidenschaftlich und mit großer Inbrunst wurde die Suche nach einem apostolischen Leben vorangetrieben. Eingefleischte Asketen flohen die Welt völlig. So zog sich Romuald von Ravenna (geb. um 952), aus einem Grafengeschlecht stammend, in die Einsamkeit von Camaldoli im toskanischen Apennin zurück und begründete dort mit einigen Weggefährten den Kamaldulenserorden, eine Mischung aus Mönchs- und Eremitengemeinschaft. Der toskanische Edelmann Johannes Gualbertus (geb. um 1000) suchte in der Einöde von Vallombrosa bei Florenz sein Heil und verlangte von seinen Brüdern im Geiste, den Vallombrosanern, härteste Askese nach Art der Eremiten. Am bekanntesten wurde der von Bruno von Köln (geb. um 1030) in der Bergwildnis der Chartreuse bei Grenoble mit sechs Gefährten begründete Kartäuserorden. Die Kartäusermönche lebten in strenger Abgeschiedenheit in eigenen kleinen Häuschen mit Garten, die an den großen Kreuzgang grenzten. Nur zu den gemeinsamen Stundengebeten und den Gottesdiensten kamen sie in der Kirche zusammen. Gemeinsame Mahlzeiten waren nur an Sonn- und Feiertagen vorgesehen, unter der Woche empfing der Mönch seine kargen Speisen über eine Durchreiche in der Zellentür. Strenges Schweigen prägte das Leben in den Kartausen, das nur zu wenigen Gelegenheiten wie den gemeinsamen Spaziergängen etwas gelockert wurde. Im Volk genossen die schweigsamen Mönche hohes Ansehen. Oft schlich die Bevölkerung der Umgebung zu den abgelegenen Eremitensiedlungen und brachte ihnen Gaben. Manche entschlossen sich sogar, selbst dem Orden beizutreten. Bis 1200 entstanden 37 Kartausen, darunter auch zwei Nonnenklöster. Erst im Spätmittelalter fanden Kartäuser ihren Weg in die Städte, wie dies in Köln, Mainz, Würzburg und Nürnberg der Fall war. Ihre Öffnung für die spätmittelalterliche Mystik und den Humanismus brachte eine Reihe bedeutender Theologen und Künstler hervor.

Die überaus strenge Askese, die sich die Eremitenorden auferlegten, mochte ihnen nach außen Ansehen und Glaubwürdigkeit bescheren, aber war sie eine Antwort auf die Bedürfnisse der Zeit? Weltflucht und völlige Weltentsagung ließen das gemeine Volk mit seinen Problemen allein. Und so gab es im 13. Jahrhundert wiederum eine breite monastische Bewegung, die die christliche Botschaft in die Städte zu den einzelnen Menschen trug. Die Bettelorden, zu denen neben den Franziskanern die Dominikaner, Karmeliten und Augustinereremiten zählten, entschieden sich bewusst für eine Seelsorge- und Predigttätigkeit in den Städten und hofften mit einem vorbildhaften, von Armut und Anspruchslosigkeit geprägten Leben ein überzeugendes Vorbild abzugeben. Franz von Assisi nahm das Armutsgebot sehr ernst und legte es eng aus: Keiner seiner Brüder sollte persönlich etwas besitzen, niemand durfte Geld annehmen, aber auch der Orden selbst hatte arm zu bleiben, sollte weder Liegenschaften noch Immobilien besitzen. Die Franziskanergemeinschaft lebte in ihrer Anfangsphase ausschließlich von Spenden, die gelegentlich auch durch Bettelei erworben wurden. Franziskus selbst machte es vor: Barfuß und predigend zog er mit seinen Gefährten von Stadt zu Stadt, in die grobe braune Kapuzenkutte gehüllt, nur von der Barmherzigkeit seiner Mitmenschen lebend. Bis nach Ägypten führte ihn sein Wanderleben. In seinen letzten Lebensjahren zog er sich in die Einsamkeit zurück und starb 1226 vor den Toren Assisis. Die Organisation des Ordens, der rasch wuchs, übernahmen seine Nachfolger, die angesichts des großen Zustroms an Bewerbern die ursprünglich streng eingeforderte Armutsforderung lockern mussten. Auch die Franziskaner brauchten feste Häuser als Unterkünfte, eine geordnete Ausbildung für die Predigttätigkeit und eine hierarchisch gegliederte Ordensstruktur für ihre sich über ganz Europa ausbreitenden Klöster. Wie die Franziskaner setzten auch die Dominikaner, der zweite große Bettelorden des Mittelalters, ganz auf die Macht der Predigt. Diese Gemeinschaft wurde vom Spanier Domingo de Guzman (geb. 1170) zur Bekehrung südfranzösischer Ketzer gegründet und wollte durch Glaubwürdigkeit der Lebensführung und durch schlüssige Argumentation überzeugen. Offensichtlich gelang dies auch. Denn der Orden breitete sich ebenso rasch aus wie die Franziskaner. Die Bettelorden besaßen beträchtlichen Zulauf besonders in den Städten, wo die religiöse und soziale Unruhe groß war. Die Bevölkerung fühlte sich in ihren Nöten und Sorgen von den Bettelmönchen angenommen und strömte zuhauf in die neuen, schlichten Hallenkirchen, um einen der gelehrten Fratres predigen zu hören.

Die Armutsbewegung schlug die Laienwelt in ungeahntem Ausmaß in ihren Bann. Gerade in den Städten war eine individuelle, innerliche Frömmigkeit gewachsen, die nach neuen Formen der Entfaltung suchte. Besonders Frauen strebten nach einer stärkeren Teilnahme am religiösen Leben. So bildeten die Bettelorden bald weibliche Zweige und ermöglichten in der Form der Dritten Orden den Laien neue Betätigungsfelder. Die sogenannten Dritten Orden richteten sich an engagierte Laien, die ihre berufliche Stellung oder eheliche Bindung behalten, und trotzdem in einer losen Gemeinschaft ein frommes Leben führen wollten. Viele Frauen, die das Ablegen der Ordensgelübde scheuten, wählten diesen Weg, um ein frommes Leben mit karitativen Werken zu führen. Mit welch großem Enthusiasmus Frauen sich alternativen Lebensformen zuwandten, beweisen die vielen Mystikerinnen des 12./13. Jahrhunderts, die nach ganz individueller Gotteserfahrung strebten, und in Texten und Schriften darüber berichteten. Gänzlich ohne Regel lebten dagegen die Beginen, die sich seit dem 13. Jahrhundert ausgehend von niederländischen Städten in Europa verbreiteten. Die Beginen waren Frauen, die sich unter einem Dach in einer Gemeinschaft zusammenfanden, in freiwilliger Armut und Keuschheit lebten, doch ansonsten ein sehr selbstbestimmtes Leben führten und die Gemeinschaft jederzeit verlassen konnten. Sie übten karitative oder handwerkliche Tätigkeiten aus, gerieten aber wegen ihrer Regellosigkeit in den Verdacht der Ketzerei und wurden zeitweise von der Kirche verboten. Wie radikal die Entscheidung junger Frauen zugunsten eines frommen Lebens ausfallen konnte, zeigt die Biografie der ungarischen Königstochter und thüringischen Landgräfin Elisabeth (geb. 1207). Obwohl sie in einer Atmosphäre des Prunks und der kulturellen Lustbarkeiten am thüringischen Hof aufwuchs, hegte sie starke religiöse Gefühle, die sie jedoch zu Gunsten ihrer Ehe mit Landgraf Ludwig IV. zurückstellen musste. Ihre Buß- und Fastenübungen und ihr Einsatz für Arme und Kranke kamen in der höfischen Gesellschaft der Wartburg überhaupt nicht gut an. Nach dem Kreuzzugstod ihres Gatten 1227 entschloss sie sich, endgültig ihren eigenen Weg zu gehen. Sie verließ die Wartburg, gab ihre Kinder in die Obhut von Pflegern und trat in den Dritten Orden der Franziskaner ein. Nach langem Rechtsstreit erkämpfte sie sich die Herausgabe ihres Erbes und gründete auf ihren Besitzungen in Marburg ein Hospital, in dem sie hingebungsvoll Kranke und Arme pflegte. Mit sich und der Welt im Reinen starb sie 24-jährig am 17. November 1231.

Trotz des vorbildhaften Einsatzes vieler Mönche und Nonnen über Jahrhunderte gerieten die Klöster im Spätmittelalter zunehmend in die Kritik. Die allgemeinen Zerfallserscheinungen der Kirche, die mit der Verlegung des Papstsitzes von Rom nach Avignon 1309 und dem Ausbruch des großen Schismas 1378 zusammenhingen, färbten auch auf die öffentliche Meinung gegenüber den Klöstern ab. Der Ausbruch der großen Pestepidemien und des Hundertjährigen Krieges 1339 verschlechterten die Rahmenbedingungen für ein ruhiges Leben hinter Klostermauern zusätzlich. Wieder einmal brandete die Welt mit Wucht an die Klosterpforten. In einigen Fällen mag das dazu geführt haben, dass sich die Disziplin in den Konventen lockerte. Vor allem die Gepflogenheit, Jungen und Mädchen möglichst früh zur Erziehung in die Klöster zu geben, wirkte sich nachteilig aus. Denn damit trat die bewusste Willensentscheidung des angehenden Klosterinsassen in den Hintergrund. Vor allem bei Frauen spielten Versorgungsgedanken eine stärkere Rolle. Ganz gerne steckten adlige oder bürgerliche Familien ihre „überzähligen" Töchter ins Kloster, um sich die Mitgift für eine Ehe zu sparen. Dass diese Nonnen nicht gerade mit großer spiritueller Begeisterung am Gemeinschaftsleben teilnahmen, ist naheliegend. So mehrten sich im 14./15. Jahrhundert Berichte über Regelverstöße gerade in Frauenklöstern. Noch einmal stemmte sich das Klosterwesen mit einer Reihe von Reformen gegen die Krise. Straff organisierte Klosterverbände und Kongregationen wurden geschaffen, um die Einzelklöster besser kontrollieren zu können und ihre wirtschaftliche und moralische Basis zu heben. Doch die Ansätze wirkten zu wenig in die Breite.

Der Ausbruch der Reformation traf die Klöster daher mit voller Wucht. Unverblümt stellte der rebellische Mönch Martin Luther (geb. 1483), selbst Angehöriger der Erfurter Augustinereremiten, die Frage, ob denn ein Leben hinter Klostermauern generell höher zu bewerten sei als die diesseits orientierte Daseinsform der Laienwelt. Und wie stand es eigentlich mit der inneren Überzeugung und persönlichen Frömmigkeit so manches Klosterinsassen? Nur mit dem fleißigen Herunterleiern von Gebeten allein ließ sich das Himmelreich wohl kaum erwerben. Luthers programmatische Schriften ermutigten unzufriedene Mönche und Nonnen, die unfreiwillig im Kloster gelandet waren, ihre Ordenshäuser zu verlassen und ein Leben in der Welt zu beginnen. Sogar renommierte Leute wie der Prior des Benediktinerklosters Alpirsbach, Ambrosius Blarer (geb. 1492), oder der Zisterzienser Antonius Corvinus (geb. 1501) verabschiedeten sich von ihrer bisherigen Lebensform. Auch eine junge Nonne, Katharina von Bora (geb. 1499), machte sich 1523 mit einigen Gefährtinnen auf die Flucht aus dem Zisterzienserinnenkloster Nimbschen bei Grimma, in das ihre Familie sie schon als 10-jährige gesteckt hatte. Sie wurde wenig später die Ehefrau Martin Luthers. Doch es gab auch viele Ordensleute, die gar nicht daran dachten, den Schutzraum ihrer Klausur zu verlassen. Viele Klöster wurden erst durch die Initiative protestantischer Landesherren aufgelöst, denen die geistlichen Inseln bei ihren territorialstaatlichen Ambitionen ein Dorn im Auge waren. Dabei ging es nicht zimperlich zu. Zuweilen kam es bei der Auflösung der Klöster zu regelrechten Handgreiflichkeiten. Man zerrte die Mönche und Nonnen an Händen und Füßen aus ihren Zellen, um sie zum Fortgehen zu bewegen. Die Zisterzienserinnen von Dobbertin in Mecklenburg sahen sich genötigt, mit Steinen und heißem Wasser gegen die Angreifer vorzugehen. Zur Rechtfertigung ihres harschen Vorgehens bemühten Reformatoren und Landesherren gerne die „Sittenlosigkeit" der geistlichen Einrichtungen. Der Anziehungskraft der monastischen Idee tat dies jedoch keinen wirklichen Abbruch. Die Gegenreformation führte zu einer Reorganisation des klösterlichen Lebens und zu einer erneuten Blüte vieler Klöster in der Barockzeit.

Die Kirche war im Mittelalter ein rück= wärtsgewandter Hort der Unterdrückung

Das Abenteuer des Geistes begann in einer Studierstube des Klosters Le Bec in der Normandie irgendwann um das Jahr 1078. Mit gesenktem Haupt saß Abt Anselm grübelnd über seinen Büchern. Gibt es überhaupt einen Gott?, fragte er sich. Und wenn ja, ließ er sich mit Hilfe der Vernunft dann auch beweisen? Und weshalb ist dieser Gott Mensch geworden? Der gelehrte Benediktinermönch scheute sich nicht, an die Kernfragen des Glaubens heranzutreten und diese auf überraschend moderne Art zu beantworten. Anselm, der später zum Erzbischof von Canterbury aufstieg und daher Anselm von Canterbury (geb. um 1033) genannt wurde, setzte nämlich all seine Verstandesgaben ein, um die Existenz Gottes zu beweisen. Er stützte sich bei seiner Beweisführung allein auf philosophisch-rationale Gründe und nicht mehr auf biblische oder kirchenväterliche Traditionen. In seiner Schrift „Proslogion" legt er dar, dass Gott die größte aller möglichen Vorstellungen sei. Über ihn hinaus könne nichts Größeres gedacht werden. Wenn dem aber so sei, dann muss Gott ja wohl existieren, denn alles andere würde seine Größe schmälern. Die Großartigkeit und Vollkommenheit Gottes schloss notwendigerweise seine Existenz mit ein, denn sonst würde es ihm an einer wichtigen Eigenschaft, dem *Sein*, mangeln. „So wirklich also ist ‚etwas, über dem Größeres nicht gedacht werden kann', dass nicht einmal gedacht werden kann, es sei nicht da; und das bist Du, Herr, unser Gott. So wirklich bist du, Herr, mein Gott, dass von Dir nicht einmal gedacht werden kann, Du seist nicht da", schrieb Anselm jubilierend über seine Erkenntnis nieder.

Tatsächlich entfaltete dieser Gottesbeweis über die Jahrhunderte große Wirkung – selbst Philosophen der Neuzeit wie René Descartes,
Baruch Spinoza oder Immanuel Kant setzten sich mit ihm auseinander. Auch wenn die Beweisführung nicht unwidersprochen blieb, eröffnete Anselm damit seiner Zeit neue Denkansätze. Gerne wird er
auch als „Vater der Scholastik" bezeichnet. Mit ihm begann die im
Grunde bis heute andauernde Diskussion, wie Glaube und Vernunft
in einem ausgewogenen Verhältnis zusammenzubringen seien.

Das Wagnis, sich auf den Verstand einzulassen, ist keine Errungenschaft der Neuzeit, sondern hat ihre Wurzeln im Mittelalter. Dass es das
Risiko in sich barg, Vernunftgründe auch gegen Gott und die Kirche
vorzubringen, lag in der Natur der Sache. Die Amtskirche reagierte
denn auch gereizt, wenn allzu freizügige Denker an den Grundfesten
des Glaubens rüttelten. Die meisten mittelalterlichen Denker gingen wie
Anselm, der nach seinem Tod heiliggesprochen und zum Kirchenlehrer
ernannt wurde, ganz selbstverständlich von dem Grundsatz aus, den
der Erzbischof von Canterbury im 11. Jahrhundert formuliert hatte:
„Ich suche keine Einsicht, um zu glauben, sondern glaube, um zur Einsicht zu gelangen." Doch deswegen war die Kirche noch lange kein
rückwärtsgewandter Hort der Unterdrückung. Sie gab vielmehr überraschend moderne Impulse für Theologie, Philosophie und Wissenschaft.

Voraussetzung dafür war der Bildungsanspruch des Christentums,
denn wer die heiligen Schriften der Bibel verstehen wollte, der musste
sie auch lesen und interpretieren können. Die Klöster, die sich seit
dem frühen Mittelalter in ganz Europa ausbreiteten, pflegten daher
von den ersten Tagen ihrer Existenz an Bildung und Schriftlichkeit.
Jeder, der in ein Kloster eintrat, hatte erst einmal lesen zu lernen, und
das bedeutete gleichzeitig, Latein zu beherrschen. In eigenen Klosterschulen bekamen die Novizen und Novizinnen diese Kunst vermittelt.
Da die Liturgie einheitliche, den Bedürfnissen des Kirchenjahres ent-
sprechende Messbücher erforderte, setzte schon bald eine rege Buch-
produktion in den Klöstern ein. Fleißige Mönche und Nonnen schrieben in ihren Skriptorien Zeile um Zeile der biblischen Texte ab,
illuminierten sie mit herausragenden Buchmalereien und fassten sie
in kostbare Einbände aus Gold und Elfenbein. Neben der umfangrei-

chen Bibel gab es eigene Lektionare und Evangelistare, welche die während der Messe zu verlesenden Bibelabschnitte in der Reihenfolge des Kirchenjahres ordneten, Evangeliare, die nur die ersten vier Bücher des Neuen Testamentes enthielten, oder Sakramentare, die die vom Priester während der Messe oder anderen Kulthandlungen zu sprechenden Texte aufführten. Für die Kirchengesänge schuf man Antiphonare. Eine Vielzahl von Büchern wurde also in der klosterinternen Bibliothek verwahrt. Daneben gerieten den frommen Männern und Frauen noch ganz andere Schätze aus ihren Bücherschränken unter die Feder. Da gab es die Werke der antiken Schriftsteller Cicero, Vergil, Ovid und Horaz, die sich so trefflich zum Erlernen des klassischen Lateins eigneten, aber auch wissenschaftliche Traktate der Antike über Medizin, Astronomie, Tier- und Pflanzenkunde. Auch sie schrieb man sorgfältig ab, bewahrte sie und lieh sie auf Anfrage an andere Klöster aus. So verbreiteten und tradierten die Klöster das Wissen der Antike. Mit Freuden griff man neue Texte auf, übersetzte sie und las sie begierig. Die Schriften des wichtigen griechischen Philosophen Aristoteles (geb. 384 v. Chr.) sickerten über Arabisch sprechende Vermittler seit dem 12. Jahrhundert ins Abendland ein. Die Konfrontation mit Aristoteles löste eine kleine Revolution im Denken aus, lehrte der alte Grieche doch, dass das höchste Glück des Menschen in der Nutzung des Intellekts für die Erkenntnis des Erkennbaren bestehe. Der Mensch strebe aufgrund seiner Natur nach Erkenntnis des Wahren! Denken erlaubt, könnte man kurz formulieren, und wissbegierige Kleriker nahmen diesen Ratschlag dankend auf.

Im 12. Jahrhundert kündigte sich eine Wende im Bildungs- und Wissenschaftsbetrieb des Mittelalters an. Jahrhundertelang waren die Klöster ihrer Funktion als Pflegstätten von Gelehrsamkeit und Kultur nachgekommen. In ihren Schulen hatten sie den eigenen Nachwuchs, aber auch Schüler von außen auf der Grundlage der sieben freien Künste – den drei Sprachfächern Grammatik, Rhetorik und Dialektik und den vier mathematisch-naturwissenschaftlichen Fächern Arithmetik, Geometrie, Musik und Astronomie – unterrichtet. Nun entstanden neben diesen in bedeutenden Bischofsstädten eigene Dom- und Kathedralschulen, die in stärkerem Maße auf die

„moderne" Aristoteles-Rezeption eingingen. Dazu bedienten sie sich dessen, was schon Anselm von Canterbury bei seinem Gottesbeweis eingesetzt hatte, nämlich der eigenen Vernunft. Nicht mehr die Orientierung an den alten Autoritäten galt fortan als maßgeblich, sondern das kritische Hinterfragen, das Abwägen und Argumentieren. In den Kathedralschulen von Chartres, Paris, Köln, Bamberg, Magdeburg oder Exeter begann ein fröhliches Disputieren und Streiten. Man formulierte eine Hypothese, stellte sie zur Diskussion, brachte Argumente dafür und dagegen ein und kam dann zu einem abschließenden Ergebnis. Diese Methode des „Sic et Non", des „Ja und Nein", hatte erstmals der streitbare Petrus Abaelard (geb. 1079) in die Debatte eingebracht. Er, der in seinem gleichnamigen Hauptwerk die einander widersprechenden Aussagen der Philosophen und Kirchenväter kritisch gegenüberstellte und abwog, gab damit der logischen Argumentation den Vorzug vor der theologischen Dogmatik. Man stritt um Begriffe und saubere Definitionen, widmete sich mit Inbrunst der Textkritik, untersuchte alle rezipierten Schriften nach ihrer inneren Logik. Diese denkerische Freiheit war neu und vollzog sich im Schoß der Mutter Kirche. Gleichwohl ging die Entwicklung hin zu einer stärkeren geistigen Unabhängigkeit nicht ohne Brüche vonstatten. Auch Abaelard, Mönch des Klosters Saint-Denis bei Paris, verwickelte sich in einen hässlichen Gelehrtenstreit mit dem mystisch veranlagten Bernhard von Clairvaux, an dessen Ende er den Kürzeren zog. Doch eine Religion, die so sehr die freie Willens- und Gewissensentscheidung des Individuums in den Mittelpunkt stellte wie das Christentum, kam gar nicht umhin, den Glauben rational zu begründen.

In den aus Korporationen von Lehrenden und Lernenden hervorgegangenen neuen Hohen Schulen, den Universitäten, gaben Angehörige der Bettelorden als Professoren und Dozenten den Ton an. Der Dominikaner Thomas von Aquin (geb. um 1225) stieg gar zu einem der wirkmächtigsten Denker des Mittelalters auf. Thomas, der gelehrigste Schüler des Albertus Magnus in Köln, zog aus den Lehren des Aristoteles das Nützlichste heraus und integrierte es in das christliche Glaubensgebäude. Dadurch erschloss er dem Denken seiner Zeit die sehr diesseitsorientierte Natur- und Gesellschaftslehre des Aristoteles. Allerdings gelang es auch einem so regen Geist wie Thomas von Aquin nicht, alle Geheimnisse des Glaubens rational aufzulösen. Er definierte daher die Theologie als „spekulative Wissenschaft", die sich nicht in allen Teilen logisch erklären ließ. Die rationale Erkenntnis fand ihre Grenzen dort, wo Gott sich offenbarte. Damit zog der Dominikaner eine unsichtbare Grenze zwischen Glauben und Wissen und befreite die weltlichen Wissenschaften vom Primat der Theologie. Ganz und gar nichts einzuwenden hatte der Theologe gegen eine Naturerforschung mittels Beobachtung und Vernunft. Die Erkundung der Welt und der großen Zusammenhänge von Ursache und Wirkung mit Hilfe der fünf Sinne konnte Gottes Schöpfungstat ja nur erhellen. „Was von Natur aus geschieht, was gemäß der Natur abläuft, muss auch auf Gott zurückgeführt werden als auf die erste Ursache", begründete er seine Ansicht.

An der Erforschung der Welt nahmen denn auch Männer der Kirche regen Anteil. Zu den herausragenden Persönlichkeiten des Mittelalters gehörte beispielsweise der Franzose Gerbert von Aurillac, der 999 als Silvester II. den Stuhl Petri bestieg. Der persönliche Lehrer und Berater Kaiser Ottos III. glänzte durch ein umfassendes Wissen, das er unter anderem an der berühmten Domschule von Reims sowie während eines Spanienaufenthaltes erworben hatte und das bei der Theologie nicht stehen blieb. Er war ein glänzender Mathematiker, der sich mit den Rechenmethoden der arabischen Welt beschäftigte und als erster mit einem Abakus, einem Rechengerät mit bezifferten Rechensteinen, hantierte, den er als Leiter der Reimser Domschule in den Unterricht einführte. Gerbert verfasste ein Buch über die Geometrie, in dem er sich mit Problemen der Messung auseinandersetzte, sowie Abhandlungen über das Dividieren, die Ausmessung von Kreis und Kugel und über das Problem der Winkel in Dreiecken. Er gilt als der erste Gelehrte, der Europa mit der arabischen Mathematik bekannt machte. Obwohl ihn seine kirchenpolitische Karriere als Erzbischof von Reims, später als Erzbischof von Ravenna und schließlich als Papst genug in Anspruch nahm, fand er selbst während seines Pontifikats noch Zeit, seine Studien fortzusetzen. Gerne und häufig wandte

er sich auch den Sternen zu, wobei er zur Winkelmessung am Himmel
ein Astrolabium benutzte. Der sterneguckende Papst geriet später
wegen seiner außergewöhnlichen Hobbys sogar in den Ruch der Ketzerei. Man dichtete ihm lange nach seinem Tod einen Pakt mit dem
Teufel an.

Wie Gerbert von Aurillac begeisterte sich auch der Franziskaner
Roger Bacon (geb. um 1214) für die Welt der Zahlen. Er hielt ausgehend von arabischen Gelehrten die Mathematik, die allein reine Ver-
nunftbeweise ermögliche, für die wahre Grundlage einer jeden Wissenschaft und stellte selbst zahlreiche physikalische und chemische
Experimente an, um die Rätsel der Natur zu lösen. Sein Hauptwerk
„Opus maius" enthält Kapitel über Mathematik und Optik – Bacon gilt
als einer der Väter der Brille –, Alchemie und Himmelskörper. Er beschrieb bereits richtig die Gesetze der Spiegelung und der Lichtbre-
chung und machte sich grundlegende Gedanken über die Entstehung
des Regenbogens und die Ursache der Gezeiten, die er mit der Mond-
position in Zusammenhang brachte. Der Bibel hoffte er mit der Kenntnis der Oribinalsprachen stärker gerecht zu werden. Bacons Zeitgenosse Albertus Magnus (geb. um 1200), Dominikaner und Bischof von
Regensburg, stellte eine Reihe von naturwissenschaftlichen Beobach-
tungen an. Auf seinen langen Reisen durch Europa hatte er genügend
Gelegenheit, Flora und Fauna zu erkunden, die er in seinen Schriften
ausführlich beschreibt. Seine Arbeiten über die Gesteinskunde gelten
als der erste Versuch, eine vollständige Systematik für Mineralien zu
entwickeln. Die Wissbegier des „Universalgelehrten" machte wirklich
vor nichts halt: Er fragte sich, warum ein Leichnam im Wasser nach
oben schwimmt, warum einige Menschen, die wenig essen, dick werden und umgekehrt Leute mit gesundem Appetit dünn bleiben und
warum Frauen größere Brustwarzen haben als Männer. Er wusste
nicht auf alles eine Antwort, aber er lenkte die Wissenschaft in die
rechten Bahnen. Das 14. Jahrhundert schritt auf den vorgezeichneten
Pfaden mutig voran. Denn auch die aristotelischen Erklärungsversu-
che der Naturphänomene wurden nun hinterfragt. Der Kleriker und
Rektor der Pariser Universität, Johannes Buridan (geb. um 1300),
stellte als einer der Ersten die Bewegungslehre des Griechen grund-

sätzlich in Frage. Mit der Überlegung, dass ein Kreisel, einmal in Bewegung gesetzt, diese ganz allein zu Ende führt, kam er dem Trägheitsprinzip schon verdächtig nahe. Der Naturforscher und Bischof von Lisieux, Nikolaus von Oresme (geb. vor 1330), setzte diesen Gedanken fort und zog für die kosmischen Vorgänge daraus eine folgenreiche Konsequenz: Er plädierte für die Annahme der Erdrotation. Er verwies auf die Relativität aller Bewegungen, die man erkennen könne, wenn man auf hoher See einem Schiff begegne und diesem die Bewegung zuschreibe, die man mit dem eigenen Schiff gerade selbst ausführe. Daher hielt er die tägliche Drehung der Erde wie auch die Drehung der Sonne um die Erde für höchst plausibel. Auch die Bewegungen der Planeten erklärte er mit einem Gleichgewicht von Kräften und Widerständen. Zur Berechnung qualitativer Veränderungen von Stoffen führte der gelehrte Mann erstmals das Koordinatensystem ein, sodass sich naturwissenschaftliche Erscheinungen in mathematischen Berechnungen darstellen ließen. Den Gedankengängen eines Nikolaus von Oresme folgend, entwickelte der deutsche Kardinal Nikolaus Cusanus (geb. 1401) überraschend moderne Ideen. Er hielt die Mathematik für den einzigen Schlüssel zur verstandesmäßigen Erforschung der sinnlichen Erscheinungen. Messen und Wiegen gehörten zu seinen Lieblingsbeschäftigungen, und in der Harmonie der Zahlen und Proportionen glaubte er die Vollkommenheit des unendlichen Ganzen erkennen zu können. In der diagnostischen Medizin, in Botanik und Kartografie stellte er eigene wissenschaftliche Experimente an. Auch er war der Unendlichkeit des Alls, der Erdrotation, dem Trägheitsgesetz und der Relativität der Bewegungen auf der Spur. Wegen ihrer bahnbrechenden Ideen sieht man Nikolaus von Oresme und Cusanus gerne als Wegbereiter des Nikolaus Kopernikus (geb. 1473), der am Ende des Mittelalters das geozentrische Weltbild endgültig zum Einsturz brachte. Auch dieser Gelehrte bewegte sich als Domherr im ermländischen Frauenburg noch immer in den Reihen der Kirche, obwohl seine Forschungsarbeit die christliche Schöpfungslehre erschütterte. Ohne es zu wissen und zu wollen, sägten die drei „Nikolause" somit kräftig an den Ästen der Mutter Kirche, auf denen sie selbst saßen.

Doch wie sah es abseits der gelehrten Studierstuben und der Hörsäle der Universitäten aus? Nur die wenigsten Menschen kamen im Laufe ihres Lebens mit den Ergüssen der Gelehrtenwelt in Berührung. Trotzdem begann sich unter dem Einfluss des Christentums der Alltag der einfachen Menschen zu wandeln. Die Seelenhirten, die in Glaubensfragen ihre Schäfchen ganz gerne kontrollierten, stellten sich gleichwohl schützend vor ihre Herden. In unruhigen Zeiten waren es gerade die Bischöfe, die hinter den hohen Mauern ihrer Städte die Gefahrenabwehr gegen äußere Feinde organisierten und die inneren sozialen Spannungen durch Armutsbekämpfung zu mindern suchten. Genannt sei hier der heiliggesprochene Bischof Ulrich von Augsburg (geb. um 890), der in der Stunde der höchsten Not während des großen Ungarneinfalls von 955 die Stadt Augsburg bis zum Eintreffen des königlichen Heeres unter Otto dem Großen gegen die anstürmenden Reiterhorden hielt. Er soll nicht nur die Verteidigungsanlagen verstärkt, sondern, auf den Mauern stehend, auch den Abwehrkampf geleitet haben – so will es jedenfalls die Legende.

Andere Bischöfe zeigten ebenfalls heldenhaften Einsatzwillen. Papst Leo der Große (geb. um 400) zog den Hunnen unter Attila vor Rom entgegen, um die ewige Stadt vor Plünderung und Gewalt zu schützen; das gleiche Anliegen trieb Bischof Ubaldo (geb. 1084) vor die Tore seiner umbrischen Stadt Gubbio, um sie 1155 in letzter Minute vor einer Belagerung durch Kaiser Friedrich Barbarossa zu bewahren. Bischof Wolfgang von Regensburg (geb. um 924) dagegen machte sich 987 einen Namen durch die großzügige Öffnung seiner Getreidespeicher zur Abwendung einer Hungerkatastrophe. Die Männer der Kirche wurden nicht müde, dem kriegerischen Adel ins Gewissen zu reden und für die Belange der schutzlosen Landbevölkerung einzustehen. Mit der Gottesfriedensbewegung initiierten sie sogar die erste europäische Friedensbewegung. Der ewigen Fehden des Rittertums leid, beschloss eine Bischofssynode der Diözese Poitiers 989, bestimmte Gruppen der Bevölkerung wie Arme, Witwen oder Waisen unter besonderen Schutz zu stellen und Friedensbrecher zu sanktionieren: „Fluch denjenigen, die in Kirchen einbrechen! Fluch denjenigen, die Eigentum der Armen rauben! Fluch denjenigen, die Kleriker angreifen!", schleuderten die Geistlichen den rauflustigen Ritterscharen entgegen. Tatsächlich hatte ihre Initiative einen gewissen Erfolg, denn Könige, Kaiser und Herzöge griffen die Idee des Gottesfriedens auf und erließen eigene Landfriedensordnungen. Neue Maßstäbe setzte hier der auf dem Reichstag von Mainz 1235 durch Kaiser Friedrich II. verkündete Mainzer Landfrieden, der das Fehderecht des Adels erheblich einschränkte. Ganz allmählich wurde so dem Wüten des Ritterstandes eine gewisse Grenze gesetzt. Unbewaffnete Geistliche, Bauern, Händler und Frauen standen fortan unter besonderem königlichem und kirchlichem Schutz, ebenso bestimmte Räume wie Kirchen, Klöster, öffentliche Plätze oder Straßen. An ausgewiesenen Tagen wie Fastenzeiten, hohen Feiertagen oder diversen Wochentagen hatten die Waffen ganz zu schweigen. Den Aggressoren drohten Kirchenbann, Verlust des Eigentums oder Leibesstrafen. Die Gottesfriedensbewegung ebnete so dem staatlichen Machtmonopol allmählich den Weg.

Den einfachen Menschen mögen die Klöster und Pfarrkirchen auf dem Land als Inseln des Friedens in einer auf das Faustrecht setzenden Gesellschaft erschienen sein. Wer krank war, holte sich Rat in einem der nahe gelegenen Ordenshäuser, in denen die medizinischen Kenntnisse der Antike nie ganz vergessen worden waren. Mönche und Nonnen, die ihre Heilpflanzen im eigenen Klostergarten zogen und um deren Wirkung wussten, waren oft die einzigen „Ärzte" in erreichbarer Nähe. Die Benediktinerin Hildegard von Bingen (geb. 1098) genoss bei ihren Zeitgenossen einen herausragenden Ruf als Pflanzenexpertin und Ärztin. In ihren naturkundlichen Schriften legte sie ihre Erfahrungen über die Entstehung und Behandlung verschiedener Krankheiten und über die Heilkraft der Pflanzen nieder. Für eine Nonne außergewöhnlich waren ihre Kenntnisse über Sexualität, Empfängnis, Schwangerschaft und Geburt. In den von Kirchen und Klöstern unterhaltenen Hospizen kamen auch die Armen in den Genuss einer wenigstens einfachen medizinischen Behandlung. Eine helfende Hand in der Not, eine trockene Unterkunft, eine Schüssel Suppe um Gotteslohn in Zeiten des Mangels – das fanden die Menschen nicht an den Höfen der Fürsten und Ritter, sondern im weiten Raum der Kirche mit ihrem karitativen Engagement. Nicht zu übersehen war auch die segensreiche Wirkung des Christentums auf die Zügelung der menschlichen Leidenschaften. Im Sittenkodex der Kirche stand ein asketisches Leben ohne Ausschweifungen ganz oben auf der Prioritätenliste. Mäßigung im Ess- und Konsumverhalten wurde immer wieder angemahnt, die Ideale der Nächstenliebe und die Fürsorgepflicht für Arme, Kranke und Kinder wurden beschworen. Gewaltbereitschaft, sexuelle Begierden, Vergewaltigung und Abtreibung dagegen waren streng sanktioniert. Das Bußsakrament erinnerte den Gläubigen immer wieder an seine Sündhaftigkeit und an seine ethische Verantwortung. Es ging um eine aufrechte Gewissenserforschung, um persönliche Reue und Bereitschaft zur Umkehr. Mit dieser Individualisierung von Schuld und Sühne schuf die Kirche dem Einzelnen einen vergrößerten Raum persönlicher Freiheit, der bis zu den niedrigsten Ständen hinabreichte und das hierarchisch gegliederte Gesellschaftsmodell des Mittelalters durchbrach. Vor Gott war jeder gleich – der reiche Fürst wie der arme Bauer. Der Grundsatz individueller Selbstbestimmung kam auch in den Sakramenten Taufe, Firmung und Eheschließung zum Ausdruck. Taufe und Ehe basierten auf Freiwilligkeit. Dreimal wurde der Täufling im Taufritus gefragt, ob er an Gott glaube und dem Bösen entsage, drei Mal musste der Taufwillige bejahen, bevor er das Taufbecken betreten durfte. Auch die Eheschließung wurde erst vollzogen, nachdem die Partner freiwillig und vor Zeugen ihren Willen bekundet hatten. Die junge Oda von Rivreulle (geb. 1131/37), die von ihren Eltern in eine Zwangsehe gedrängt werden sollte, nutzte diese Gelegenheit, um zum Entsetzen ihrer Familie laut und deutlich „Nein" zu sagen. Die aufmüpfige junge Dame trat wenig später dem Prämonstratenserorden bei. Zumindest in der Theorie billigte die kirchliche Sakramentenlehre dem Christen damit eine große innere Freiheit zu. Wenn sich nicht die hohe Politik in die Religion einmischte, waren Zwangstaufen und Zwangsehen eigentlich ausgeschlossen.

Nicht zu unterschätzen waren die Erfolge der Kirche auch in der Verwaltungs- und Finanzarbeit. Schon ihr exakter Aufbau aus Kirchenprovinzen, Diözesen und Pfarrsprengeln mit dem dazugehörigen hierarchisch gegliederten Personal aus Erzbischof, Bischof und Pfarrer galten in einer Zeit, in der es nur rudimentäre staatliche Strukturen gab, als vorbildlich. Nicht umsonst stützten sich Kaiser und Könige gerne auf die Verwaltungstätigkeit der Kirche, die in ihren Bildungseinrichtungen die besten Fachkräfte der Epoche heranzog. Aus Kloster- und Kathedralschulen gingen Notare, Schreiber und Kanzler für die weltliche Regierungsarbeit hervor. Die karolingische Hofkapelle war das Herzstück der Machtausübung im Frankenreich. Jahrhundertelang amtierten die Erzbischöfe von Mainz als Erzkanzler des Reiches, die Kölner Erzbischöfe als Kanzler für Italien und die Trierer als Amtsträger für Burgund.

Noch perfekter organisiert als alle weltlichen Machtzentralen zusammengenommen war jedoch der päpstliche Hof. Seitdem im Jahr 1309 die Päpste ihre Residenz von Rom nach Avignon verlegt hatten, entstand im französischen Exil – abseits der Zwistigkeiten römischer Adelsgeschlechter – eine vielgliedrige kirchliche Administration, die in ganz Europa ihresgleichen suchte. Im riesigen Bischofspalast von Avignon liefen die Fäden der Universalkirche zusammen, die der Papst als geistliches Oberhaupt und Behördenchef geschickt zu ziehen wusste. Die wichtigsten Institutionen waren die Kanzlei, die den gesamten Schriftverkehr mit Hilfe zahlreicher Skriptoren, Korrektoren, Prokuratoren und Notare leitete, die Pönitentiarie, die Bittgesuche auswärtiger Antragsteller bearbeitete, und die Kammer, die sämtliche Ein- und Ausgaben sowie die politische Korrespondenz der Kurie überwachte. Vor allem die Kammer zeichnete sich durch eine rege und effektive Verwaltungsarbeit aus. Denn den gewissenhaften Finanzleuten des päpstlichen Hofes entging wirklich keine einzige Gelegenheit, um die Kassen des Papstes zu füllen. Jeder Bischof, jeder Abt, jeder Inhaber einer neuen Pfründe musste bei Amtsantritt eine Bestätigungsgebühr bezahlen, die ein Drittel der ersten Jahreseinnahme betragen konnte. In eigenen Registern verzeichnete man eifrig die geleisteten Zahlungen, von denen die eine Hälfte dem Papst, die andere den Kardinälen zustand. Wer sich um eine Pfründe bewarb, wer einen Dispens, eine Befreiung von geltendem Recht z. B. wegen unehelicher Geburt, brauchte, wer sich von einer geistlichen Strafe lösen wollte, hatte ein gut gefülltes Portemonnaie mit nach Avignon zu bringen. Und die Bittsteller trafen in Massen in der südfranzösischen Metropole ein! Selbst die Anwartschaft auf eine Pfründe ließ sich die Kurie teuer bezahlen und vergab die begehrten Stellen gleich mehrmals an unterschiedliche Bewerber. Eifrige Kollektoren trieben in den einzelnen Bistümern die Gelder ein, Kammernotare hielten die Einnahmen in Protokollen und Registern fest, Schatzmeister verwalteten den Goldberg im Papstpalast. Um den zunehmenden Geldverkehr abzuwickeln, engagierte die Kurie Bankiers, die sich der Methoden des modernen Kredit- und Zahlungswesens bedienten. Der päpstliche Hof stieg damit zu einer der führenden Geldmächte Europas auf – viel beneidet und bewundert von den wesentlich ärmeren und altmodischer agierenden weltlichen Machthabern der Zeit. Doch diese Cleverness in Finanzgeschäften wurde der Kirche noch zum Verhängnis, denn die kritischen Stimmen, die durch das unheilige Finanzgebaren und die grassierende Korruption den Geist des Christentums verletzt sahen, mehrten sich im Spätmittelalter. Man könne den päpstlichen Palast nicht betreten, klagte ein Zeitgenosse, ohne dort Geistliche anzutreffen, welche die vor ihnen aufgehäuften Münzen zählten. Der Erfolg der päpstlichen Finanzrekrutierung, von der selbst frühneuzeitliche Landesherren noch träumten, wirkte auf die Institution Kirche negativ zurück. Je höher die Einnahmen ausfielen, umso prunkvoller gestaltete sich der Lebensstil der Päpste und Kardinäle und umso aufgeblähter zeigte sich der gesamte Verwaltungsapparat. Der Ablasshandel, der mit einer Geldzahlung den ganzen oder teilweisen Nachlass zeitlicher Sündenstrafen im Fegefeuer versprach, brachte das Fass endgültig zum Überlaufen. Mit der Formel „Geld gegen Seelenheil" verprellte die Kirche selbst ihre treuesten Anhänger. Die Reformation stellte mit Macht die Frage nach dem Finanzbedarf der Kirche und nach den Methoden, mit welchen dieser befriedigt wurde.

Im Mittelalter war die Umwelt noch sauber und die Menschen lebten im Einklang mit der Natur

Eine Glocke übler Gerüche lag bleiern über Nürnbergs guter Stube! Ausgerechnet beim Schönen Brunnen am Marktplatz roch es an diesem Samstagabend, den 14. November 1472, ekelerregend nach Fäkalien. Beim Gabler im Haus der Wechselstube war ein Unglück passiert, sein „heimlich Gemach", sprich seine Abortgrube, ausgelaufen. Der Stadtbaumeister Endres Tucher schickte gleich seine Leute vorbei, um den Schaden zu beheben. Die ganze Mannschaft staunte nicht schlecht, als sie sage und schreibe 360 Schaff „Unrat" unter den Kellergewölben hervorholte. Offenbar hatte seit Menschengedenken niemand daran gedacht, die Abortgrube zu räumen. Der Stadtbaumeister zeigte sich indes beruhigt, als seine Grubenreiniger etwa zwei Meter unterhalb des Kellerbodenniveaus auf Grundwasser stießen – er ließ die Stelle sorgsam abdecken und gab sie für die weitere Benutzung frei. In seinem Baumeisterbuch notierte er noch, dass es sich hier wohl um einen alten Brunnen handeln müsse, doch störte es ihn nicht, dass das Nachbarhaus aus der gleichen Bodenschicht wieder das Trinkwasser holte. Von den Übertragungswegen der Infektionskrankheiten hatte er nicht die geringste Ahnung.

Das Nürnberger Beispiel wirft nicht nur ein grelles Licht auf die haarsträubenden hygienischen Verhältnisse in den Städten, sondern zeigt auch den bedenkenlosen Umgang des mittelalterlichen Menschen mit der Natur. Abfälle aller Art landeten im Grundwasser oder in Flüssen und Bächen. Denn auch die gewissenhaftesten Stadtväter ließen den Aushub der Abortgruben wie auch Schlachtabfälle und Gewerbeabwässer und was sonst noch an Hinterlassenschaften in einer großen Handels- und Gewerbestadt anfiel, einfach in den nächstgelegenen Fluss kippen. Auch Endres Tucher hielt die Pegnitz bei ausreichendem Wasserstand für bestens geeignet, den „Kot", der „sehr übel schmeckt und grausam stinkt", zu „verzehren". Der Glaube an die Selbstreinigungskräfte fließender Gewässer war nahezu unbegrenzt. Nur sehr langsam begriff man, welche Gefahren dem Menschen aus der zunehmenden Umweltverschmutzung erwuchsen.

Die Natur erschien den Menschen damals noch nicht als idyllischer Urzustand einer von der Zivilisation geschundenen Umwelt, sondern als feindliche Lebensumgebung. In den Tiefen der Wälder hausten gefährliche Tiere wie Wölfe, Eber und Bären, hier siedelte der Mythos Dämonen, Geister und Unholde an. Nicht umsonst ziehen die Ritter der höfischen Romane hinaus in die düstere Wildnis, wenn sie ihre Abenteuer bestehen wollen, kämpfen gegen Drachen, Zwerge und Riesen, um als Helden in die Welt der Zivilisation zurückzukehren. Die Bauern hatten ihre ganz eigenen Erfahrungen mit der Natur gemacht. Jeder noch so kleine Ernteertrag musste dem Boden in mühsamer Handarbeit abgerungen werden, nichts wuchs umsonst, ständig drohten Unwetter die sorgsam gepflegten Äcker und Felder zu zerstören. Wurde eine Ernte nicht rechtzeitig eingefahren, mündete das häufig in Hungersnöte. So war man im Mittelalter von einem tieferen Verständnis für die Natur weit entfernt. Es galt, die ungezähmte Wildnis zu zügeln, sie zu kultivieren und zu beherrschen und dem Menschen nutzbar zu machen. Die Gewinnung neuen Kulturlandes gehörte daher zu den vorrangigen Zielen des Hochmittelalters. Ganze Bauernscharen zogen mit Hacke und Pflug in der Hand aus, um Sümpfe und Moore trockenzulegen, Deiche zu bauen und die dichten Urwälder Stück für Stück zu roden. Allerorten entstanden neue Dörfer und Siedlungen, Märkte und Städte. So lange die Bevölkerungsdichte in Europa niedrig blieb, waren die Folgen dieses Eingreifens in die natürliche Umwelt kaum absehbar, mit dem Bevölkerungswachstum des Hochmittelalters infolge günstiger klimatischer Verhältnisse und technischer Innovationen im Agrarbereich zeichneten sich die negativen Trends der Entwicklung jedoch immer stärker ab. Vor allem in den rasch wachsenden Städten, in denen immer mehr Menschen auf engem Raum zusammenlebten, zeigten sich die Folgen der zunehmenden Umweltbelastung.

An sich war die Abfallbeseitigung wie auch die Versorgung mit frischem Trinkwasser Privatangelegenheit der Stadtbewohner. Die städtische Obrigkeit sah sich zunächst nicht in der Pflicht. Frisches Wasser gewannen die Städter aus Grundwasserbrunnen auf ihren eigenen Grundstücken. Zu den ältesten ihrer Art gehören die aus dem 12. und 13. Jahrhundert stammenden, sechs bis neun Meter tiefen Ziehbrunnen der Städte Lübeck und Wien. In München sind für das 15. Jahrhundert Straßenzüge dokumentiert, in denen immerhin 54 Prozent der Häuser über eine eigene Trinkwasserversorgung verfügten. Die Beseitigung des gebrauchten Wasser oblag ebenfalls den Hausbewohnern. Gewöhnliches Schmutzwasser versickerte einfach auf dem Hof. Für die Überreste der menschlichen Verdauung schuf man dagegen eigene Latrinenschächte, die wegen der geringen Ausmaße der Grundstücksparzellen nicht selten in unmittelbarer Nähe der Brunnen lagen. Meist errichtete man das Aborthäuschen direkt über der Latrinengrube, sodass die Hausbewohner über eine Außentoilette verfügten, wie sie in ländlichen Gebieten bis ins 20. Jahrhundert hinein noch üblich war. Wer es sich leisten konnte, verlegte dieses primitive Klosett ins Hausinnere, um nachts oder bei Winterkälte im Warmen bleiben zu können. Ideal war ein Verschlag in der Küche, da man dann für den Ablauf des Küchenwassers und der Latrine nur eine Leitung benötigte. Über so ein „Küchenklo" verfügte auch der angesehene und wohlhabende Künstler Albrecht Dürer (geb. 1471) in seinem stattlichen Nürnberger Haus. Noch komfortabler war jedoch ein Abritterker in den weiter oben gelegenen Wohnräumen. In diesem Fall saß man in einem separaten Anbau an der Hauswand und entsorgte seine Fäkalien über ein hölzernes Fallrohr in die Tiefe, wo sie von der Latrine aufgenommen wurden. Die Anlage und Instandhaltung von Brunnen wie auch das Ausräumen der Latrinengruben waren eine kostspielige Angelegenheit, die nicht jeder Hausbesitzer zu tragen bereit war. Viele Brunnen reinigte man jahrelang nicht, und

selbst in den vornehmsten Hauhalten legte man gewaltige Abortgruben von bis zu knapp dreißig Kubikmetern an, um sie nur ganz selten
leeren zu müssen. Selbst die vornehmen Nürnberger Patrizierfamilien
Tucher und Behaim ließen ihren „Mist" nur alle dreißig Jahre wegräu-
men. Hin und wieder ging das auch schief, wie das Beispiel des un-
glückseligen Gablers zeigt, dessen Abortgrube 1472 barst.

Je stärker die Städte wuchsen, je häufiger die Klagen über Geruchsbelästigung wurden und je mehr Gewerbe mit erhöhtem Was-
serbedarf sich in der Stadt ansiedelten, umso mehr begriff man Wasserversorgung und Abfallbeseitigung als öffentliche Aufgaben. Die
Stadtväter mussten richten, was die Privatinitiative nicht schaffte. Es
bedurfte großen technischen und logistischen Aufwandes, alle Stadtviertel gleichermaßen mit Trink- und damit auch Löschwasser zu
versorgen, denn die Brandgefahr blieb in den mittelalterlichen Städten stets sehr hoch. Die Stadtobrigkeit ließ dazu öffentliche Brunnen
anlegen, aus denen sich all jene Haushalte gegen Gebühr bedienen
konnten, die über keinen eigenen Wasseranschluss verfügten. Die
Stadt Nürnberg verfügte um die Mitte des 15. Jahrhunderts über 123
öffentliche Brunnen, Basel besaß 40, Ulm immerhin 23. Seit dem
13. Jahrhundert bauten die Kommunen auch Leitungen, vorwiegend
aus Holz, um das Wasser dorthin zu bekommen, wo es gebraucht
wurde. In Freiburg im Breisgau, in Nürnberg, Bern, Augsburg, München und Regensburg gab es solche fortschrittlichen Trinkwasserlei-
tungen. In Breslau und Lübeck füllte man mit Hilfe wassergetriebener
Schöpfräder höher gelegene Sammelbehälter, um daraus das Wasser
in die Städte umzuleiten. In Augsburg entstand 1412 mit dem Brun-
nenwerk im Roten Turm der erste bekannte Wasserturm. Damit stellte
sich aber auch die Frage: Wohin mit all dem Brauchwasser? Lange
Zeit blieben die in gemeinsamer Initiative von Anwohnern und Rat
geschaffenen Abwasserkanäle zwischen den Häusern, die man Ehgrä-
ben, Fleete oder Reihen nannte, die einzige Möglichkeit der Abwasserentsorgung. Diese führten das Schmutzwasser in den nächstbesten
Fluss oder aufs freie Feld zur Versickerung. Nur in den seltensten Fällen verliefen diese Rinnen unterirdisch oder waren gedeckt, sodass
die meisten von ihnen offenen Kloaken glichen, in denen die festen

Bestandteile verfaulten. Stolz vermerkte Endres Tucher in seinem Baumeisterbuch, dass er 1470 eine Reihe dieser offenen Gräben in Nürnberg habe reinigen lassen, was seit 18 Jahren nicht mehr geschehen sei! Häufig legte man Stroh aus, um den Kot in den Rinnen zu binden. Der Übergang zur Straßenpflasterung seit dem 13./14. Jahrhundert brachte wenigstens in den Innenstadtbereichen der größeren Städte etwas mehr Sauberkeit ins Stadtbild. Das Abladen von Müll auf offener Straße stellten die Ratsherren nun unter drakonische Strafen. München belegte seine Bürger 1370 mit empfindlichen Geldstrafen, Straßburg stellte im 15. Jahrhundert eigene Kontrolleure ein, die Tag und Nacht überprüften, ob jemand seinen Müll vor der Haustür ablud.

Überhaupt versuchte die Stadtobrigkeit mit einer Vielzahl von Bestimmungen der grassierenden Umweltverschmutzung Herr zu werden. Zudem bemühte man sich, umweltbelastende Gewerbe wie Gerber oder Färber auf bestimmte Stadtquartiere zu konzentrieren und deren Abwässer geregelt zu entsorgen. So durften die Nürnberger Metallhandwerker ihre Säuren und Beizen nur in die Pegnitz leiten, die Augsburger Färber ihre bunten Brühen nur in den Lech kippen. Langsam fließende Gewässer wie den Nürnberger Fischbach oder die Stadtkanäle suchte man dagegen so gut es ging zu schützen. Sorgsam achteten die Nürnberger auf die Reinhaltung des Fischbachs, der die Mühlen mit Wasser versorgte. In ihm durften keine Häute und Kleider gewaschen werden. Fäkalien und Bauschutt durften nicht eingeleitet werden. Jedes Jahr am Michaelitag, dem 29. September, wurde das Wasser des Fischbachs abgelassen und „Kot und Erdreich" aus dem Graben entfernt. Auch in Augsburg achtete man streng auf die Sauberkeit der Stadtbäche, um die Arbeit der Mahl- und Sägemühlen nicht zu beeinträchtigen. Es war verboten, Sperrmüll, Sand oder Steine darin zu entsorgen. Die Städte gaben bestimmte Flächen außerhalb der Stadttore frei, um dort Bauschutt, Mist und Hausmüll zu deponieren. Vor allem stellten die Städte nun das geeignete Personal ein, um die vielen kleinen und großen Umweltsünden in den Griff zu bekommen. „Mistrichter" wachten darüber, dass Dung und Aas nicht im Stadtgraben landeten, Straßenfeger kehrten zumindest vor hohen

Feiertagen und vor Staatsbesuchen die gepflasterten Straßen, Brunnenmeister kontrollierten die Brunnen, Leitungen und Wasserkünste. Die unangenehmste Tätigkeit übten mit Sicherheit die „Heimlichkeitsfeger" aus, die die Abortgruben leerten. Man nannte sie in fantasievoller Umschreibung auch „Goldgrübler", „Nachtmeister" oder wie in Nürnberg „Pappenheimer". Erste Ansätze einer geregelten Müllabfuhr lassen sich im Göttingen des 15. Jahrhunderts ausmachen. Die Stadt erhob von jedem Bürger ein „Dreckgeld", mit dem ein Wagen bezahlt wurde, der regelmäßig den Unrat vor den Häusern zu entfernen half. Doch diese Bemühungen konnten nicht darüber hinwegtäuschen, dass Abfälle aller Art letztendlich in den Flüssen landeten. Da man davon ausging, dass Krankheiten vorwiegend über die Luft übertragen wurden, maß man der Verunreinigung der großen Flüsse noch wenig Bedeutung bei. Gleichwohl gab es auch schon kritische Stimmen wie z. B. Philipp von Leyden, der in seinem um 1355 verfassten „Fürstenspiegel" die Verschmutzung der Gewässer durch Färbereiabwässer beklagte und um den Fischbestand fürchtete.

Noch auf andere Weise griffen die wachsenden Städte nachhaltig in ihre natürliche Umgebung ein: durch die ziemlich radikale Dezimierung der Wälder. Holz hatte im Mittelalter als Energieträger eine überragende Bedeutung – vergleichbar nur mit der des Öls für die unsere Zeit! Holz wurde an allen Ecken und Enden gebraucht: Zunächst für den Hausbau, denn die übliche Form der Wohnarchitektur blieb bis weit ins Spätmittelalter hinein das Fachwerkhaus. Mächtige Eichen- oder Tannenstämme brauchte man für ein Bohlenständer- oder ein Firstsäulenhaus, vieler kleiner Stämme bedurfte es für den Dachstuhl, die Holzschindeln und die Fensterrahmen. Selbst die Prunkstücke der mittelalterlichen Architektur, die mächtigen Kirchen und Kathedralen, kamen nicht ohne Holz aus. Im Dachstuhl der Hamburger Petrikirche verbaute man Holz von mehr als 400 alten Eichen, für den Bau der Münchner Frauenkirche schaffte man sogar 20.000 Stämme über die Isar heran. Die längsten Eichen-, Erlen- und Ulmenstämme benötigte man aber für die Befestigung des Untergrundes der gewaltigen Steinbauten. So mancher Dom ruht auf einem unterirdischen Wald von Stämmen. Bedenkenlos holzten die Menschen die

Wälder ihrer Umgebung ab. Immer weiter drang man in das undurchdringliche Dickicht vor, um geeignete Bäume zu schlagen. Holzfäller stießen in die Tiefen des Frankenwaldes und des Schwarzwaldes vor, holten selbst aus abgelegenen Bergregionen noch die schönsten und größten Stämme heraus, die mit Hilfe von Ochsenkarren, Kähnen und Flößen über weite Strecken gehandelt wurden. Wo der eigene Bedarf nicht gedeckt werden konnte, griff man auf ausländische Ressourcen zurück. Holz, Teer und Pottasche verschiffte man aus den Weiten Russlands, des Baltikums und Skandinaviens gen Westen. Immer stärker lichteten sich die Waldbestände Mitteleuropas. Schätzungen zufolge schrumpfte die Waldfläche von neunzig auf zwanzig Prozent des Landes – ein gewaltiger Aderlass, der im Spätmittelalter zu einer regelrechten Holzknappheit führte. Doch Holz benötigten die Menschen nicht nur als Baustoff, sondern auch als Energieträger für ihren gesamten Wirtschaftsbetrieb. Nicht nur, dass jeder Haushalt Holz im eigenen Ofen verfeuerte, um es in der Stube schön warm zu haben, immer mehr Gewerbe stützten sich auf den natürlichen Rohstoff Holz. Schuster, Lederer, Schmiede, Brauer oder Bäcker waren auf den Nachschub aus den Wäldern dringend angewiesen. Der Schuster brauchte sein „Schusterpech", der Gerber die färbende Baumrinde, der Glasbläser die Pottasche, der Kerzenzieher das Wachs. Ohne Holz wäre das gesamte Exportgewerbe zusammengebrochen, denn die gängige Verpackungsform für Güter aller Art war nun einmal das hölzerne Fass. Wein aus dem Rheinland, kräftiges Bier aus Hamburg, Hering aus Südschweden – all das hätte ohne das Fass seinen Weg nicht in die Fremde gefunden. Ganze Heerscharen von Böttchern, Küfern oder Büttnern lebten von der Holzverarbeitung. Selbst Nürnbergs bekanntester Exportartikel, der Lebkuchen, wäre ohne den Süßstoff Honig nicht denkbar gewesen. Die Bienenzucht in Nürnbergs Stadtwäldern bildete die Grundlage für dieses blühende Gewerbe. Aber auch das wichtigste Nahrungsmittel der Zeit, das Salz, hätte ohne Holz nicht gewonnen werden können. Die Befeuerung der bis zu 200 Quadratmeter großen Sudpfannen erforderte Unmengen an Holz. Ganze Berghänge rasierte man kahl, um die Salzvorkommen der Alpen auszubeuten. In Niedersachsen mündete der Salzabbau regelrecht in eine Umweltkatastrophe. Die Abholzung der Wälder um Lüneburg ließ die bekannte Lüneburger Heide entstehen.

Die Folgen dieses Raubbaus an der Natur waren eigentlich unübersehbar. Überall in den Wäldern rauchten Kohlenmeiler, die Holzkohle als Massenware produzierten und an die aufstrebende Montanindustrie verkauften. Die Schmelz- und Kupfersaigerhütten wie auch die Hammerwerke legten einen nahezu unstillbaren Energiehunger an den Tag. Um einen Zentner Eisen auszuschmieden, benötigte man etwa 15 Zentner Holzkohle. Wo sich ein Montanbetrieb niederließ, schwanden die Wälder zusehends. Ein Dominikanermönch stellte schon um 1300 fest, dass im Elsass die vielen Wälder verschwunden waren und dadurch Gießbäche und Flüsse anschwollen, „weil die Wurzeln der Bäume die Feuchtigkeit von Schnee und Regen in den Bergen" nicht mehr zurückhielten. Manche Städte versuchten gegenzusteuern: Das expandierende Nürnberg begann 1294, seine vor den Toren der Stadt gelegenen Reichswälder zu schützen, von deren Reichtum es abhängig war. In Erfurt durften 1359 nur noch bestimmte Bäume aus dem Stadtwald geschlagen werden; auch in Hildesheim schonte man die jungen Triebe und gab nur noch die älteren zum Schlagen frei. Die Nutzungsrechte des gemeinen Volkes schränkten die Stadtväter Schritt um Schritt ein. Schweine, Ziegen und Schafe durften nicht mehr im Wald gemästet, Bauholz durfte nur noch gegen ein „Stammgeld" geschlagen werden. Angestellte Forstknechte oder Bannwarte achteten darauf, dass kostbares Bauholz nicht unnötig aus dem Wald verschwand. Als Brenn- und Werkholz gab man nur noch „liegend" Holz frei. Regelmäßig begingen erfahrene Ratsherren die Forste, um sich von der Einhaltung der Bestimmungen zu überzeugen. Redlich bemühte sich die Obrigkeit um die Aufforstung der dezimierten Bestände. So untersagte das Hochstift Bamberg 1365 die Wiedererrichtung dreier Siedlungen im Frankenwald, um der Natur Raum zurückzugeben. Ein besonderer Coup in puncto Umweltschutz gelang wieder einmal den findigen Nürnbergern. 1369 säte der Rats- und Handelsherr Peter Stromer erstmals erfolgreich Tannensaat in den Reichswäldern aus. Damit war eine planmäßige Aufforstung der gelichteten Wälder möglich. Begeistert griffen auch andere Städte auf diese Methode zurück. Die Nürnberger machten dabei die überraschende Erfahrung, dass Umweltpolitik auch Arbeitsplätze schaffen konnte: Bereits um 1400 blühte in Nürnberg der Handel mit Nadelwaldsamen, und die Stadt blieb lange führend auf diesem Gebiet. Samen und Fachleute aus der fränkischen Metropole waren in ganz Europa gesucht. Schon 1423 säte man im Stadtwald von Frankfurt am Main unter Anleitung eines Nürnberger Fachmannes Fichtensamen aus. So positiv sich diese Aufforstungspolitik auf den Bestand der Wälder auswirkte, so sehr leistete sie gleichzeitig der Monokultur Vorschub. Die rasch nachwachsenden Nadelbäume verdrängten die ehemals vorherrschenden Laubwälder und gaben dem mitteleuropäischen Baumbestand ein recht einseitiges Angesicht.

Im Umkreis der wachsenden Städte mit ihren vielen „Sünden" an der Umwelt erwachte ganz allmählich ein neues Verständnis für die Natur. Nicht umsonst begegnet uns als einer der Urväter der „grünen" Bewegung Franz von Assisi (geb. 1181/2), ein reicher Bürgerssohn der lärmenden Handelsstadt in Umbrien. In einem wunderschönen Poem, dem Sonnengesang, beschreibt der freiwillig in bitterster Armut lebende Mann um 1224/25 die Natur als Gottes gute Schöpfung. Er preist die Gestirne und die Elemente, rühmt Mutter Erde und das Leben in friedlicher Harmonie mit der Umgebung. Selbst der Tod als unumgänglicher Bestandteil des menschlichen Daseins erscheint ihm lobenswert. Damit versöhnt er den Menschen mit der Natur, die dieser bis dahin zu zähmen und zu unterwerfen getrachtet hatte. Die volkstümlichen Legenden betonen immer wieder das gute Verhältnis des Heiligen zu den Tieren des Waldes. Angeblich zähmte er Wölfe und predigte den Vögeln. Die duftenden Blumen, die wohltuenden Kräuter, selbst die Sonne und die frische Luft dienten nicht mehr nur der Befriedigung menschlicher Grundbedürfnisse, sondern genossen eine eigene Wertschätzung.

Die Sehnsucht nach dem Garten Eden ließ im Hochmittelalter eine Reihe hübscher Ziergärten in Klöstern und Burganlagen entstehen, die nicht mehr zweckgebunden waren, sondern dem Menschen vorrangig Freude bereiten sollten. Der große Gelehrte Albertus Magnus (geb. um 1200) beschreibt einen solchen „Lustgarten" in seiner „Historia Naturalis": Dieser sei des Vergnügens wegen eingerichtet, so der Philosoph, um Gesichts- und Geruchssinn zu beleben. Frisches Gras mit Duftkräutern, Rasenbänke als Sitzgelegenheiten, eine kleiner Brunnen in der Mitte der Anlage zur Erbauung – so sah sein ideales Paradiesgärtlein aus. Auf zahlreichen Mariendarstellungen zeigen Künstler solche künstlich geschaffenen Gärten. Der „hortus conclusus", ist von der „wilden Landschaft" durch eine Mauer abgegrenzt. An Zierpflanzen standen Lilien, Rosen, Maiglöckchen, Märzenbecher, Akelei, Iris oder Ehrenpreis zur Verfügung. Doch noch waren diese Genüsse einem kleinen, elitären Kreis aus Klerus und Adel vorbehalten. Erst mit dem Wachsen der Städte erfuhr die Gartenliebhaberei eine erste „Demokratisierung". Aus den beengten Wohnverhältnissen innerhalb der Stadtmauern drängten die Menschen nun stärker als jemals zuvor hinaus in Gottes freie Schöpfung.

Der gelehrte Mönch Gutolf von Heiligenkreuz gab Ende des 13. Jahrhunderts eine eindrucksvolle Beschreibung Wiens und lobte dabei die lieblichen Gärten der Stadt, die umgebenden Weinberge und die dunklen Jagdgründe. Die Sehnsucht nach unberührter Natur ließ die Wiener gut 150 Jahre später auf eine mit Obstbäumen bestückte Donauinsel, den niederen Werd, ziehen, wo nach Angaben des Chronisten Antonio Bonfini manch entspanntes Sonntagsfrühstück wohlhabender Bürger stattfand. Auch in Nürnberg legte man in der zweiten Hälfte des 15. Jahrhunderts parkartige Anlagen mit Spazierwegen auf den Pegnitzinseln an. 1434 erwarb der Rat der Stadt aus Privatbesitz eine unmittelbar vor dem Mauerring gelegene Wiese und stellte sie „allen Einwohnern zu Lust und Ergötzung" als Freizeitstätte zur Verfügung. Die Hallerwiese gilt als das früheste Beispiel einer öffentlichen Grünfläche in Deutschland und erhielt nur wenige Jahrzehnte nach ihrer Erwerbung eine großzügige Bepflanzung aus Linden und Vogelbeerbäumen. Dabei zeigten sich die sonst eher knausrigen Stadtväter ausnahmsweise spendabel und gaben Geld für insgesamt 154 Bäumchen aus. In Zürich gehörte es zum guten Ton, jedes Jahr an Pfingsten auf den luftigen „Lindenhof" zu ziehen und sich bei Spiel und Spaß zu erholen. In Regensburg legte man 1511 einen „Lindenplatz" an. Von Conrad Celtis ist die Marotte vieler Nürnberger überliefert, auf ihren Fensterbänken Kräuter und Blumen zu ziehen, um die Räumlichkeiten mit Düften zu beleben. Die Vorform der Balkonbepflanzung brachte ein wenig Natur in die grauen und lärmenden Städte zurück. In Wien sind zwischen 1450 und 1460 die ersten Blumenmärkte belegt, die dem gestressten Großstadtmenschen die volle Farben- und Blütenpracht der Natur ins Haus brachten. Als besonders chic galt es, sich einen kleinen Vogelkäfig vors Fenster zu hängen. In Basel ist die Haltung von Singvögeln bereits 1412 belegt, wobei man Drosseln, Turteltauben und Lerchen bevorzugte. Als Antonio Bonfini an einem Frühlingstag durch Wien schlenderte, wähnte er sich fast im Wald: „In den Fenstern singen und zwitschern Vögel, sodass man bei einem Spaziergang durch die Stadt durch einen klingenden lieblichen Wald zu schreiten vermeint." Die Freude an der Natur ließ in der Renaissance die ersten Grundsätze einer architektonischen Gartenbaukunst entstehen. Im Rückgriff auf die Antike zeigt der italienische Architekt Leon Battista Alberti (geb. 1404) in seinen „Zehn Büchern über die Baukunst" auch seine Vorstellung von einer idealen Gartenanlage, die Laubengänge, Wasserspiele, in geometrische Formen geschnittene Lorbeer- und Wacholderbäume sowie Grotten und Höhlen beherbergen sollte. „Wässerchen werden unverhofft an zahlreichen Stellen hervorbrechen. Die Anpflanzungen werden Gänge bilden, die das ganze Jahr im Schmucke des grünen Laubes prangen. Auch efeuumrankte Zypressen werden nicht fehlen. Die Rose bildet den Zaun, verflochten mit Haselstrauch und Granatapfelbaum." Haus und Garten verstand er dabei als Einheit – sie ergänzen einander und sind aufeinander bezogen. Damit eroberte sich der Mensch jene Natur zurück, die er zuvor ziemlich rigoros aus seinem Leben ausgegrenzt hatte. In dem Moment, in dem er sich von seiner natürlichen Umgebung emanzipierte, erwachte in ihm das Bedürfnis nach größerer Naturnähe.

Das Mittelalter ist vergangen und vorbei

D er junge König träumte einen fantastischen Traum: Eine Ritterburg wollte er haben, hoch gelegen auf den Bergen, abseits der
Niederungen der Zivilisation, mit Türmen und Toren, mit Rittersälen
und Wendeltreppen, mit Galerien und Balkons. Nebelumwallt, den
schneebedeckten Gipfeln und den Göttern nahe, sollte das Märchenschloss nichts anderem dienen als den romantischen Gefühlen seines
Erbauers. „Heilig und unnahbar, ein würdiger Tempel", um dem tristen Alltag zu entfliehen. „Ich habe die Absicht", schrieb der erst
22-jährige König Ludwig II. von Bayern 1868 an seinen Freund, den
Opernkomponisten Richard Wagner, „die alte Burgruine von Hohen-
schwangau bei der Pöllatschlucht neu aufbauen zu lassen im echten
Stil der alten deutschen Ritterburgen, und muss Ihnen gestehen, dass
ich mich sehr darauf freue, dort einst zu hausen." Was der jugendliche
König in den bayerischen Alpen in den folgenden 17 Jahren schuf,
glich einer Ritterburg wie aus dem Bilderbuch: Das bei Füssen im
Allgäu in luftiger Höhe schwebende Schloss Neuschwanstein ist der
steingewordene Traum eines ideal gesehenen Mittelalters, weltbe-
kannt und viel bewundert.

Millionen Touristen aus aller Welt träumen bis heute den königlichen Traum mit, lassen sich bereitwillig durch die prunkvoll ausgestatteten Zimmer des Schlosses in eine längst vergangene Zeit entfüh-
ren. Dass es sich dabei um eine „Märchenwelt" handelt, die in der
Realität so nie existiert hat, wird dabei gerne in Kauf genommen. Als
allzu wirkmächtig erweist sich der Traum von kämpfenden Rittern,

edlen Burgfräulein und gerechten Kaisern. Seit der Wiederentdeckung des Mittelalters zu Beginn des 19. Jahrhunderts hat sich jede Generation ein eigenes Bild von der Epoche der Ritter und Burgen gemacht. Mal wurden ihre hehren Züge von Treue, Mut und Heldentum beschworen, mal ihre „finsteren" Seiten mit Hexenwahn und Folterkammern betont. Bis heute ebbte die Begeisterung für das Mittelalter im Grunde nicht ab. Ritterfeste und historische Jahrmärkte erfreuen sich seit Jahren und in steigender Zahl großer Beliebtheit, in Romanen, Filmen und Online-Spielen feiert das untergegangene Säkulum eine fröhliche Wiederkehr. Das Mittelalter aus und vorbei? Von wegen.

Um historische Genauigkeit ging und geht es bei der Wiederbelebung der „guten alten Zeit" allerdings in den wenigsten Fällen. Das war schon beim Bayernkönig Ludwig so. An sich standen hoch über der Pöllatschlucht die Grundmauern zweier „echter" Ritterburgen, Vorder- und Hinterhohenschwangau, deren Erbauer die Ritter von Schwangau gewesen waren. Diese nicht unbedeutenden Herren dienten zunächst den Welfen als Lehnsmänner, später den Staufern, die sie häufig als Gäste auf ihren Burgen begrüßten. Doch um eine Rekonstruktion der alten Gemäuer ging es Ludwig II. beileibe nicht. Er ließ die Reste der alten Bebauung vielmehr abtragen und einen Teil des Bergkegels absprengen, um für die Verwirklichung seiner eigenen Pläne genügend Platz zu haben. Sein „Märchenschloss" ließ er ab 1869 von Grund auf neu erbauen, selbstverständlich mit dem neuesten Wohnkomfort ausgestattet, denn der Monarch wollte auf den gewohnten Luxus auch in der Bergeinsamkeit nicht verzichten. So erhielt Schloss Neuschwanstein eine hochmoderne große Küche, fließendes Wasser, ein schickes Wasserklosett und eine fortschrittliche Warmluftheizung. In der prunkvollen Innenausstattung der Räume orientierte sich Ludwig II. ganz an der musikalischen Ideenwelt Wagners und an den Gestalten der deutschen Rittersagen, ungeachtet der Tatsache, dass Tannhäuser und Co. nie zum Ausstattungsprogramm einer mittelalterlichen Burg gehört hatten. Doch wenn der Bayernkönig in einsamen Nächten durch die Flure und Säle seines Schlosses schritt, wollte er die Helden seiner Jugend vor Augen haben: Tannhäuser, Lohengrin, Parzival, Tristan und Isolde grüßten allerorten von den Wänden und sorgten dafür, dass der Romantiker auf dem Thron seinen banalen Sorgen um Geld und Machtverlust für eine Weile entfliehen konnte. Unbekümmert würfelte der Wittelsbacher dabei die unterschiedlichsten Stilformen durcheinander: Ein bisschen Romanik im Speisezimmer, ein bisschen Gotik im Schlafzimmer, ein Hauch von Byzanz im Thronsaal. Des Königs Bauwut kostete ein Millionenvermögen – allein am Schnitzwerk im Schlafzimmer sollen 17 Künstler vier volle Jahre lang gewerkelt haben. Dem „Wahnsinn" machte eine Staatskommission 1886 ein Ende, als sie Ludwig II. für geisteskrank und regierungsunfähig erklärte. Kurz darauf starb der Monarch ohne Macht im Starnberger See einen rätselhaften Tod. Doch „g´spinnet", wie so mancher Bayer hinter vorgehaltener Hand mutmaßte, war der „Kini" dennoch nicht. Denn mit seiner Schwärmerei fürs Mittelalter lag Ludwig II. ganz im Trend seiner Zeit.

Allerorten machten sich Fürsten, Bürger und Kommunen daran, ihr Erbe aus dem Mittelalter neu zu entdecken, zu sichern und fantasievoll aufzumöbeln. Großherzog Carl Alexander von Sachsen-Weimar-Eisenach war dem Bayernkönig mutig vorangeschritten, als er 1838 die Erneuerungsarbeiten an Deutschlands schönster Burgruine, der Wartburg, beginnen und dabei großzügige Neu- und Einbauten wie den mächtigen Bergfried und die Dirnitz mit der Torhalle errichten ließ. Für die Ausschmückung des Sängersaals – angeblicher Austragungsort des um 1206/07 datierten Sängerwettstreits der besten Minnesänger des Landes – konnte 1854 der Maler Moritz von Schwind gewonnen werden, der in großflächigen Wandgemälden die Geschichte der Wartburg verherrlichte. Auch am Rhein machte sich so mancher Adlige auf, seine alten Burgruinen wieder aufzubauen und im Stil der Zeit zu ergänzen. Die Burgen Rheinstein, Sooneck, Katz und Maus, Lahneck oder Stahleck feierten so fröhliche Wiederauferstehung und lockten mit ihrem romantischen Ambiente die ersten Besucherströme an den Rhein. Kaiser Wilhelm II. ließ es sich aus machtstrategischen Gründen nicht nehmen, die alte Hohkönigsburg bei Schlettstadt im Elsass durch seinen Architekten Bodo Ebhardt rekonstruieren zu lassen, der aus der staufischen Gipfelburg ein idealisiertes Gebäude mit fünf Toren, Zwinger und Brunnen machte, das die Besitzrechte des Deutschen Reiches am Elsass sinnfällig machen sollte. 1908 reiste der Hohenzollern-Spross mit großem Brimborium an, um in einem Mittelalter-Spektakel mit einem Heer an Komparsen die Einweihung zu feiern.

Doch nicht nur die gekrönten Häupter bemühten sich um eine Neubewertung ihrer Geschichte, auch Städte und Gemeinden entdeckten plötzlich ihre Liebe zum alten Gemäuer und begannen Stadttore, Türme, Wehranlagen oder Kirchen zu sanieren. Den Stadtvätern von Goslar machte der Zustand der völlig verfallenen, aus dem 11. Jahrhundert stammenden Kaiserpfalz zu schaffen. Sie bemühten sich zwischen 1868 und 1879 erfolgreich um staatliche Unterstützung für eine Renovierung des Gebäudes. Der preußische König und spätere Kaiser Wilhelm I. erteilte persönlich seinen Segen, um seinen kaiserlichen Vorfahren die Ehre zu erweisen. Was herauskam, war allerdings ein höchst fantasievoller Umbau der Pfalz mit Freitreppe, Arkadengängen und Monumentalfiguren – eine Neuinterpretation, die selbstverständlich nicht vergaß, auch den amtierenden Kaiser ins rechte Licht zu rücken. Ein Reiterstandbild Wilhelms I. und diverse Gemälde im Innern des Pfalzgebäudes verherrlichten den ersten Hohenzollern-Kaiser. Die Stadt Köln dagegen erinnerte sich an ihren nie fertig gestellten Dom – eine Dauerbaustelle seit dem 13. Jahrhundert. Die Vollendung des riesenhaften Gebäudes mit mehr als 144 Metern Länge galt nicht nur den Kölnern als ein Projekt von nationaler Tragweite. Das preußische Königshaus sprang für das kostspielige Bauvorhaben ein, eine jährliche Dombaulotterie schwemmte regelmäßig Spendengelder in die Kassen. Am 15. Oktober 1880 konnte im Beisein Kaiser Wilhelms I. der Abschluss mit einem pompösen Festakt begangen werden. In einer symbolträchtigen Zeremonie wurde der letzte Stein auf die Kreuzblume des Südturms gehievt. Die Festreden strotzten vor überschwänglichem nationalen Pathos, die Vollendung des Domes wurde nach den Worten des Kölner Oberbürgermeisters als „Losung in dem Ringen nach nationaler Einigung" gedeutet. Nicht umsonst bestand die von Wilhelm I. gestiftete „Kaiserglocke" aus der

Gussmasse erbeuteter französischer Geschütze aus dem Krieg von
1870/71. Die Botschaft an den „Erbfeind" links des Rheins dürfte
nicht zu überhören gewesen sein.

Man spürt schon: Die Mittelalter-Euphorie der Romantik entbehr-
te nicht der politischen Bezüge. Die Wiederentdeckung eines Teils der
eigenen Vergangenheit hing eng mit dem Streben der Deutschen nach
nationaler Einheit zusammen. Unter dem Würgegriff von Napoleons
Truppen, die die Ideen der Französischen Revolution von „Gleichheit,
Freiheit, Brüderlichkeit" über den Rhein trugen, suchten die unfreiwillig Beglückten nach eigener kultureller Identität und fanden sie im
lang verschmähten Mittelalter. 1806 war mit der Gründung des
Rheinbundes unter dem Protektorat Napoleons das alte „Heilige Römische Reich Deutscher Nation" zu Ende gegangen. Der Habsburger
Franz II. legte aus Protest gegen Napoleons Politik die tausendjährige
Kaiserkrone des Reiches nieder und begnügte sich fortan mit dem
Titel eines österreichischen Kaisers. Versuche, Frankreichs Vormarsch
im Reich zu stoppen, scheiterten kläglich. 1806 fuhr die preußische
Armee in der Doppelschlacht von Jena und Auerstedt ihre fürchter-
lichste Niederlage ein, die österreichische folgte nur drei Jahre später
mit der verlustreichen Schlacht von Aspern. Preußen französisch besetzt, Österreich gedemütigt, die Kleinstaaten zerstritten, ein Retter
nirgendwo in Sicht – in diesem Klima begann man sich zunehmend
von den französischen Einflüssen zu distanzieren und nach neuen
Orientierungspunkten Ausschau zu halten. Was hätte man auch halten sollen von einer Armee, die zwar im Namen der Freiheit gekommen war, aber den „Befreiten" schwerste Kontributionen auferlegte,
den Kirchenbesitz auflöste und den Kölner Dom als Kornlager missbrauchte? Von den Idealen der Aufklärung mit ihrer Überbetonung
der Vernunft wandten sich die deutschen Intellektuellen verbittert ab.
Sie suchten nach der eigenen Vergangenheit und förderten Erstaunliches zu Tage: Die Gebrüder Grimm hoben den Schatz der alten Mär-
chen, Ludwig Tieck entstaubte die mittelalterliche Sagenwelt, Richard
Wagner erweckte die legendären Gestalten zu musikalischem Leben.
Riesen und Zwerge, Hexen und Feen, edle Recken und feuerspucken-
de Drachen geisterten durch die Literatur. Plötzlich warf man einen

anderen Blick auf die morschen, aber doch immer noch sichtbaren Zeugnisse mittelalterlicher Baukunst: Der Maler Caspar David Friedrich verlieh den verfallenen Ruinen in seinen Gemälden eine Aura des Geheimnisvollen, die Künstlergruppe der Nazarener gab ihren Werken eine romantisch-religiöse Note, Historienmaler wie Moritz von Schwind übertrugen eine ideale Welt voller Harmonie in die ferne Vergangenheit. Mehr und mehr wurde die Sehnsucht nach dem Mittelalter zu einer Sehnsucht nach staatlicher Einheit. „Es waren schöne glänzende Zeiten", schrieb der Dichter Novalis 1799, „wo Europa *ein* christliches Land war, wo *eine* Christenheit diesen menschlich gestalteten Weltteil bewohnte; *ein* großes gemeinschaftliches Interesse verband die entlegensten Provinzen dieses weiten geistlichen Reichs. Ohne große weltliche Besitztümer lenkte und vereinigte *ein* Oberhaupt die großen politischen Kräfte." Die Mittelalter-Faszination ging so weit, dass man nach Vollzug der Reichseinigung sogar Parallelen zwischen dem mittelalterlichen Kaisertum und seiner neuzeitlichen Variante zog. Als der weißbärtige Wilhelm I. 1871 zum ersten Kaiser des neuen Deutschen Reiches aufstieg, gab man ihm den Beinamen „Barbablanca" nach dem Vorbild des rotbärtigen Staufers Friedrich I. Barbarossa. Nach dem Tod Wilhelms beschloss der Reichstag den Bau einer gewaltigen Erinnerungsstätte auf dem Kyffhäuser in Thüringen, die 1896 eingeweiht wurde. Hier, auf dem traditionsreichen Boden der einstigen Reichsburg Kyffhausen, schuf der Architekt Bruno Schmitz ein 81 Meter hohes Monumentaldenkmal mit den Figuren des schlafenden Barbarossas und seiner modernen Inkarnation, Kaiser Wilhelms I. Der Sage nach ruhte in den verborgenen Höhlen des Kyffhäusergebirges der Stauferkaiser, um dereinst wieder aufzuerstehen und seinem Volk zu neuer Größe zu verhelfen. Diese Prophezeiung, so die Botschaft, sei mit der erfolgreichen Politik der Hohenzollern eingelöst worden, eine durchgehende Traditionslinie verbinde den Staufer mit seinem späten Nachfahren.

Mit dieser Sichtweise konnte es nur allzu leicht geschehen, dass das vormals verpönte Mittelalter überinterpretiert und für die jeweils eigenen politischen Absichten zurechtgebogen wurde. Nibelungentreue und edler Heldenmut standen ganz oben auf der neuen Werteskala. So sehr man auf der einen Seite die Epoche heroisierte, so sehr gruselte man sich auf der anderen vor ihren vermeintlichen „Abgründen", vor Folterkammern, Hexenglauben und Inquisition. Als der Dramatiker Heinrich von Kleist im September 1800 eine Würzburger Leihbücherei besuchte, wunderte er sich über den allgemeinen „Run" aufs Mittelalter: „Rittergeschichten, lauter Rittergeschichten, rechts die Rittergeschichten mit Gespenster, links ohne Gespenster, nach Belieben." Je nachdem, was man haben wollte, konnte man sich aus der Klamottenkiste der Vergangenheit das Passende herausgreifen.

Die Umwidmung des „finsteren", rückständigen Mittelalters zu einer völlig idealisierten Epoche machte wohl kein anderes Werk so exemplarisch durch wie das Nibelungenlied. 1755 fiel dem Lindauer Arzt Jakob Hermann Obereit auf der Burg Hohenems in Vorarlberg zufällig ein altes Manuskript „von der burgundischen Königin oder Prinzessin Kriemhild" in die Hände. Schon beim ersten Durchblättern fiel ihm die Bedeutung des Epos auf, das den Titel „Adventure von den Gibelungen" trug: eine tragische Geschichte voller Liebe, Hass und Leidenschaft. Das Drama um den heldenhaften Drachentöter Siegfried, der mit Hilfe einer List dem Burgunderkönig Gunther zur Hand der amazonenhaften Königin Brünhild verhilft, verarbeitet schemenhaft Vorgänge aus der Völkerwanderungszeit. Mehr als die nur in Ansätzen erkennbaren historischen Bezüge beeindruckte aber die emotionale Ebene der Dichtung, wo es um Fragen wie Ehre, Gefolgschaftstreue und Blutrache geht. Das Geschehen endet nach der Ermordung Siegfrieds durch Gunthers Gefolgsmann Hagen in einem wahren Blutrausch. Denn die schöne Kriemhild, Gattin Siegfrieds und Schwester Gunthers, rächt sich an ihrer Familie für den Meuchelmord noch Jahre später am Hofe ihres zweiten Ehemannes, des Hunnenkönigs Etzel. In einer Orgie aus Blut und Gewalt löscht sie das Geschlecht der Nibelungen aus. Begeistert von der Tragödie universalen Zuschnitts machte Obereit seinen Freund, den Züricher Professor und Dichter Johann Jakob Bodmer, auf den Text aufmerksam, der glaubte, darin eine deutsche Ilias erkennen zu können. Bodmer, ein Experte auf dem Gebiet der mittelhochdeutschen Dichtung, veröffentlichte Teile des Textes 1757, doch die Publikation stieß auf wenig Interesse.

Auch als das Epos 1782 vollständig publiziert wurde, tendierte die Resonanz gegen Null. Bodmer machte die traurige Erfahrung, dass „Kriemhildens Rache" nebst anderen mittelalterlichen Quellenwerken in des „Verlegers Gewölben" vor sich hin gammelte. „Ich bin zu früh in die Welt gekommen", klagte er. Wie recht er hatte! Denn die Stimmung änderte sich schlagartig mit Napoleons Siegeszug durch Europa. Nun lehnte man die Orientierung an der romanisch-französischen Kulturtradition ab und suchte nach „deutscher Art und Kunst".

Dass man sie ausgerechnet im Nibelungenlied fand, klingt wie ein Treppenwitz: Was hatte der Untergang des Burgunderreiches am Rhein im Gefolge der Völkerwanderungszeit mit deutscher Geschichte zu tun? Eigentlich gar nichts, doch umso mehr betonte man nun die Charaktere der Handlung als „typisch deutsch". Vor allem die sprichwörtliche Nibelungentreue und der Wille zur Selbstaufopferung bis zum Untergang traten in den Vordergrund. „Ein Werk von kolossalem Charakter, nicht nur von unerreichbarer sinnlicher Energie, sondern von erstaunenswürdiger Hoheit in den Gesinnungen", schwärmte August Wilhelm Schlegel, „es endet wie die Ilias, nur in weit größerem Maßstabe, mit dem überwältigenden Eindrucke allgemeiner Zerstörung." Der Bann war gebrochen, das Nibelungenlied wurde zum „Schicksalslied" der Deutschen, zum Nationalepos schlechthin. Und man ahnt auch schon, wo es enden wird: Die Beschwörung der deutschen Tugenden „Gastlichkeit, Biederkeit, Redlichkeit, Treue und Freundschaft bis in den Tod, Menschlichkeit, Milde und Großmut in des Kampfes Not, Heldensinn, unerschütterlicher Standmut, übermenschliche Tapferkeit, Kühnheit und willige Opferung für Ehre, Pflicht und Recht", wie sie der Jurist Friedrich Heinrich von der Hagen 1807 ausmachte, führte im Zeitalter der Weltkriege schnurstraks in den Abgrund. Beschwor man kurz vor Ausbruch des Ersten Weltkriegs die „Nibelungentreue" zu Österreich-Ungarn, setzten rechtskonservative Kreise nach dem Scheitern des Waffengangs die „Dolchstoßlegende" in die Welt, um anzudeuten, dass das deutsche Heer wie weiland Siegfried hinterrücks durch gemeinen Verrat gemeuchelt worden sei. Nicht zuletzt spielten die Nationalsozialisten die Klaviatur der Durchhalteparolen auf dem Hintergrund des Nibelungenliedes.

Nur wenige Tage nach der verheerenden Niederlage von Stalingrad beschwor Hermann Göring in einer Rede im Ehrensaal des Reichsluftfahrtministeriums vor Vertretern der Wehrmacht das germanische Kriegerideal vom „Ausharren bis zum bitteren Ende" und bemühte dafür nochmals das Bild der in Etzels Halle eingeschlossenen, bis zum Letzten kämpfenden Nibelungen.

Für die Pervertierung seiner Ideale zeichnete das Mittelalter indes nicht verantwortlich. Und so ließ sich auch nach dem Schrecken der Kriege relativ unbekümmert an die Burgen- und Ritterbegeisterung der Romantik anknüpfen. Englischsprachige Autoren wie Clive Staples Lewis oder Marion Zimmer Bradley entfachten mit ihren Fantasy-Sagas „Die Chroniken von Narnia" und „Die Nebel von Avalon" die Begeisterung für das geheimnisvolle Faszinosum einer längst untergegangenen Epoche neu. In ihren umfangreichen Werken wimmelt es nur so von bösen Hexen, mächtigen Zauberern und cleveren Zwergen, die einen schicksalshaften Kampf zwischen Gut und Böse ausfechten.

Auch in jüngster Vergangenheit setzte wieder ein regelrechter Mittelalter-Boom ein, erkennbar an einer Vielzahl von Mittelalter-Märkten, Burgenfesten, nachgestellten Ritterturnieren und historischen Stadtfesten. Dabei erobert sich das Mittelalter sogar ganz neue Gefilde wie das Internet. Man schätzt, dass etwa siebzig Prozent der neu zugelassenen Online-Rollenspiele einen mittelalterlichen Hintergrund haben. Für einen nicht nur virtuellen Rollentausch in eine untergegangene Welt sind viele Menschen sogar bereit, hohe körperliche Anforderungen zu bestehen. So machten sich im vergangenen Jahr mehr als 120.000 Wanderer auf den Weg nach Santiago de Compostela, um wie die mittelalterlichen Pilger einmal im Leben am Grab des heiligen Apostels Jakobus zu stehen. Dabei ist es weniger die religiöse Komponente, die sie reizt, als vielmehr die Auszeit vom hektischen Großstadtleben. Die Erfahrung eines wochenlangen beschwerlichen Weges durch die Pyrenäen und Nordspanien bei Wind und Wetter wirkt nach Aussagen der modernen Pilger befreiend und stressabbauend. Die Entdeckung der Langsamkeit durch einen gemächlichen Fußmarsch, das unmittelbare Erleben von Weite und die Berührung mit der Natur führen zu einer willkommenen Atempause in einer zunehmend verdichteten, von Zeitdruck, Technisierung und Anonymität geprägten Arbeitswelt. Zu den bekanntesten modernen Jakobspilgern neben dem Europa-Abgeordneten Otto von Habsburg, dem Schriftsteller Cees Nooteboom, der Schauspielerin Shirley MacLaine und vielen anderen gehörte der Entertainer Hape Kerkeling, dessen Erfahrungsbericht „Ich bin dann mal weg" zum meistverkauften Buch des Jahres 2006 avancierte. Sein amüsanter Reisebericht löste gar eine regelrechte Pilgerwelle auf deutscher Seite aus. Die Zahl der aus Deutschland stammenden Jakobspilger stieg im folgenden Jahr sprunghaft auf knapp 14.000.

Das Bedürfnis, sich einmal von allem technischen Schnickschnack zu befreien, treibt auch die modernen Burgenbauer im französischen Guédelon zu Höchstleistungen an. „Erben" des Bayernkönigs Ludwig II. arbeiten seit 1997 in den Wäldern von Puisaye in Burgund an einem ebenso gewagten wie faszinierenden Projekt: Sie wollen eine Burg im Zuschnitt des 13. Jahrhunderts bauen, doch anders als der bayerische „Märchenkönig" ausschließlich mit den Mitteln und Materialien des Hochmittelalters. Und so sieht man die rund vierzig fest angestellten Arbeiter und ihre vielen freiwilligen Helfer in historischen Gewändern mit dem einfachsten Handwerkszeug über die Baustelle eilen. Vom Eisennagel bis zum Hanfseil wird alles nach mittelalterlichen Methoden hergestellt. Selbst das Holz fällen die Baumeister in den umliegenden Wäldern eigenhändig mit dem Beil und transportieren es mit Pferdefuhrwerken zur Baustelle. Sämtliche Rohstoffe gewinnen und verarbeiten sie vor Ort: Steine, Erde, Sand, Ton und selbst die Holzkohle für den Schmelzofen stammen samt und sonders aus der unmittelbaren Umgebung. Da Bagger und Bohrmaschinen verpönt sind, errichteten die Arbeiter ein riesiges Laufrad, mit dem bis zu 700 Kilogramm schwere Steine in die Höhe gehievt werden können. Diese Art der experimentellen Archäologie erbrachte schon erstaunliche Erkenntnisse: So war die genaue Zusammensetzung des mittelalterlichen Mörtels bislang unbekannt. Erst nach einem Jahr des Experimentierens hatten die Bauleute von Guédelon die richtige Mixtur aus gelöschtem Kalk, Sand und Wasser beisammen. Begeistert zeigte sich die Projektleiterin Maryline Martin aber auch von der Arbeitsphilosophie des Mittelalters: Obwohl die Arbeiter auf der Baustelle wie ihre mittelalterlichen Vorgänger im Sommer bis zu 14 Stunden am Tag arbeiten, gab es bislang noch keinen einzigen Arbeitsunfall. Das Leben in Guédelon verläuft ohne Hektik und Stress, die Menschen sind konzentriert, aber ohne Überforderung am Werk. Die französischen Krankenkassen haben sich für das Burgenbau-Projekt daher bereits aus gesundheitspolitischen Aspekten interessiert.

Ein Widerspruch, wie er größer kaum sein könnte. Der moderne Mensch, der die räumlichen Grenzen der Welt überwunden hat, in den Weltraum fliegt, einen globalen Waren- und Datenverkehr organisiert und dank der Massenkommunikationsmittel in jedem Augenblick weiß, was rund um den Erdball geschieht, baut mit den Methoden des Mittelalters eine Burg des Mittelalters, weil er einen neuen, unverfälschten Blick auf das Mittelalter sucht. Die Humanisten des 15. und 16. Jahrhunderts, die sich rühmten, die vermeintliche geistige Enge ihrer Väter überwunden und die Tore in eine neue Zeit aufgestoßen zu haben, würden verwundert die Köpfe schütteln. „O Jahrhundert, o Wissenschaft! Es ist eine Lust zu leben ... Die Geister regen sich. Barbarei nimm dir einen Strick und mach' dich auf Verbannung gefasst", jubelte der deutsche Humanist Ulrich von Hutten im Jahre 1518, als der Geist der Renaissance ganz Deutschland erfasst hatte und die Wiederbelebung des antiken Gedankengutes nicht mehr aufzuhalten war. Wer sollte sich da noch für die engstirnige, finstere Zwischenzeit interessieren?

Das Mittelalter ist vergangen – und doch ist es lebendiger als je zuvor. Sein reicher Schatz an Mythen, Bildern und Geschichten hat an Wirkkraft wie an Faszination nichts verloren. Anders als in der Romantik sucht man heute nach dem Ursprünglichen und Unverfälschten, dem Einfachen und Echten. Ermüdet von den Errungenschaften des zivilisatorischen Fortschritts, dem oberflächlichem Konsumrausch und immer komplexer werdenden Verhältnissen wächst die Sehnsucht nach einer einfach strukturierten, übersichtlichen Welt, in der nicht nur Kaufverhalten, Zweckdenken und rationales Verhalten zählen, sondern eben auch große Gefühle, Kreativität und feste Rituale. Dass zwischen Ideal und Wirklichkeit auch schon im Mittelalter eine gehörige Diskrepanz klaffte, spielt dabei weniger eine Rolle. Die Rückbesinnung auf die „gute alte Zeit" spiegelt lediglich den Traum von einer harmonischen Welt wieder, in der die Starken die Schwachen schützen, in der „Ritterlichkeit" noch etwas zählt und die romantische Liebe ihre Wiederauferstehung feiert. Aus dem Fundus kann sich jeder das holen, was er gerade braucht, in die vermeintlich heile Welt kann fliehen, wer der Moderne überdrüssig ist. Neuschwanstein ist überall.

Literaturverzeichnis

Allgemeines zum Mittelalter:
Peter Arens: Wege aus der Finsternis. Europa im Mittelalter, München 2004
Rainer Beck (Hrsg.): Das Mittelalter. Ein Lesebuch zur deutschen Geschichte 800–1500, München 1997
Franco Cardini: Zeitenwende. Europa und die Welt vor tausend Jahren, Stuttgart und Zürich 1995
Peter Dinzelbacher: Europa im Hochmittelalter 1050–1250. Eine Kultur- und Mentalitätsgeschichte, Darmstadt 2003
Frank Rexroth: Deutsche Geschichte im Mittelalter, München 2007

Zu bestimmten Themen:
Christoph Auffahrt: Die Ketzer. Katharer, Waldenser und andere religiöse Bewegungen, München 2005
Otto Borst: Alltagsleben im Mittelalter, Frankfurt a.M. 1983
Joachim Bumke: Höfische Kultur, Literatur und Gesellschaft im hohen Mittelalter, München 1994
Evamaria Engel: Die deutsche Stadt im Mittelalter, Düsseldorf 2005
Edith Ennen: Frauen im Mittelalter, München 1987
Kurt Flasch: Das philosophische Denken im Mittelalter. Von Augustin zu Machiavelli, Stuttgart 2000
Niklas Frank: Raubritter. Reichtum aus dem Hinterhalt: Das erschröckliche und geheime Leben der Heckenreiter und Wegelagerer, München 2004
Gudrun Gleba: Klöster und Orden im Mittelalter, Darmstadt 2006
Christa Habiger-Tuczay: Magie und Magier im Mittelalter, München 1992
Dieter Hägermann (Hrsg.): Das Mittelalter. Die Welt der Bauern, Bürger, Ritter und Mönche, Wien 2001
Agnes Hallinger: „Die Hex muss brennen!" Volksglaube und Glaubenseifer des Mittelalters, Augsburg 1999
Joachim Heinzle: Die Nibelungen. Lied und Sage, Darmstadt 2005
Bernd Herrmann (Hrsg.): Mensch und Umwelt im Mittelalter, Stuttgart 1986
Franz Irsigler/Arnold Lassotta: Bettler und Gaukler, Dirnen und Henker. Außenseiter in einer mittelalterlichen Stadt, München 1989
Eberhard Isenmann: Die deutsche Stadt im Spätmittelalter, Stuttgart 1988

Nikolas Jaspert: Die Kreuzzüge, Darmstadt 2003

Maurice Keen: Das Rittertum, Reinbek 1991

Ulrich Köpf (Hrsg.): Theologen des Mittelalters, Darmstadt 2002

Harry Kühnel (Hrsg.): Alltag im Spätmittelalter, Graz, Wien, Köln 1984

F. Donald Logan: Geschichte der Kirche im Mittelalter, Darmstadt 2005

Thomas F. Madden (Hrsg.): Die Kreuzzüge, Köln 2008

Franz Metzger/Karin Feuerstein-Praßer: Die Geschichte des Ordenslebens, Freiburg i.br. 2006

Jörg Oberste: Ketzerei und Inquisition im Mittelalter, Darmstadt 2007

Norbert Ohler: Reisen im Mittelalter, München 1986

Roland Pauler: Leben im Mittelalter. Ein Lexikon, Darmstadt 2007

Jonathan Riley-Smith: Wozu heilige Kriege? Anlässe und Motive der Kreuzzüge, Berlin 2005

Werner Rösener: Bauern im Mittelalter, München 1985

Bernd Schneidmüller: Die Kaiser des Mittelalters. Von Karl dem Großen bis Maximilian I., München 2006

Uwe Schultz (Hrsg.): Mit dem Zehnten fing es an. Eine Kulturgeschichte der Steuer, München 1986

Georg Schwaiger/Manfred Heim: Orden und Klöster. Das christliche Mönchtum in der Geschichte, München 2002

Peter Thorau: Die Kreuzzüge, München 2004

Erika Uitz: Die Frau in der mittelalterlichen Stadt, Freiburg i.Br. 1992

Rita Voltmer: Hexen. Wissen was stimmt, Freiburg i.Br. 2008

Robert Zagolla: Im Namen der Wahrheit. Folter in Deutschland vom Mittelalter bis heute, Berlin 2006

Joachim Zeune: Burgen – Symbole der Macht. Ein neues Bild der mittelalterlichen Burg, Regensburg 1997

Register

Namensregister

Ortsregister

Sachregister

Aberglaube S.146, 167, 170, 176

Aborterker S.82

Abortgrube S.94, 100, 227, 228, 230, 232

Abwasserentsorgung S.100, 230, 231

Alraune S.170

Apotheker S.104

Arbeitslose S.104

Aufforstung S.234, 235

Augustinereremiten S.210, 213

Bader S. 95, 104, 193, 194

Badestube S.82, 95, 191, 192, 193, 194

Barchent S.111, 113, 114, 116, 195

Beginen S.163, 164, 211

Bergfried S.73, 75, 78, 79, 240

Bettelordnung S.105

Brettspiele S.200

Brunnen S.81, 83, 100, 107, 227, 229, 230, 232, 236, 241

Bruoch S.199

Bürgerrecht S.85, 87, 95, 163

Butterfassturm S.79

Butzenscheiben S.81

Daumenschrauben S.132, 137, 143

Dominikaner S.70, 121, 122, 138, 148, 210, 211, 218, 219, 220, 234

Dreifelderwirtschaft S.41

Egge S.42

Ehrenstrafen S.94, 133, 142

Eiserne Jungfrau S.132, 142

Elbslawen S.188

Erzämter S.27

Fegefeuer S.172, 173, 177, 192, 226

Feuerschutz S.97, 98, 99

Finanzverwaltung S.106, 119

Folter S.8, 11, 13, 94, 132, 133, 134, 137, 138, 139, 140, 141, 142, 143, 148, 149, 150, 239, 244

Franziskaner S.43, 148, 175, 203, 204, 210, 211, 212

Frauenhäuser S.95, 103, 104

Fronhof S.40, 41

Geißlerbewegung S.175, 176

Geschlechtertürme S.79

Geschlechtsvormundschaft S.160

Gewerbeordnung S.100

Goldene Bulle S.27, 33

Gottesfriedensbewegung S.10, 52, 222, 223

Gottesurteil S.134

Grubenreiniger S.227

Grundherr S.39, 40, 41, 42, 44, 47, 85, 86, 87, 158, 205

Hanse S.67, 86, 97, 110, 112, 117, 118

Henker S.93, 94, 103, 107, 137, 138, 141, 143

Hennin S.199

Hexe S.8, 139, 140, 144, 145, 146, 148, 149, 150, 151, 152, 170, 171, 239, 242, 244, 246

Höchstpreise S.101

Holz S.54, 74, 91, 99, 110, 167, 194, 230, 332, 233, 234, 247

Hospiz S.64, 65, 71, 110, 223

Humanisten S.8, 21, 22, 248

Hungersnot S.7, 39, 102, 156, 228

Imperator S.24, 25, 36

Inquisition S.8, 140, 148, 150, 244

Inquisitionsverfahren S.135, 136, 139, 140, 149

Investiturstreit S.32, 77, 156, 206

Kamaldulenser S.209

Karmeliten S.169, 210

Kartäuser S.209, 210

Katharer S.146, 147, 148, 176, 177, 189

Kathedralschulen S.46, 70, 217, 218, 225

Klimaerwärmung S.39

Kreuzzüge S.7, 155, 179, 180, 181, 182, 183, 184, 186, 187, 188, 189, 209, 212

Kurfürsten S.27, 28, 33, 59

Lehen S.27, 44, 50, 53, 72

Luxusverordnungen S.102

Ministeriale S.38, 44, 45, 50, 75, 76

Modebewusstsein S.198

Motten S.74

Mundbirne S.132, 142

Nibelungenlied S.244, 245

Palas S.75, 80

Patriziat S.35, 45, 46, 90

Pest S.39, 47, 58, 106, 124, 150, 175, 212

Portulankarten S.20

Priestersöhne S.196

Primogenitur S.28